于斌樞機傳

于斌樞機傳

陳方中 編著

臺灣商務印書館 發行

《于斌樞機傳》序

于公野聲樞機主教洗名保祿，綜觀他的一生，確實很像他的洗名，外邦宗徒聖保祿。耶穌在異像中，指著保祿向阿納尼雅說：「這人是我特選的器皿，為把我的名字帶到外邦人、君王……前。因為我要指示他，為我的名字該受多大的苦！」（宗徒大事錄或使徒行傳九章一五—一六節）這幾句話用在于樞機身上也非常恰當。

一、特選之器

于樞機被選的心路歷程，和聖保祿的確有很多相似的地方。保祿在皈依耶穌之前名叫掃祿，是一位狂熱的猶太教徒。他天資聰穎，曾離鄉背井，負笈耶路撒冷，在當時極負盛名的加瑪里耳經師門下受業。掃祿心懷大志，並且熱誠過人，曾以捍衛猶太教傳統為己任，他認為耶穌所建立的教會是邪門左道，決定先將其消滅而後快，為此，他「向主的門徒口吐恐嚇和兇殺之氣……。」（同上九章一—二節）然而，當他皈依耶穌之後，將掃祿之名改為保祿，便全心為耶穌效忠，至死不渝。他為向外邦人傳福音，上山下海，受盡千辛萬苦，最後為基督捨身殉道。

十九世紀以後，中華保祿于樞機主教也經過了幾乎同樣的歷程。于公生於非天主教的家庭，十四歲纔受洗入教。他熱愛祖國，自小懷有大志，曾為自己取號「冠五」，立志要成為頂天立地冠蓋全球五大洲之出類拔萃的人物。他聰穎過人，求學時代，就是同學的領袖。「五四運動」時，他組織了許多活動，目睹日本侵華暴行，便怒髮衝冠，改號「希岳」，想效法岳飛忠勇報國，驅逐日寇，收復舊山河。但當天主召叫他，要他成為傳福音於中華的「特選之器」時，他也如同保祿一樣，義無反顧地追隨了耶穌，拋棄了在世俗中的錦繡前程，甘願做天主的一個無名小卒，為基督開道，為福音吶喊，因此他取了洗者若翰的別號「曠野呼聲」之簡稱「野聲」為自己終生的別號，以明榮主傳福音之職志。于樞機親自告訴我們，在他決志追隨耶穌的時候：「我已下定決心，將這一生完全奉獻給熱愛的天主、人類和祖國。為了保持我內心的專誠，我寧願以出世的精神，做入世的工作。我從不後悔自己的選擇。」（夏麗蓮、于德蘭合編，《典型常在》，頁一二）

于樞機雖然和聖保祿都是天主「特選之器」，有許多共同點，但也有一些不同的地方。最大的不同，是他們二人的身材和儀表。從保祿的書信中，可以看出他的身材平庸，其貌不揚，他寫道：「我保祿，就是那在你們中面對面時就謙卑……。」（格林多後書十章一節）他又引用那些反對他的人的話，寫道：「他的書信的確嚴厲而又強硬，但他本人在時卻軟弱無能，言語又空洞可輕。」（同上章一〇節）于樞機卻自幼身材魁梧，聲如洪鐘，儀表非凡，即便站在一般歐美人士中間，也是鶴立鷄群。在南京的時代，曾被國府大員、外交使節、國會同仁以及社會名流等譽為「中國美男子」。原來國人非常重視儀表。于樞機也善用他的儀表、修養、學識、口才等天賜特恩，光榮天主，弘揚福音。

二、中華保祿

外邦宗徒聖保祿的被選，是為將基督的名字和福音「帶到外邦人、君主……前。」于樞機的被選可以說，是為把耶穌的名字和福音帶給整個中華民族。為了解釋于樞機這項特殊使命的意義，我們必須先簡略回顧一下我國近代的歷史與國情。滿清入關，經過了康熙、乾隆盛世之後，國勢日衰，鴉片戰爭一役（一八四〇），大清帝國之昏庸無能已暴露無遺。此後列強便乘隙而入，紛紛威脅利誘，訂立不平等條約，造成割地賠款、強制開埠通商、劃定租界、喪失治外法權等奇恥大辱。光緒廿六年（一九〇〇），義和拳事件引發了八國聯軍入侵，達到列強在我國擴充勢力的頂點，從此大清帝國名存實亡。數年之後，愛國志士，武昌起義，推翻滿清，建立民國。

我們也須要簡略地回顧一下我國地方教會當時的情況。那時國內尚未成立聖統制，劃分了許多傳教區，委託不同修會管理，主教、會長等重要職位均由外籍會士出任。大多數傳教士皆充滿傳教救人的熱忱，吃苦耐勞，甚至冒著生命的危險，為窮鄉僻壤的貧苦民眾服務。但是，鴉片戰爭以後，也有少數傳教士受到當時歐洲盛行的殖民主義之風氣的感染，便不自覺帶有一些白種人的優越感，連自己同一修會的本地弟兄姐妹都遭歧視，更不重視一般國人的尊嚴與感受以及我國的文化與傳統。尤有甚者，極少數幾個外籍會士，缺乏基督精神及教會意識，把其本國利益置於教會公益之上。因此使教會招致許多非議，使傳福音工作增了許多障礙。

「禮儀之爭」以後，我國知識分子、政府官員和上流社會，都認為天主教是外來宗教，不尊重我國固有文化及傳統。在鴉片戰爭及八國聯軍入侵之後，更認為外國傳教士是帝國主義的先鋒，本國教徒則是帝國主義的走狗或「二毛子」。

于公就在上述國人普遍仇視天主教的氣氛中誕生成長的。在他接受天主的召叫，追隨基督修道之後，漸漸了解自己負有二大特殊使命：（一）洗刷國人認為天主教不愛國的誤解；（二）消除國人誤認接受天主教信仰，就要數典忘祖、揚棄固有文化傳統的成見。于樞機的抗日救國、反共抗俄、倡導敬天祭祖、成立中國天主教文化協進會、在台重建輔仁大學、重視宗教交談、實行大公主義、選送青年出國留學、參加國民大會、廣交政黨領袖、重視媒體傳播、晉接各國領袖、甚至參加酒會、飯局等與社會名流應酬活動，都是為滿全他所肩負的上述二項特殊使命。這兩項特殊使命是了解于樞機生平言行及其志業的鎖鑰，也是評鑑一切對于樞機的批評是否正確的標準。

三、十字苦路

聖保祿被選為外邦宗徒時，耶穌就指著他說：「我要指示他，為我的名該受多大的苦。」（宗徒大事錄九章一六節）這句話放在中華保祿—于樞機身上，也是很恰當的。在他尚未成年時，就受了逾於常人的磨練。他六歲喪父，七歲喪母，在農村做過放豬的小孩、店舖小弟。「五四運動」時，在齊齊哈爾被學生們公推為學運領袖，但省城有關人士卻認為他是罪魁禍首，想要通緝他。他是天主「特選之器」。為成就大事，必須先受磨練，正如孟子所說：「故天將降大任於斯人也，必先苦其心志，勞其筋骨，餓其體膚，空乏其身，行拂亂其所為，所以動心忍性，增益其所不能。」（《孟子・告子下》）

于公在羅馬學成歸國之後，便展開了他傳福音於中華民族的特殊使命。最初三年尚稱順利，但當他受命為首都南京主教後，不久便發生七七事變，展開了長達八年的抗日戰爭。從此于主教便席不暇暖地奔波前線慰問抗日戰士，到後方照顧傷患難民；在國內各地宣導抗日，組織天主教救護隊；遠赴國外奔走宣揚日本侵華暴行，並為政府請求外援，充分顯現了天主教愛國的赤誠，深獲政府及民眾的敬仰與稱讚，洗刷了天主教徒不愛國的惡名。但是侵華日軍卻視于公為抗日勁敵，曾重金懸賞他的首級。

八年抗戰剛剛結束，國共內戰又起。不久中共佔據大陸，建立政權。新政權迫害教會無所不用其極，又加給于公特殊戰犯的罪名。于公深恐自己留在國內，會給新政權製造迫害教會更多的藉口，因此忍痛流亡國外。但教會內少數不認識大陸情勢的人士，曾批評于公臨陣脫逃，棄守牧職。教廷那時也希望主教們能留守自己的教區，照顧群羊，對于公的滯留國外，自然表示不滿。于公這時在國內是特級戰犯，在教廷是棄守群羊而逃走的牧人。這種處境，為熱愛祖國和終生為教會奉獻的于公，情何以堪，這是他一生最痛苦的一段時期。

教宗若望廿三就職以後，整個教會有了一番新的氣象，于公又被教廷重用，旋即被任命為輔仁大學在台灣復校的負責人及首任校長。于公來台定居之後，便不遺餘力地推行愛國及宣揚中華文化的二項特殊傳福音使命。因此，移轉了國人對天主教不實的評論，但卻為他個人招致了一些誤解，甚至非議。

于樞機的崇高人格，猶如高山和深海，高不可攀，深不可測。我只提出了他和他洗名外邦宗徒聖保祿一些相似的地方。至於有關他多彩多姿的一生、虔誠的宗教信仰、淵博的學識、豐功偉業、對國家及對教會的貢獻，這本傳記會給讀者一個比較詳細的描述。

于樞機晚年住在台北市敦化南路四五一巷一號，那時我則住在同巷八號光啟社內。晚上有時拜訪于公，曾數次建議他講述自己的生平，讓我用錄音機錄下，以便作為傳記資料。一方面于公非常謙虛，不願表揚自己，另一方面忙碌了一天，晚上有些疲倦，不願多談太嚴肅的東西。此一計劃未能成功，雖然有些可惜，但多年追隨于公，輔佐于公辦理輔仁大學在台復校事宜，曾任輔大主任秘書、董事會秘書、校史室主任等職的龔士榮神父，對蒐集于公史料極為細心，片紙隻字均善加保存整理，並全力協助有深厚史學素養的陳方中教授編輯《于斌樞機傳》。此傳現已定稿，將於于樞機百歲冥誕以前出版。龔神父來函要我寫一篇序文，謹以此序略表我對于樞機的敬仰。

單國璽　於高雄牧廬

主曆二〇〇一年三月一日

《于斌樞機傳》序

野聲樞機主教之辭世，轉瞬二十二載，今歲適逢樞機百齡冥誕，天主教界靡不發起紀念之會，用昭追懷之忱。輔仁大學天主教史料研究中心陳方中博士亦著《于斌樞機傳》，以為響應。書成，以余為樞機舊識，丐序於余。余非教中人，固無以知樞機之所造；然觀陳博士書，則於樞機之入道修業、奔走護教、倡導祭祖與夫輔仁大學在臺復校諸端，鉅細條貫，述之綦詳，蓋教友捧讀其書，必有以知樞機之風範，受樞機之感召。樞機其不朽矣！

中華民國九十年曲阜孔德成序。

目次

于斌樞機 — 野聲總主教

1

2

3

1. 于斌修士。

2. 初抵羅馬，入傳信大學就讀神學。（1924）

3. 與傳大同窗好友課餘散步。（1925）

4. 擢陞為南京教區代牧主教，於南京舉行就職典禮後攝。（1936）

中華民國廿五年十月四日　大滬晚報增刊　（星期日）　（第一版）

南京主教于斌博士就職紀念特刊

九七叟相伯題

發刊詞

石激

首都首任主教于斌博士履歷

于博士陞司鐸後留影

在羅馬任教授時之于斌博士

于斌主教玉照

劃分南京教區詔書

前國務總理兼外交總長本篤會司鐸陸徵祥頌詞

九七老人丹徒馬相伯先生祝詞

上海公教進行會爲于主教就職祝詞

于大司牧就職紀念

敬祝

南京教區第一任國籍主教羅公文藻小傳

南京教區信友代表獻詞

中華全國公教進行會總會長陸伯鴻頌詞

5. 南京朝野各界歡迎抵京履新之紀念特刊，由馬相伯先生為特刊題字。（1936）

6

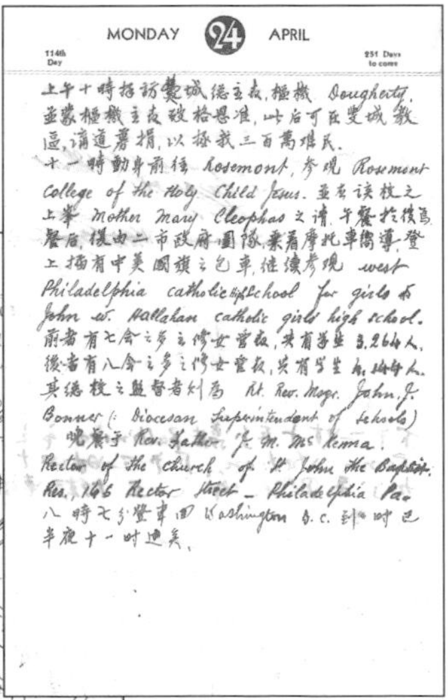

MONDAY 24 APRIL

114th Day

251 Days to come

上午十時拜訪費城總主教，樞機 Dougherty，並蒙樞機主教破格恩准，此后可在費城教區，請道募捐，以拯救三百萬難民。

十一時動身前往 Rosemont，參觀 Rosemont College of the Holy Child Jesus。並應該校之上峯 Mother Mary Cleophas 之請，午餐於校爲饗后，復由二市政府國隊乘着摩托車嚮導，登上插有中美國旗之包車，繼續參觀 West Philadelphia Catholic High School for Girls 與 John W. Hallahan Catholic Girls High School。前者有七余之多之修女當教，共有學生 3,264 人。後者有八余之多之修女當教，共有学生 [illegible] 人。其總校之監督者則為 Rt. Rev. Msgr. John J. Bonner (: Diocesan Superintendent of Schools)

晚餐于 Rev. Father [illegible] M. McKenna. Rector of the Church of St. John the Baptist. Res., 146 Rector Street – Philadelphia Pa.

八時七分登車回 Washington D.C. 到时已半夜十一时迪矣。

7

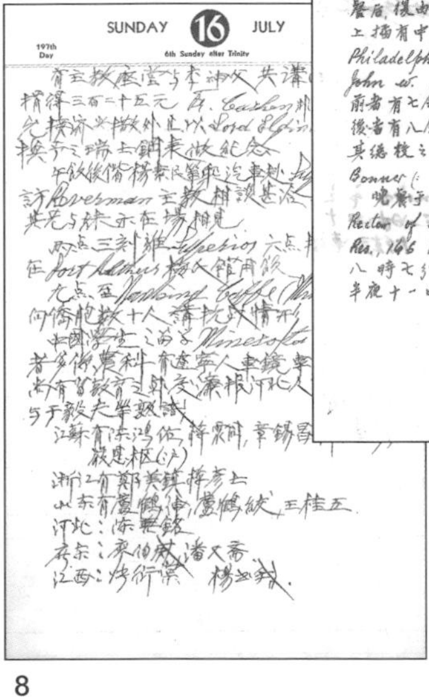

SUNDAY 16 JULY

197th Day

6th Sunday after Trinity

有主教座堂与李神父共[illegible]
捐得三百二十五元 [illegible] Cathes[illegible]
允擬済[illegible]外匯以 Lord Elgin[illegible]
換[illegible]瑞士鋼表做紀念
午飯後偕楊[illegible]汽車赴[illegible]
訪 Reverman 主教相談甚洽
其兄与妹亦在場相見
[illegible]三刻離 Superior 六点[illegible]
在 Fort Arthur 楊[illegible]館用飯
九点至 Nanking Coffee (Ma[illegible]
向僑胞數十人講抗戰情形
中國學生之[illegible] Minnesota
者多係黃科[illegible]
[illegible]
与于毅夫學數語
江蘇有陳鴻佐，薛[illegible]，章錫昌
[illegible](沪)
浙江有鄭[illegible]
山东有盧鶴[illegible]，盧鶴紱，王桂五
河北：[illegible]
廣东：[illegible]潘文斋
江西：[illegible]楊[illegible]

8

6. 對日抗戰期間，赴歐美爭取各國對我之同情與援助，由中國女飛行員駕機。（1939）

7. 在美宣傳募款，救助難民，祕書所記之繁忙行程。（1939）

8. 為抗日宣傳，獲美國朝野、教會人士捐助，於記事本詳記留美學生人名。（1939）

9. 發行《英文中國月報》創刊號報導有關中國的實況。（1939）

10. 親自結算，並向振濟委員會報告之帳目。（1939）

9

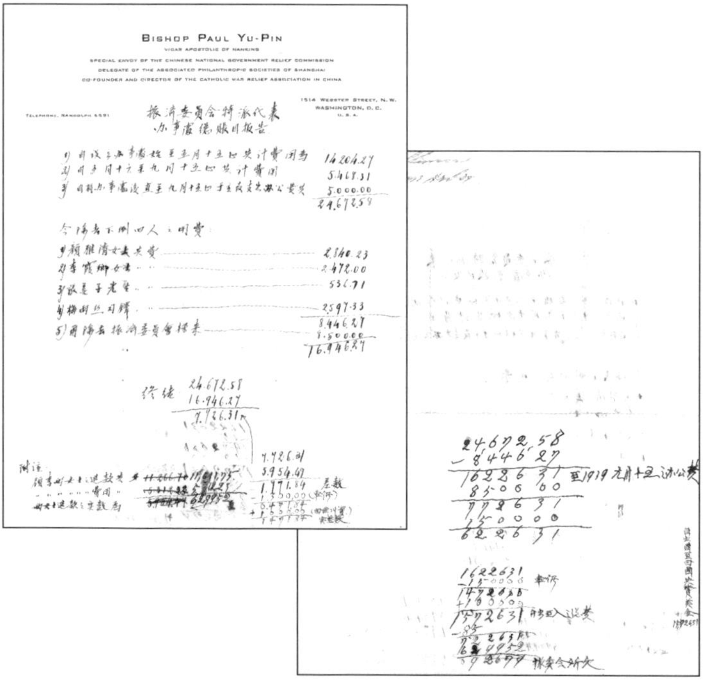

10

11

11. 赴貴陽勞軍演講，修道院修生親手繪製之歡迎冊。（1940）

12. 歡迎冊中「歡迎歌」。

12

13. 北平輔大董事會董事。

14. 籌設「難童職業學校」。（1941）

15

16

15. 自美返國途中訪越南教友。（1938）

16. 於華盛頓中國文化學院，接待中外人士。（1944）

17

17. 代表全國慰勞總會向魏德邁將軍獻旗。（1945）

18. 重慶版《益世報》。（1941）

益世報

I-CHE-PAO
(Social Welfare)
重慶版

恭賀
抗戰勝利

信誼製藥廠華西總辦事處
全體同人鞠躬

慶祝
各界進步

地址：民生路一二七號（即夫子池）

恭賀
新年進步
本報同人鞠躬

恭賀新禧
供應新年禮品
上海社暨同仁鞠躬
慶祝抗戰勝利
地址 林森路

恒義昇衫襪廠鞠躬
歡迎勝利年貨（分銷處重慶商場內）
供應各界百貨（分銷處重慶商場內）
地址 民權路

恭賀元旦
迎接勝利年
世界書局重慶分局暨全體同仁鞠躬

勝利新年
我們以新的貢獻
恭賀
各界新禧
慶祝
地址會仙橋 重慶商場內
杭州介福綢緞局暨全體同人鞠躬

勝利年元旦
慶祝
恭賀
各界新禧
新新綢緞公司暨全體同人鞠躬
地址：民族路（即會仙橋）

慶祝元旦
恭賀年釐
彙康綢布公司暨同人鞠躬
地址：民權路九十四號

18

19. 中國天主教文化協進會重慶市分會成立紀念。（1945）

20

20. 主持制憲國民大會第五次會議時之風采。

21. 由美赴羅馬，率中國朝聖團朝聖，攝於聖伯多祿大教堂前。（1950）

21

22. 於波士頓主持彌撒。（1952）

23. 紐約市長宣佈雙十節為該市自由中國日。（1952）

24. 演講會後和與會者交談。（1952）

25

25. 促成中西復交後，謁見西班牙元首佛朗哥。（1952）

26.「中美聯誼會」之宣傳小冊。（1952）

27. 中美聯誼會之理監事名單。（1952）

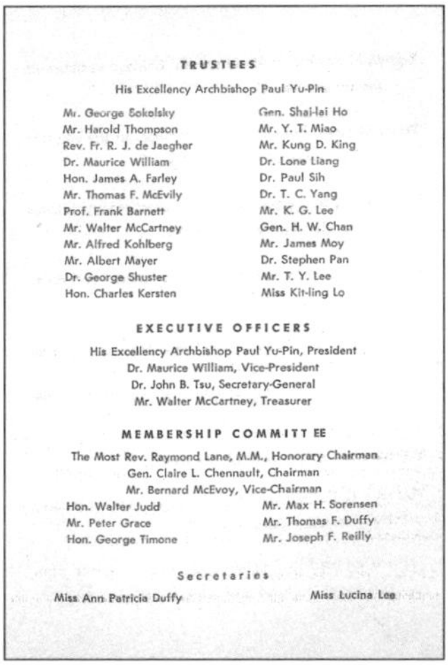

TRUSTEES

His Excellency Archbishop Paul Yu-Pin

Mr. George Sokolsky	Gen. Shai-lai Ho
Mr. Harold Thompson	Mr. Y. T. Miao
Rev. Fr. R. J. de Jaegher	Mr. Kung D. King
Dr. Maurice William	Dr. Lone Liang
Hon. James A. Farley	Dr. Paul Sih
Mr. Thomas F. McEvily	Dr. T. C. Yang
Prof. Frank Barnett	Mr. K. G. Lee
Mr. Walter McCartney	Gen. H. W. Chan
Mr. Alfred Kohlberg	Mr. James Moy
Mr. Albert Mayer	Dr. Stephen Pan
Dr. George Shuster	Mr. T. Y. Lee
Hon. Charles Kersten	Miss Kit-ling Lo

EXECUTIVE OFFICERS

His Excellency Archbishop Paul Yu-Pin, President
Dr. Maurice William, Vice-President
Dr. John B. Tsu, Secretary-General
Mr. Walter McCartney, Treasurer

MEMBERSHIP COMMITTEE

The Most Rev. Raymond Lane, M.M., Honorary Chairman
Gen. Claire L. Chennault, Chairman
Mr. Bernard McEvoy, Vice-Chairman

Hon. Walter Judd	Mr. Max H. Sorensen
Mr. Peter Grace	Mr. Thomas F. Duffy
Hon. George Timone	Mr. Joseph F. Reilly

Secretaries

Miss Ann Patricia Duffy — Miss Lucina Lee

27

Sino American Amity

by

His Excellency
Most Reverend
Paul Yu-Pin
Archbishop of Nanking
China

26

28. 旅途中，頌日課之專注神情。（1952）

29. 以輔仁大學校長身分，與教廷傳信部部長雅靜安樞機晉謁教宗若望二十三世。（1959）

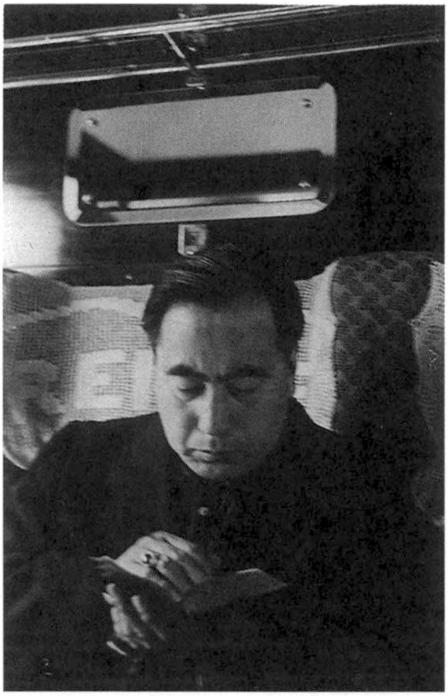

28

29

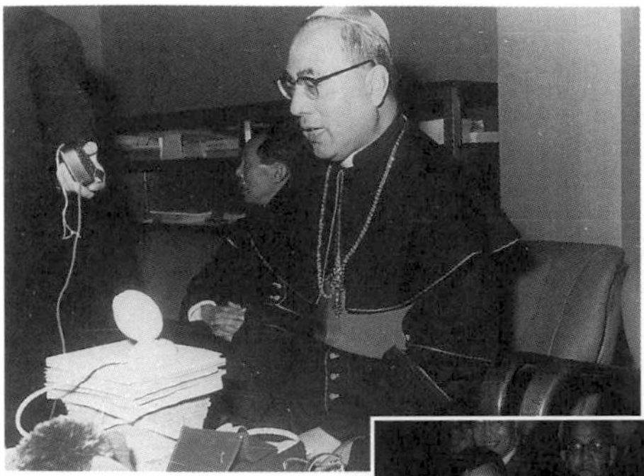

30

30. 教廷任命為輔仁大學校長後，在羅馬接受訪問。（1959）

31. 回國籌備復校工作。（1959）

32. 輔仁大學復校校董會舉行成立紀念茶會。（1960）

31

32

33

33. 輔仁大學文學院哲學研究所成立暨開學典禮，後排八位為首屆哲研所研究生。（1961）

34. 陪同外賓，訪視上課中之同學。（1964）

35. 第一所與輔仁大學締結姐妹校之日本京都產業大學校長荒木俊馬率該校主管及教授等，於簽訂合作協議書會後留影。（1967）

34

35

36

36. 梵蒂岡第二屆大公會議小組中，作記錄情形。

37. 大公會議期間，中國主教合影於聖伯多祿大教堂前。

37

38

39

38. 晉陞主教銀慶，監察院院長于右任先生等親臨致賀。（1961）

39. 晉陞主教三十週年，副總統嚴家淦先生親臨致賀。（1966）

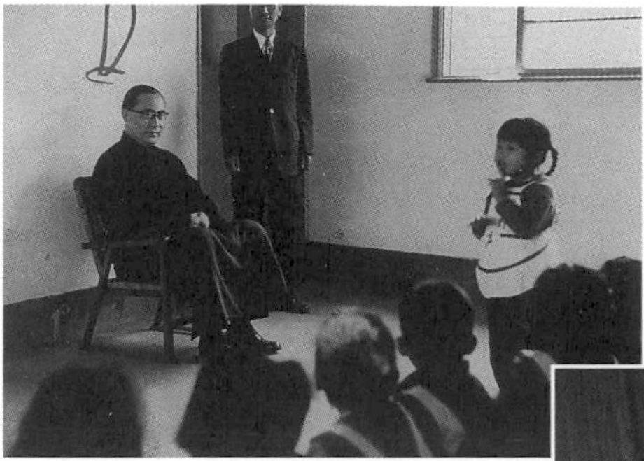

40

41

42

40. 聆聽「野聲幼稚園」小天使的歌聲。（1959）

41. 與王雲五先生攝於「孤兒進修學社」董事會成立大會。（1968）

42. 拜訪教友家庭。

43. 國際獅子會美國總會會長艾文斯代表頒
贈亞洲區博愛獎。（1968）

44. 天主教中國主教團成立紀念。（1967）

45

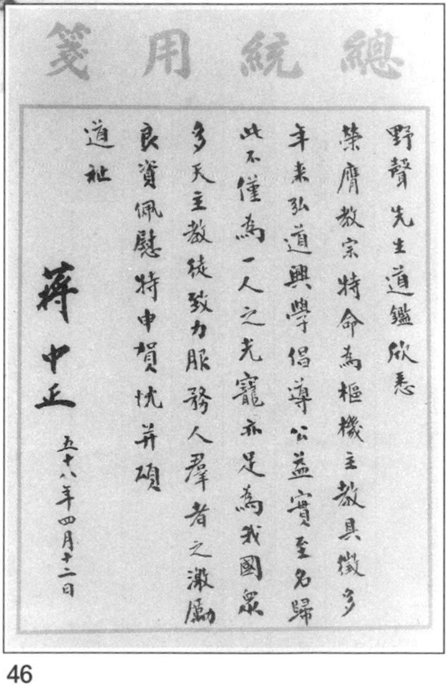

總統用箋

野聲先生道鑒欣悉
榮膺教宗特命為樞機主教具徵多
年來弘道興學倡導公益實至名歸
此不僅為一人之光寵亦足為我國眾
多天主教徒致力服務人群者之激勵
良資佩慰特申賀忱并頌
道祉
蔣中正
五十八年四月十二日

46

45. 策封樞機典禮，由教宗保祿六世於伯多祿大殿為其加冠。（1969）

46. 總統蔣中正先生之賀函。（1969）

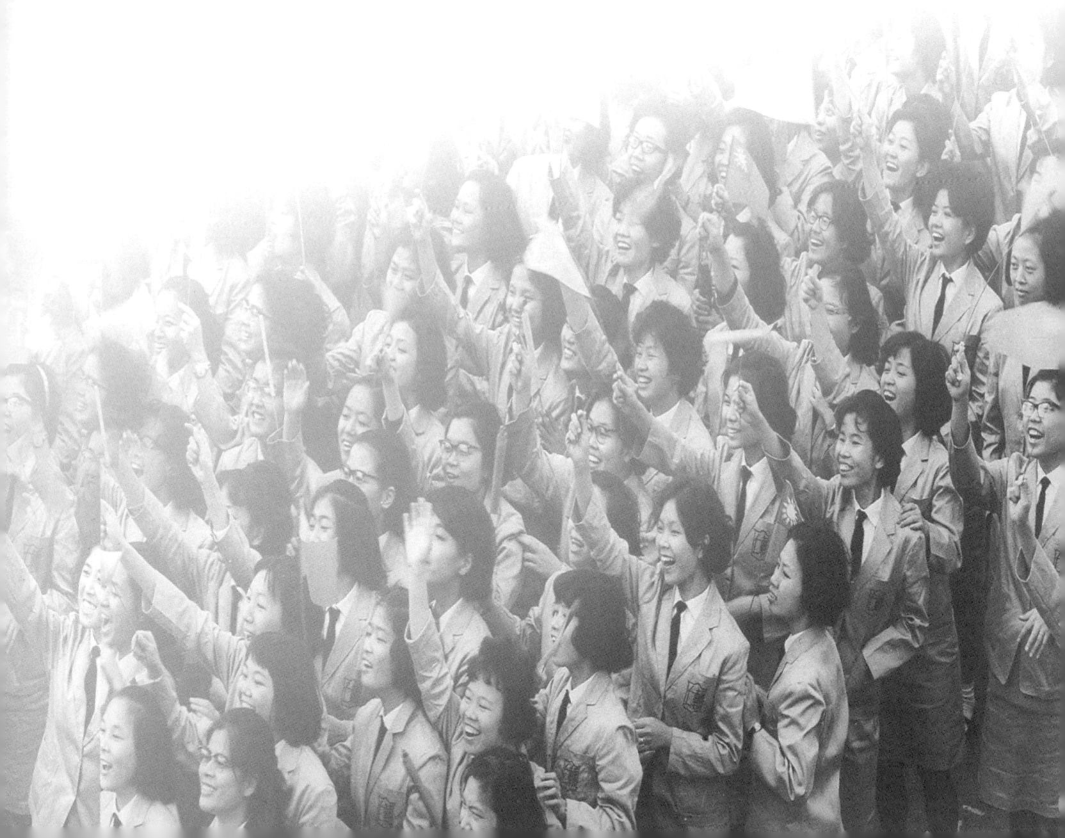

47. 榮陞歸國，輔仁師生夾道歡迎。（1969）

48. 中央圖書館揭幕，館長蔣復璁先生引領參觀。（1960）

49. 與林語堂先生至機場歡迎史學家湯恩比伉儷來台訪問。（1967）

48

49

50

51

50. 中美堂落成典禮，抱病歡迎蔣宋美齡女士蒞臨。（1970）

51. 西班牙畫家達利贈送畫冊。（1971）

52. 率「中國宗教徒聯誼會」會員訪美。（1977）

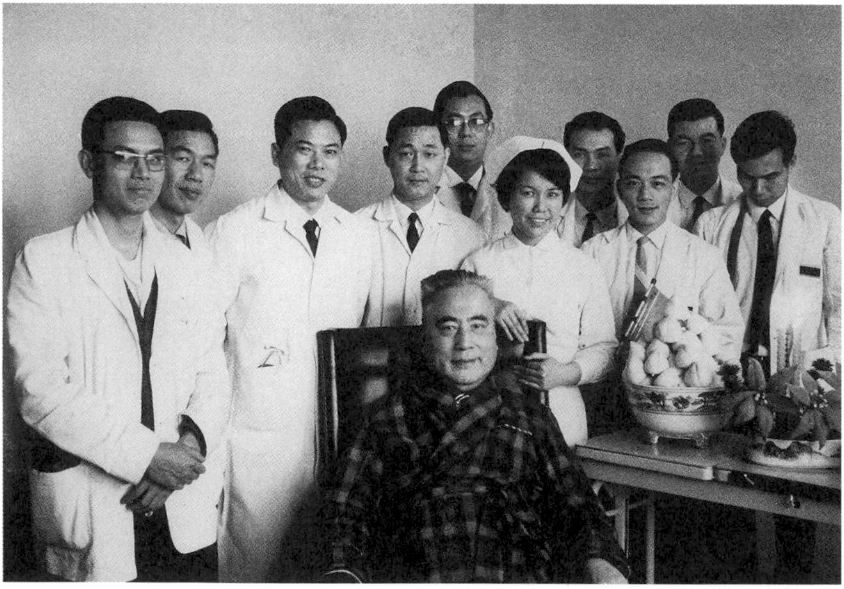

53. 一九七六年初赴醫院健康檢查。

54. 教廷於聖伯多祿大殿為其舉行追思彌撒，
共有93位樞機主教參加。（1978）

55. 於國父紀念館舉行之追思彌撒，總統蔣經國先生暨五院院長均親臨弔唁。（1978）

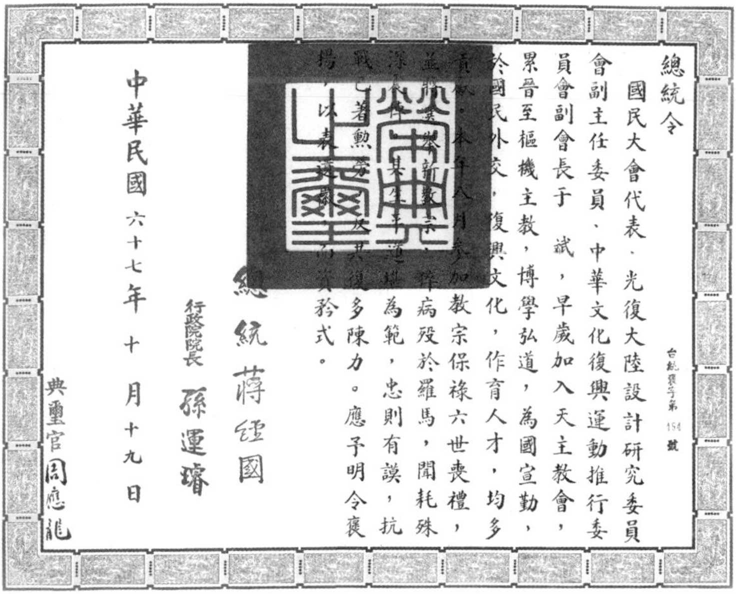

總統令

國民大會代表、光復大陸設計研究委員會副主任委員、中華文化復興運動推行委員會副會長于 斌，早歲加入天主教會，累晉至樞機主教，博學弘道，為國宣勤，於國民外交，復興文化，作育人才，均多貢獻。本年八月參加教宗保祿六世喪禮，並躬參新教宗、猝病歿於羅馬，聞耗殊深悼惜。其生平道堪為範，忠則有謨，抗戰已著勳勞，反共復多陳力。應予明令褒揚，以表遺徽，而資矜式。

台統褒字第 154 號

總統 蔣經國

行政院院長 孫運璿

中華民國六十七年十月十九日

典璽官 周應龍

56. 總統褒揚令。（1978）

第一章　從東北到羅馬

第一節　背景

一、東北的環境

在清朝以前，漢文化在東北的影響力有限。在大東北東邊龐大的森林中，住著以漁獵為生的各個部落；西邊與蒙古接壤的地區，則逐漸由漁獵生活轉變為畜牧生活。在文化系統上，漢與蒙、藏同樣與這個地區有關聯。對漢民族來說，兩千年來，從這個方向南下的鮮卑、契丹、女真一直是相當令人頭痛的問題。清朝建立的一大重要意義是漢滿兩族的融合；從此之後，才使得東北明確的納入中國的領域。

滿洲人對於他們在中國的少數統治，一直缺乏安全感，因此對於東北這塊他們的「龍興之地」，一直視之為禁地，不願漢人踏足其中。而在心理上，這也是滿洲人的文化根源，是他們保持自我的最重要憑藉。但康雍乾三朝中原地區百餘年的安定，使得人口大量增加，在各省分難免產生區域性的人口過剩現象。東北由於是禁地，人口一直稀少，雖然有政府的限制，但仍然吸引了臨近地區人民前往謀生。於是自十八世紀以後，東北的漢人移民即日漸增多。

從地圖上來看，往東北的交通方式，似乎陸路是比較容易的，但這是一種錯誤的印象。從河北、山西往北要經過草原甚至沙漠地區才能往東到達可耕種地區，而政府在山海關又設有關口，盤查過往旅客，因此以開墾為主的移民，多半不是經由看似容易的陸路，而是從海路前往東北。習於陸地生活者，視海洋為障礙，但實際上只要能掌握天氣的變化，海洋提供了較陸路交通更便利的方式。自山東半島的威海衛、煙臺一帶，往遼東半島的大連、旅順，是一條自古通行的航線，而且遼東半島有非常多的小型港灣可以讓船隻靠岸，方便偷渡，上岸後就直接是可耕種地帶，由於有這麼多便利，因此多數漢移民是循著這個方向往東北發展。

自十八世紀開始的移民潮，到了十九世紀中葉以後愈顯熱烈，一方面是清政府對漢人往東北的移民逐漸鬆綁，另一方面是在更嚴重人口壓力的影響下，有更多的漢人選擇往東北移民。而清政府在實際體會到所謂帝國主義的覬覦後，完全解除了往東北移民的限制。所謂帝國主義勢力，指的是俄、日、英、法等國，其中尤以俄、日為首。衆所皆知俄國自一八五八年以後，藉著英法聯軍的機會，和中國簽訂了瑷琿條約、天津條約、北京條約，取得了大東北地區廣大的未確定疆域。而日本則在甲午戰爭後，與中國簽訂馬關條約，正式的涉足東北，取得鐵路、開礦等特權。雖然是中國領土，但日、俄兩強為爭奪在東北的勢力範圍，於一九〇四年爆發了日俄戰爭，帝俄戰敗，在一九〇五年與日本簽訂的朴資茅斯條約中，將南滿為勢力範圍讓給日本。日、俄兩強自此由對立轉為聯手剝削中國。

中國在東北的地方政府，原本是為地廣人稀的滿人族群設立的，並沒有因漢民移入而同步增加員額編制，加上日漸惡化而停滯的官僚體系，使得官府對於這些漢人移民缺乏管理及保護的能力。

大致上在開發最早的遼寧，官府的力量最強，沿著交通路線，官府勢力往東北及西北蔓延，但在鄉間散居的廣大漢人族群，和中土同文同種的漢人族群相較，缺乏官府力量的協助與管束；日、俄關心的主要是經濟利益，因此其控制力也是放在交通沿線。在廣大的開墾區，缺乏公權力的干涉下，移民們往往為爭奪水源、土地、物資等而發生爭鬥，因此必須要結成團體以自保；也由於公權力不彰，盜匪橫行無阻，森林、荒漠、深山更增加了他們藏匿的機會，以及追捕他們的困難，因此抵禦盜匪也是移民組成團體的理由。故在東北地區，移民們習於建築深溝高壘的集村，甚至發展出村與村間的聯防組織。

二、中國與東北的天主教教會

唐朝時屬於基督信仰的景教傳入中國，元朝時方濟各會士帶來了正統的天主教信仰。不過這些信仰都隨元亡而中斷，與以後天主教在中國的發展，沒有太大關係。持續而和現在有聯繫的天主教信仰，要從明朝末年利瑪竇（Matteo Ricci）、羅明堅（Michele Ruggieri）開始算起。大致來說，天主教在中國的傳教活動，分別屬於不同的傳教團體，道明會在福建省，方濟各會在湖廣、山東、山西一帶，耶穌會則在直隸、江南等地。巴黎外方傳教會在十七世紀中葉加入在華傳教的行列，他們的傳教區域主要在四川、雲南、貴州。遣使會則在十八世紀末，取代被撤銷的耶穌會，負起照顧原來耶穌會傳教地區天主教教友的責任。

一七八九年的法國大革命不僅在歐洲造成巨大變動，也影響了在中國的傳教活動；受到大革命影響，不但傳教士的後勤補給中斷，甚至有一段時間，連傳教士也派不出來。一八一五年後，大革命的破壞逐漸褪去，傳教活動也迅速恢復，後來更呈現出大幅度的增長。有和以前相比數倍成長的傳教士，乘坐著更大更快的帆船，然後是蒸汽輪船到包括中國在內的亞、非、美洲傳教；巴黎外方傳教會傳教士的觸角，也伸向廣東、朝鮮以往他們不曾到達的地區。自朝鮮的海路，巴黎外方傳教會的傳教士，大約在一八四〇年代，進入了遼東半島；同一個時間，遣使會的傳教士將他們的活動範圍，也自內蒙延伸到東北，經過兩個傳教團體協商，遣使會退讓，自此後東北就成了巴黎外方傳教會的傳教範圍。

和其他在中國的天主教傳教團體一樣，雖然傳教士的人數以倍數成長，但東北的傳教士仍然難以應付艱鉅的傳教工作。原因很多，一方面教會嚴格的規定了傳教士彌撒、聽告解、付洗、傅油等不能替代的義務。另一方面中國實在太大，人口太多，傳教士灑在人群中，很快就被吞没而看不見。再加上因為禮儀之爭，中國禁止基督宗教的傳教活動，使得傳教士們只能秘密行動，這也增加了傳教活動的困難度。一八六〇年北京條約簽定後，雖然傳教活動公開，但只能說情況略有改善，和廣大的中國人口相較，中國天主教教友的人數從來不及百分之一。由於前述東北的社會情勢，在東北的天主教教徒們，主要是以教友村的型態出現，[1]傳教士奔波於不同的傳教據點，盡他們的各種義務。

一九〇〇年以前的中國天主教是完全屬於傳教士的教會。在西方人優越感的心理影響下，他

1　教友村的最理想狀態，是絕大多數的村民皆為教友，但實際上若有二、三十百分比的教友人數，就足以使天主教在此村中不被排斥。此處所謂教友村指的就是這種天主教不被排斥的狀態。

們對於培植本地神職人員的工作不算積極；就算是基於傳教需要培育出的本地神職，往往也視其為助手，以服從為對他們的首要要求。另一方面，由於禁止祭祖祀孔，所吸收到的教徒多屬中下階層，從此階層產生的本地神職水準不符理想，也是可以想見的。一九〇〇年的義和團事件對中國教會造成了很大的摧殘，其後復甦的中國天主教，除了憤恨拳民的無理燒殺外，部分有識之士也開始思考，為何天主教和中國社會產生隔閡。

這其中的代表人物就是雷鳴遠（Fredericb Vincent Lebbe），在多數外籍傳教士不贊成的情況下，他積極的提倡本地化的中國教會，他和中國教友們平起平坐，不再讓他們磕頭；他想要興辦新式的學校，教育教友子弟，他在講道時說的是愛國的道理，然後在一九一五年，一份中國報業史上非常重要的報紙——《益世報》，由雷鳴遠一手創立。[2] 在雷鳴遠建立本地化中國教會的思想中，特別能反應時代需求是愛國這一點。他希望中國教友們不要忘記自己是中國人；外籍傳教士要愛這塊他們傳教的土地，甚至要超過他們自己的國家。然後要讓本地的神職當家作主，也就是以中國籍的主教管理中國的教會。[3] 由於宣揚這些理念，雷鳴遠在當時受到了一些壓迫，但這種思想既具有正當性，就逐漸形成導引中國教會發展的正面力量。這個趨勢可以在中國天主教史的發展中表現出來，但實際改革的速度，往往是和期望有相當落差的。

2 趙雅博，《雷鳴遠神父傳》，台北：文景出版社，一九七七年五月再版，頁二〇一。

3 〈致趙主教〉，《雷鳴遠神父書信集》，台中：耀漢小兄弟會編譯，一九九〇年六月，頁一九八～二一一。

三、海倫的教會

前已述及東北屬於巴黎外方傳教會的傳教區，位在黑龍江省的傳教據點，發展方式與大部分漢移民的路徑不同，主要是內蒙傳教區的延伸。傳教士從教友比較多的地方，試探性的往有少數教友的據點前進，由於地形遼闊，冬季氣候嚴寒，原始的交通條件，相對不足的傳教士數量，都使得從十九世紀中葉開始的傳教工作，進行的速度相當緩慢，同時皈依的教友，品質也不穩定，因為傳教士不太容易在一個地方長期駐守，教導及鞏固這些新教友的信仰。

也許是出於對這種天女散花傳教方式的反省，以及對東北地理、人文的理解，在黑龍江海倫縣傳教的陸恆厘（Henri Roubin），建立了一種集村式的傳教方式。[4] 一位一九一〇年到這個新開墾地訪問的法國記者 Edmond Rottach，描述了他所看到的這個新教友村：

> 「現在所說的是在滿洲里，黑龍江省，哈爾濱西北兩百公里的 Tong-ken[5] 由於官員的友善，他使自己特許得到一大塊地（在購買四百公頃後，依法贈送三百公頃），這種土地通常官員是賣給朋友的，價錢是微薄的三百兩銀子，大約一公頃是一百法郎，這是中央政府在決定開放一個區域後，公定的價格。」[6]

---

4 在內蒙、台灣也都可看到類似的傳教方式，所以陸恆厘所做的並非創舉，其實最早在十七世紀時耶穌會士已在南美採用這樣的方式，靈感可能由此而來。

5 可能是 Tong-keu，因為地圖上位置符合的只有「通皋」。

6 Coriolis, *Apotre & Colonisateur-Henri Roubin*, France: Imprimerie "La Liberte", 1939, pp.56-57.

陸恆厘在得到這塊土地後，再將它分成小塊轉賣給開墾者，轉手後，陸恆厘得到了可觀的金錢，他的主教給他自由處置這些錢的權利；於是他在一九〇五開始和一些人交涉，同時開始看地，由於盜匪為患，一九〇六年他的計劃逐漸成型，就是將他所有的土地，以原價賣給那些需要土地的貧窮教友們。[7]

一九〇七年二月二十一日，陸恆厘和附近的官員一起赴 Tong-ken，所有附近的人為了能擁有一塊土地都跟著一起去。在整個規劃中包括五至十五個村落，每個距離六里；圍繞著中央的城，城內可容納一萬人。在同年八月，這個地方已有一千八百四十四人進駐。在組織他們的同時，陸恆厘在靈魂上及物質上要幫助他們是很容易的。在這些人中，只有天主教教友可以成為地主，其他人只能一起工作和居住。有一些共同的土地，是保留為歉收的季節，或是寡婦、孤兒、殘疾的需要，以及必須繳納的稅金、預備金、抵禦盜匪開銷的費用……，在城中有寬闊成網狀的道路，中央是保留的公共空間，周圍種著樹，為的是將來有錢時可用來建教堂，一九一〇年時的教堂只是一間茅草屋。[8]

這個設計良好的集村組織，很快就吸引了人群往那裏聚集，每個人動機不一定相同；制度、安全、土地可能都是原因；在那裏也有頻繁而公開的宗教活動，公共的儀式自然是天主教的，和中國其他未接觸到天主教的地方不同，在這邊外教人看到的是天主教無私的社會服務、慈善精神，因此

7 同註6，p.57.
8 同註6，p.57.

要吸引人皈依一點都不困難。而當他們皈依之後，集村中持續而規律的宗教生活，對於堅固他們的信仰有很大的幫助，而這群信仰良好的教友，又會成為吸引外教人皈依的理由。或許開始時有的新皈依者，懷有非宗教的動機，但在長時間的潛移默化後，他們也會成為社群中循規蹈矩的教友。因此很快的，加入此集村的，幾乎都會受洗成為教友。

這個集村人口成長得很快，一九〇八年人口已增長至二千人，一九一一年有三千三百餘人，而到一九一五年已有五千四百人，[9] 其中絕大多數都是新領洗的教友。

第二節　幼年時期

一、家譜

在一九五四年于斌記事本中，他記載了一段他親戚于鳴冬寫給他的家傳源流：

「明移自雲南至山西洪洞大槐樹底，後有祖先諱麻，遷山東文登大水泊，麻祖後人自大水泊遷至濰縣城東大東莊，並散佈於昌邑。吉林太平川于家遷自大東莊，自麻祖迄于鳴冬已二十一世。」[10]

在于斌的自述中通常是由蘭西縣開始講起，由這一篇他名之為「予之家譜」的描述中，大致上

9 同註6，p.62. 到一九三八年，這裏是有一萬人的大聚落，差不多也是這塊土地能養活人口的極限了。

10 于斌一九五四年記事本前空白頁。

可以勾勒出這一支于姓家族的二十一代以來，自雲南、山西、山東，然後到東北的過程，他們應該是比較晚期，可能在十九世紀中葉以後到達東北的移民，不然沒有必要深入到吉林偏北之處開墾。[11]

二、成長過程

于斌生於一九〇一年，他的祖父名剛，以行醫為業，父親名水源，以農業為生，母親蕭氏。從小于斌是在黑龍江省蘭西縣的鄉村成長，于斌對他父母親的印象不深，因為他六歲喪父，七歲喪母，由祖父母養育成人。他在家中必須協助家事，由於個頭高大，放豬是他主要的家庭工作。因此他曾戲稱自己什麼官都沒當過，只當過豬倌。父母的早逝，使他在現實的大家庭中，飽嘗各種辛苦，從小他和大他一歲的小叔一起生活，或許是嫉妒小于斌總是受人喜愛，在無人之處，小長輩找到機會就常會教訓大侄兒，在傳統禮教的束縛下，于斌也只能忍受這些無禮的責打。

于剛並未忘記這個孤苦無依的孫兒，在于斌九歲的時候，便將他和小叔一起送到蘭西初等小學念書。不過于斌在此大概沒有學到什麼東西，他自稱是不習慣初小的教學方式。[12] 不過新式教育此時興辦未久，水準參差不齊是可以想見的。然後應該是于剛也覺得這樣的教育方式有問題，於是在兩年後，于斌被送回傳統的私塾。于斌自己說：

11 張興唐所撰之〈于斌樞機傳〉（《于斌樞機紀念文集》，台北：康寧雜誌社，民國七十年八月），稱係其曾祖父成閔公時遷至蘭西，如所述正確，前一站應為吉林太平川。

12 于斌，〈一條大路通羅馬：我以出世精神，做入世工作的開始〉，《中國時報》，民國六十七年四月二十七日。

「每天隨老先生讀四書五經，聽古訓，學古禮，私塾的先生教學嚴格，逼得我非用功不可，在私塾讀書的這兩年，中國文化的基本精神，我都在不知不覺中吸收了，自覺獲益甚多，至今受用不盡。」[13]

穆超所撰之〈于斌總主教傳略〉則稱于斌所入之私塾為海北鎮之邢氏學塾，塾師為邢漢卿；[14]筆者以為，地名不確，但塾師名可能為真。

三、入教

海倫縣海北鎮由陸恆厘創建的天主教烏托邦，已在附近傳出名聲，許多人紛紛前來加入，據于斌自己的說法，他在十四歲那年和全家一起遷去。這時應該是一九一三年或一九一四年，所謂全家其實除了于斌外，大概還有小叔水濤及未出閣的姑姑們。于斌自己說：

「我們搬到這兒，立即領受到這股互助友愛的氣氛，祖父更進一步的了解天主教的教義是如此的真摯深切，他首先受洗，接著我的祖母及小叔和我也紛紛受了洗。」[15]

于斌洗名保祿，和其他地方的新教友不同，受洗之後的于保祿在海北鎮得以繼續維持規律而虔誠的

---

13 同註12。
14 穆超，〈于斌總主教傳略〉，《于斌總主教哲學言論集》，台北：新動力雜誌出版社，民國五十年四月，頁七。
15 同註12。

宗教生活，這為他信仰的深化及活化是有很大幫助的。也許有人會問，青春期的反叛思想，是否曾經在于斌的信仰路上造成影響？他自己沒有提起這件事情，不過可能父母喪亡所帶來的早熟，使得于斌早就跨過所謂的叛逆期。

為了養活自己，可能也是體認到自己在家中的次要身分，于斌在開始規劃未來時，想要從商；於是他在海北鎮的就學過程中，一方面讀書，另一方面在綢緞莊中當學徒。要從商對于斌而言，絕不是問題，因為他很早就展露了驚人的記性；他曾向不同的人回憶他這段時間的生活，說他曾經只把整本帳簿看過一遍，就不用帶著帳簿，直接出去和別人收款。學校的老師見他表現優秀，認為他適合當老師，不應只準備當個小商人；于斌聽了老師的勸告，於是去縣城念縣立中學，為的是準備念師範學校。

雷鳴遠在天津推動的本地化運動，此時已經如火如荼的展開，但位在中國東北極北之地的小烏托邦並未受到任何衝擊，陸恆厘的概念仍是十九世紀式的，在他的概念中，他並未期望在這些新教友中立即發掘出聖召，可能他對這些新教友的信任仍不足夠，新教友中能力足夠或是熱心虔誠的，如果能將他們訓練為傳教員或是鎮中小學的教師，大概就是陸恆厘的最大期望。在這期望下，他給予于斌費用，得以去參加在省城齊齊哈爾舉行的師範學校考試。

于斌回憶說：

「十六歲那年，我和許多位同學結伴到省城投考省立第一師範學校。

省城離我們住的地方很遠，我們坐了幾天火車趕到省城，已過了招生考試的時間，使我們失去投考的機會，師範學校的負責人見我們老遠的趕去，身上帶的錢也不多，他同情我們求學心切，恰巧錄取的新生報到後還有缺，所以答應給我們考一次，在這一百多人的考試中，我考了第一名，達成進入師範學校讀書的心願。」16

地圖上來看海倫到齊齊哈爾距離其實不遠，也有火車可以通達；不過可能是火車班次不多，配合不及，以致幾乎無法入學。進入師範學院後的于斌，一方面開始了較有水準新式教育的培育，另一方面對此時期高漲的反帝國主義，有了新的體會。在前一年日本逼迫負債累累的北洋政府簽訂了二十一條，劫奪更多的中國利權，在中國各地已掀起以學生為主的抗議浪潮。對東北學生而言，這種感受更深刻，日、俄兩國在東北的勢力是影響深遠而盤根錯節的，從火車、商店，到日常用品，這些外國人都扮演了供應者的角色。中國消費者只能以日、俄等國企業訂定的價格購買商品。帝國主義者是以文化優越感為心理憑藉的，在各種場合中，中國人似乎都是次等的。在海北鎮的于斌對此的感受，不如海倫縣；而在省會齊齊哈爾和日本人有更多接觸後，對這樣的種族歧視，應有更深刻的認識。我們可以說于斌的愛國信念，是在這一段時間中充分醞釀的。所以他先號「希岳」，期法岳飛的精忠報國，繼字「冠五」，希望中國有為五洲之冠的一天。

四、五四運動

一九一九年五月，即將畢業的于斌，也加入了中國近代史上最大規模的愛國運動——五四運

16 同註12。

動。為抗議日本不肯放棄在華利權，由北京開始，蔓延至全國各地都發生了學生罷課，遊行示威的活動。于斌回憶說：

「那一年，正逢民國八年，『五四運動』爆發，本來我打算投考北京大學正準備功課，忽然聽到這個消息，全校的同學都感到十分激憤，黑龍江本是個文化落後的地方，面臨如此震驚人心的大事，也不甘沈默，黑龍江各學校學生各派代表集會討論如何響應此一大事。我們學校也推派了兩位代表，一位是我，另一位是吳煥章，他也是現任的國大代表，我們兩人，我是大個子，他是小個子，一大一小，很受注意。

也許，個子高的人，天生就受人注目，當我們集會之後，組成各校學生代表團，我竟然被推選為團長，我無法推辭，只有答應。

接著，我們在齊齊哈爾的望江樓下的廣場誓師，我是團長，被大家推上台致詞，然後我們準備出發到各地遊行，我知道大家的心情都很激動，耽心萬一發生事情，一發不可收拾，所以我以十分懇切的態度向各位同學們建議：『同學們愛國是可敬可喜的行為，不過我認為如果我們因為愛國而荒廢或是放棄了學業，等於是一種自殺的行為，我主張，愛國不忘讀書，讀書不忘愛國，我們的遊行不妨改在星期天舉行。如果大家贊成我的看法，我願意為大家服務，擔任團長。』

我這番話，訴之以理，同學們都很服氣，事情就這麼決定了。但是，學校的老師還是很不放心，因為齊齊哈爾的日本商店很多，怕我們遊行示威，發生衝突，造成流血事件，我們一再保證，同時還請訓導人員隨著遊行隊伍一塊走。至於遊行喊的口號，事先亦安排妥當，絕不隨便喊。

星期日來臨，遊行開始了，共有五千多人參加，還有鼓號樂隊助陣，場面很浩蕩。我是團長，走在最前面，沒有人不看到我的，加上我又主張以理服人，使很多人對我有了深刻的印象。

因為成為當時的風頭人物，沒有想到反而帶給我困擾；據說，省城裡有關的人士認為我這個高個子是禍首，考慮要抓我，這個消息被我的一些長輩聽到了，特別好心來告訴我，這使我十分灰心，沒有想到會引起誤會，於是我決心學期結束後立即回家，這才開始我與宗教的第一步。」[17]

從他的回憶中可以知道，高大英俊的于斌一定是學校裏的風雲人物，不然不可能代表學校赴會；功課是否最好不得而知，不過以他的聰明才智，學校的功課應該不成問題。由於他的氣質出衆，使他很自然的成為學生領袖中的領袖，而他自認並未帶領學生，採取過激的行動；同時也顯示出，于斌在學校中應該是以讀書為重的，不然他不會要求在星期天進行遊行活動。只不過這次有秩序的，理性的遊行活動，還是得不到當地政府的認同，政府官員很自然的將帶頭的于斌，鎖定為製造群衆運動的黑手，他的校長曾說：「天不怕，地不怕，只怕于斌給學生講話。」[18]這種認知，使

17 同註12。

18 雷震遠，《于斌總主教小史》，越南自由太平洋協會，一九五九年五月，頁五。

得他隨時有被捕的危險。五四運動的風潮差不多進行了一、二個月，而學期也已近尾聲，所以于斌也可以算是在師範學校畢業了。

五、棄俗修道

回到家鄉于斌感覺有些心灰意冷，原本在他人生的規劃中，是預備要去投考北京大學，以他的慎思熟慮，鴻鵠之志，于斌應該不是想要回到偏遠的海北鎮，以小學教員，最多小學校長終老；他想的應該是學者、政治家，能為更多人服務的偉大事業。由於時局不利，他暫時回到家裏避風頭，但一段時間後，他還是有機會去實現他原來的人生規劃，可是他卻在此時做了不在他原先計劃中的事，他決定要棄俗修道。

沒有辦法確實理解于斌突然改變的理由，學生領袖所引起的可能危險，在法國神父控制的地方是幾乎不存在的，于斌在海北鎮很安全，他應該了解，也可以做到，只要忍耐幾個月，至多一年，他就可以去實現他原來的計劃。所以他絕對不是逃避，而是將他的偉大志向，與他的宗教信仰有了清楚的結合。

于斌曾向雷震遠說過他的聖召：

「有一天，在聖若瑟村中，（于斌）對陸神父的助手張方濟神父坦白了他的心，表示要修道。但遭遇陸神父的反對，陸神父只願他做一位好教師。」[19]

19 同註18。

筆者推測陸恆釐的反對是由於他的謹慎，這一位十四歲才受洗的新教友，究竟信仰內涵是否充實，信教動機是否純粹，都不完全清楚；他又在外面的花花世界，受世俗教育，必定有不少摩登觀念；更何況，原本的規劃就是要他做小學教師的。所以，對於于斌修道的請求至少要觀察，考驗一段時間，再做決定。

除了陸恆釐的反對外，家裏面的人也多半不贊成。理由是傳統中國人相信「不孝有三，無後為大」，他自己說：

> 「回到家，與神父商量，我想進修道院做修道士，將全心奉獻給天主基督。我的這種想法，在家中引起很大的風波，因為我在家中是個獨子，父母早亡，如我從事修道工作，不能結婚，豈不絕後？家中的人沒有不反對的，這時，我的祖母出來說話了，她說：『他這種做法，是為人類，為國家獻身，這樣的選擇，是何等大事，豈可阻擋，阻擋了會遭天怒。』家中的人都很尊重祖母的意見，我終於進吉林省城，天主教立的神羅修道院進修，……」[20]

于斌的祖母由氏沒有受過教育，大概說不出修道是為了國家這番話；這些話毋寧反應出的是于斌的修道動機。陸恆釐在考慮了數個月後，確定于斌是真心想要修道，也同意送他到修院念書，於是于斌開始了他的修道生涯。在此之後他改號野聲，效法洗者若翰作曠野之聲，為基督準備救世的道路。

---

20 同註12。

黑龍江省由於傳教工作開發未久，範圍不大，與吉林仍同屬一代牧區，因此于斌是到吉林入小修院；和其他小修院的修生相較，于斌念過師範學校，已有資格來小修院當國文教師了，所以他一方面念拉丁文，一方面可以幫忙教書。一般神父都頭疼的拉丁文，對于斌而言似乎困難不大。他說：

「一方面自己學習，一方面幫先生教教弟兄們。當時，有一位神父教我拉丁文，我學得很快，一年半已經將圖書室裡拉丁文的書全部讀了，神父十分驚訝，連說：『這裡已容不下你了。』於是，修道院的主教決定將送我到上海的震旦大學讀書，使我更上層樓。」[21]

于斌的天才，當然是使他得以快速學會拉丁文的原因，不過這也顯示出他的修道意願；因為真心願意修道，才能將全部心力投注其中。而吉林主教高德惠（Augustus Ern. Gaspais）願意送于斌去上海念書，當然是覺得于斌是可造之材。

他到上海震旦大學先讀預科，有了拉丁文的基礎，可能在小修院時也已開始學法文，因此選讀的法文，對于斌而言也不構成困難。讀了一年，全部課程都通過。他在兩年半之內，完成了其他修生至少五、六年的語文課程，然後他回到吉林，開始攻讀哲學。

在天主教的修院制度中，必須要先讀哲學，再讀神學，讀完神學才能晉鐸成為神父。于斌一面在念哲學，另一方面因為他優異的拉丁文程度，也是小修院的拉丁文教師。在修院中擔任哲學、神學教授的，其實也就是巴黎外方傳教會的傳教士，他們不見得是哲學或神學的專家，因為在傳教區

21 同註12。

本來就是以傳教工作為主。在種族優越感的心理下，有時部分外籍傳教士不能忍受聰明的中國修生，會認為他們「驕傲」，然後將他們逐出修院。溫和有禮的于斌，雖然在學業上有飛快的進步，但他一定保持了相當謙遜服從的態度，使得他可以得到長上的信任。另一方面，主管修院的高德惠也注意到這位優異的大修生，他了解在吉林神羅學院已沒有什麼教授可以教他了，此時教廷代表剛恆毅（Celso Costantini）積極鼓勵各地主教送優秀修生往羅馬進修，為了吉林代牧區的好處，高德惠要送他到羅馬去受更好的教育。

第三節　羅馬時期

一、修生

雖然在吉林神羅學院已讀完哲學並已開始神學課程，但在羅馬正規的學制下，並沒有讓于斌自一開始就進入傳信大學讀神學，而是為他安排了特別的哲學課程，以補足開始神學課程前的必修學門。特別課程是因為他在一九二四年十二月方抵羅馬，若按正規學制，安排一年課程的話，在課程結束後，他需再等一年才能開始正規的神學課程。這些拉丁文的哲學課程相當緊湊，但難不倒已可教拉丁文的于斌；半年之後，他得到羅馬聖多瑪學院的認可，獲得哲學博士學位。[22] 然後開始在傳信大學讀神學。

22 同註18，頁六。

在羅馬留學的經驗是非常寶貴的，讓他對教會及基督信仰有了更深刻的體會。開始時一切都很新鮮而令人震撼，日後他常和人提起一九二四年在羅馬過聖誕節的情形。日常生活中他也常面臨因中西文化不同而產生的困惑，他曾在日後回憶在初到歐洲時的一些趣事。他說：

「我初到歐洲吃飯喝湯，聲音很響，同學笑我說放音樂。……

我初到羅馬，住在五樓上，在四月一日的早晨接得下面的電話，說我有封信，問從那裏來的，回說：『中國東北來的。』東北是我家所在，家書是多麼令人盼望的，非常高興，立即下樓，結果沒有，問下面的人，回答說不知道，問是誰打的電話，答說：『今天是四月一號，你知道嗎？』才曉得被人愚弄了。」[23]

在這點回憶中，透露出濃濃的思鄉情愁，但這些情緒，並未影響他的課業。而為了日常生活所需，義大利文的學習也是于斌的功課。

在于斌留學羅馬的時候，羅馬的氣氛和中國是有很大差別的。首先在一九一九年十一月，教宗本篤十五世發表著名的「夫至大通諭」（Maximum Illud），要求傳教士們改正以往不尊重傳教區文化，不積極培養本地神職的毛病。[24] 然後是教宗庇護十一世於一九二二年派遣剛恆毅，以宗座代表的身分到中國去，要打破法國在中國的保教權。在這種氣氛中，在傳信大學念書的于斌，可以和

23 于斌，〈留學準備——一九五四年四月六日在淡江英專講〉，《于斌總主教言論集》，台北：新動力雜誌社，一九六〇年，頁一二五～一二六。

24 〈教宗本篤十五世通牒〉，《馬相伯文集》，台北：文海出版社，一九七二年影印版，頁二二五～二三五。

從其他各國來的修生一樣，體會到教會超出國家政治的理想狀態。

「夫至大通諭」的發佈及教廷代表剛恆毅的派遣，絕大的因素是由於雷鳴遠在中國進行的抗爭，其時雷鳴遠已被其修會遣送回歐，在法國及比利時從事中國留學生服務的工作；他曾在一九二五年或一九二六年，到羅馬去報告有關中國留學生的問題。對于斌而言，這是第一次得有機會可以和這位傳奇性的人物見面。[25] 雷鳴遠建立中國本土化教會的談話，給了于斌不少啓示。于斌說：

「雷神父的這番話和過去其他的傳教士說的不同，可以說其他的傳教士沒有這麼新的觀念。沒有這麼透徹的認識，使我們對自己的使命有了新的認知。

由於這番話的啓示，我深深感到研習中國文化的重要。因此，經過一番籌備，我們著手成立中國圖書室，校方對我們也很支持，除了給我們一間大房間，還安排書架。我們買了許多中國書，平時總是找時間閱讀，大家興趣很高，相信都是雷神父鼓勵的緣故。」[26]

一九二六年，在雷鳴遠十幾年呼籲之後，終於誕生了首批六位中國主教。同時教廷為表示他的重視，特別在伯多祿大殿為這六位中國主教祝聖。十月二十八日，于斌和所有在傳信大學的修生，都與有榮焉的在聖伯多祿大殿中協助儀式的進行。于斌係協助湖北蒲圻監牧區成和德主教，于斌在典禮中還不忘尋找擠在人群中參禮的雷鳴遠，看著他在典禮中不斷流著喜樂的眼淚。[27]

---

25 于斌，〈我心目中的雷鳴遠神父—為雷鳴遠神父百歲紀念而作〉，演講稿。于斌記憶的時間為一九二五年，可能有誤，因為此年雷鳴遠似乎並未到羅馬去，在沒有教廷命令時，他的修會只准他在法、比活動。

26 同註25。

在這樣的氣氛中，一九二八年十二月二十二日，于斌二十八歲的時候，晉陞為司鐸。一九二九年，四年神學讀完，于斌得到了神學博士學位。

二、教授與館員

原在傳信大學教授中文的張智良，被任命為綏遠集寧代牧區主教後必須要離開羅馬回到中國；在他離開前，先向傳信大學校長汪老松（Cardinal Van Rossum）推薦于斌繼任。一九二九年秋天，于斌正式開始在傳信大學任中文教授。羅光於一九三〇年十一月赴傳大念書，他回憶說：

「我去羅馬的時候大約有三十位中國學生。于樞機在神學班是教中國思想，在哲學班教中國文學；後加易經、中國修辭學，我都去聽課。後來成立傳教學院，他又教授中國思想。」[28]

為了教授這些課程，于斌必須大量閱讀中文典籍，教學相長，于斌的國學程度也有不小的進步。

「自一九三一年到一九三三年，于保祿教授並被任命為梵蒂岡圖書館管理員，他之當選此一艱鉅工作，是當局看中他曉通好幾種外國語言，除拉丁文及中文外，他會說法文、義大利文、英文、西班牙文、德文及葡萄牙文。」[29]

27 同註18，頁六。
28 羅光總主教訪談紀錄。
29 同註18，頁七。

這是雷震遠的敘述，不過可能他此時除了教學及管理圖書外，主要學的語言應該是英文；至於西班牙文、葡萄牙文及德文，當時大概都不到精通的地步。[30] 而他也善盡了圖書管理員之責，將他所負責的中文圖書編出書目，檔案亦加以分類整理，這個工作對他知識的累積，也有不小的幫助。

由於他在羅馬讀書的中國籍神父中，資格最老，再加上他的氣質，無形中他就成了國籍神父的領袖。據當時在羅馬念書的吳宗文回憶：

「當時在羅瑪的國籍司鐸有十餘位，如郭總主教，高思謙，伏開鵬司鐸等，都在羅瑪讀書；新年，國慶日，我們就同于斌神父去我國使館拜年，慶祝。當時我國駐羅瑪代辦是朱瑛先生，後來是劉文島大使，由德國調來；傳大有什麼典禮，如升神父，分獎金，名人演講等等，于神父總來請我們去參加。」[31]

一九三三年，庇護十一世宣佈為聖年，又有三位主教，預備同其他十餘位本地主教，在羅馬祝聖，因此以上海名教友陸伯鴻為首，特別組成了朝聖團赴羅馬。吳宗文回憶說：

「一切手續由于斌神父接洽；朝聖團回國時，于斌神父曾同我們二、三位國籍司鐸至威尼斯送行。」[32]

30 有了拉丁文及義大利文的基礎，西班牙文及葡萄牙文都不是困難的語言，日後在一九四九年，為準備中南美之行，于斌曾下過功夫練習西、葡語，可知此時應尚未精通。

31 述之，〈于斌總主教在羅馬教書時期的校外生活〉，《恆毅月刊》，第十一卷第二期，頁五一。

32 同註31。

其實朝聖團於六月四日一入義國境內，于斌即往迎接，當朝聖團覲見教宗時，擔任翻譯的也是于斌，朝聖團團員魏尚武回憶說：

「六時剛公與朝聖團，及各位主教神父俱至，排列教宗座旁兩行，少頃教宗至，大眾跪下，剛公一一代為介紹，省籍，姓名，職務，教宗各個賜以親權，並以手按頭片刻，顯出一種慈善如父之愛子態度，毫無可畏之景象，親權畢，教宗陞寶座，操意語訓話，由于斌神父譯成華語，略謂：近日冰島省人，及挪威人均來朝聖，朕甚喜悅，惟尤悅汝等遠道而來，朕對於中國非常羨慕，望汝等，朝聖團員歸國後，在國內宣傳朕意，汝等遠道而來，人數雖少，但每人可作一省代表，且汝等所心願者，朕照汝等之心願而降福之……」[33]

庇護十一不是第一次用于斌為翻譯，早在于斌仍在傳信大學念書時，教宗就已注意到這位高大的中國修生，稱他為「滿洲大漢」。[34] 教宗對社會問題的通諭「四十年代」，也是由于斌翻譯成中文的，並由他在梵蒂岡電台用中文向中國廣播。他堂堂的儀表，流利的多國語言，也使教廷外交界注意到他，雷震遠說：

「一九二九年，教宗庇護十一世，為了特別理由，要派遣一個特使團訪問阿比西尼亞女皇，以報聘阿比西尼亞的太子賴斯・達法里（Ros Tafari）之訪問羅馬教宗。後來賴斯・達法里

33 魏尚武，〈朝聖團由滬啟程至意及至法比瑞諸國情形〉，《朝聖團紀念冊》，天津益世報，一九三五年九月，頁一四四。
34 同註18，頁八。

繼承王位，便做了『眾皇之皇』，即改名阿語叫『海拉西』（Hailasse，有如回教世界的蘇丹）。教廷訪阿使團由馬結蒂樞機（Cardinal Marchetti）任團長，後來做了樞機主教的狄塞蘭（Cardinal Tisserant）擔任參事，瑪麗諾會的若望・龔西第神父（Rev. John Considine）為秘書，年輕的于斌神父為外交隨員。賴斯・達法里皇在特使團中能遇見于斌神父極為愉快，賴皇對他說，自阿國有史以來，這尚是第一次看見一位中國學者訪問阿比尼西亞；以前只有若干中國工人及手藝者訪問過阿比尼西亞，但于教授卻是第一位來訪的中國學者。」[35]

在這次的訪問後，巴切里（Cardinal Paceli）詢問于斌是否有進入教廷外交界的打算。為許多人來說，這可說是天大的榮譽；以于斌的才能，也許十幾年歷練後，他就可以在某個國家，以教廷使節或宗座代表的身分，代表教宗指揮當地教會。可是一旦成為教廷外交官後，按照慣例，就與本國教會不生關係，對目標明確的于斌而言，這不是他要的，他寧願繼續教書，整理圖書；現在是他累積經驗的時候，他準備要為中國教會服務，因此他婉轉的回絕了巴切里。

在愛國心的驅使下，于斌在義大利組織了中義友善會。組織這個團體的目的，據吳宗文說：

「我們在羅瑪時，正逢日人佔領東北，發動上海方面戰爭。當時日本與意大利法西斯黨領袖墨沙利尼頗為接近；且日本在宣傳方面，甚為努力，因此雖佔我國土地，殺戮我國無辜人民，歐洲人士反而同情日本，輿論對我們不利，於是于斌神父聯絡意國友人，發起中意文化

35 同註18，頁六～七。

協進會，以加強中意二國文化之交流。又在電台上廣播以期改正輿論。」[36]

于斌當時在羅馬不過是個剛晉鐸的神父，如何有力量可以組成這個必須和義國上流社會交往的組織？羅光稱係因和一猶太籍的 Insabato 議員結交後，於是得有機會進入上層社會網路；而中義友善會的會長由 Insabato 議員擔任，副會長則是于斌。中國駐義使館，對此事自然是樂觀其成，多予協助；但說實話，這個組織在當時的功效並不很大。[37] 要等到一九三七年，于斌以南京主教身分再訪羅馬時，才有比較明確的效果。不過這也是于斌初次磨練他的社交才能與組織能力的機會，可以將中義友善會的鍛鍊視為他日後各種社會接觸的學習經驗。

一九三三年，時在義國養病的宗座駐華代表，念念不忘他開始在中國推動的公教進行會（Catholic Action），他從這些在羅馬的中國司鐸中，相中了于斌，認為他是可以代替自己回到中國推動公教進行會的合適人選，於是向教宗庇護十一推薦于斌回中國擔任公教進行會總監督的工作。一九三三年秋，于斌知道了自己的新任命，在十一月十日束裝返國，赴車站送行的羅光，記載了當時的情形：

「于斌教授在一九三三年十一月十號離開羅馬，回國就任中華公教進行會總監督之職。他離開羅馬時的情景，我於今還記得很清楚。他在當天傍晚七點半鐘，由傳信大學乘車往羅馬車

36 同註31。

37 羅光總主教訪談紀錄。

站，那晚羅馬下著小雨，天氣已經很涼。我們叫兩輛計程車。車傍站著四十餘位中國同學。于斌教授搭乘第一輛汽車，我和東北同學曹鴻志君陪行，中國同學代表四人搭乘第二輛汽車。行李安放了，車門一響，車外呼著『一路平安』，繼著一陣掌聲，汽車便馳出了校門。在汽車裏，于斌教授囑咐我說：『勉力做去，日後使中國文學界能振興的一天。你勉力做去，日後總可以設法使你在傳大畢業後，專攻幾年文學。我回後，設法提倡教育聯會獎學金，日後或能用這種款項補助你的研究會。』在車內，于斌教授又向同鄉曹鴻志君說：『你今天送我回國，你還記得當年送我出國嗎？那時我傷感很重，說話是痛不成聲。今天離開羅馬，這裏的教友也很多，又是聖教中心，我心中也感著悽然；但比不上當年出國的傷感。這次是回國哩！』

那晚到羅馬車站送行的人很多，劉文島大使、朱英秘書，駐華宗座代表剛恆毅總主教（那時正在羅馬述職），中意友善會會長，秘書及會員多人，傳信學院院長、中國學生代表。月臺上擠著一大堆送行的人，引起旁的乘客和遊行的人注意，他們問這一群人是送誰的。我們答覆說：『站在中間那位高大的中國神父就是。』」[38]

38 羅光，〈于斌教授〉，《教友生活週刊》，一九六九年六月五日。

第二章　返國初期（一九三三—一九三七）

第一節　公教進行會總監督與教廷駐華代表秘書

年輕的于斌神父在一九三三年十一月返國，自一九二八年晉升鐸品後，于斌在羅馬已經磨練了近五年時間，擔任過各種實務工作，現在的于斌可說已準備妥當，普世教會所期待的中國新星將要開始閃耀。

返國後的于斌曾返回東北老家探親，可以想像當年送他赴羅馬傳信大學的吉林主教高德惠是多麼高興，在一張于斌和高德惠合照的照片中，可以看見于斌的神采煥發，意氣飛揚，身著白袍布鞋的于斌，雖立於高德惠的側邊，但已自然展現出一種不卑不亢的氣度。另外一張照片中，于斌和吉林的中外神職並立，感覺上于斌已有領袖群倫的架勢，大家心裏或許都有數，眼前的于斌在不久的將來，將會成為中國教會的領袖。

教廷對于斌的安排是全國性的，因此他並未回到吉林代牧區服務；他是第二任教宗駐華代表蔡寧總主教（Archbishop Mario Zanin）的秘書，以及中國公教進行會的總監督。先說教廷駐華代表的祕書，他經常必須代表蔡寧和各地的代牧主教通信，以他豐富的語言能力，這一點當然不成問題；從他較後期的信件中可以推測，于斌這時和各地教區代表的商議一定是公正和平的。他也常和蔡寧一起出外視察，擔任文件及口頭的翻譯工作；當然將于斌安置在這個秘書職務上，其卓越的語言才能是原因之一，但並非主要原因。這其實是教廷對于斌的訓練過程，讓他對全中國的教務能有更清晰的了解。就像首批祝聖的六位主教之一的宣化主教趙懷義，當初也擔任首任教宗駐華代表剛恆毅的祕書。相信教廷是懷著同樣的想法，讓于斌擔任這儲備主教之職的。

再說公教進行會總監督一職，則更明顯的是來自於剛恆毅的推薦與期許。公教進行會的概念是「平信徒有組織的使徒工作，藉此幫助聖統的使徒使命而拓展天主的國。」[1] 簡單說就是教友擔負起部分的傳教工作。這種教會內的新思想出現在十九世紀末，逐漸在歐洲各地流行，然後在一九〇九年，由在天津傳教的奧國神父引進，剛開始時是地方堂區的自願性組織，雷鳴遠時任天津總鐸，頗認同此新傳教概念，乃定其中文名為「公教進行會」，並在天津總鐸區普遍推廣。一九一一年，一些國籍神職如王遠志、成玉堂、劉俊卿等，在相同的概念下，籌組一跨教區的全國性組織，名為「中華教友聯合會」。雷鳴遠知悉後，覺理念相同，應將組織合一；經聯繫後，遂以「公教進行會」為名，設總部於天津。

公教進行會在開始時，規模並未快速擴大；原因有二：一為一般教友當時多半缺乏此觀念，另一為外籍教士多半不支持。大多數外籍教士不支持的理由主要並非反對公教進行會的概念，而是主其事者是雷鳴遠和中國教士，外籍教士認為他們意圖藉助中國教友排外，削弱外籍教士的影響力。剛恆毅在一九二四年來華，執行教宗庇護十一世使中國教會本土化的政策；庇護十一世在一九二八

1《神學辭典》，光啟出版社，民國八十五年六月，頁一三三。

年大力鼓吹公教進行會，他說：

「尤其在現代，當信仰與道德日漸陷入危機，我們又抱怨司鐸人手不夠時，我們要更信賴公教進行會。」[2]

剛恆毅在同年呼應教宗的呼籲，他說：

「傳教的日漸需要以及中國政治環境，使公進會到了非組織不可的地步。」[3]

於是日漸沈寂的公教進行會，在剛恆毅手中重新組織並擴大，到一九三二年九月，章程定案，並由上海名教友陸伯鴻擔任主席。剛恆毅返回義大利後，就將實際推動公教進行會的工作，託付給這位年輕有為的中國神父。

一九三三年十二月十八日，于斌抵達北平，次日「中華公教進行會總監督處」就成立了，于斌請一位教友袁承斌擔任秘書長。[4] 一九三四年一月七日，公進會男子部，青年部全國指導會成立。同月二十一日，婦女部全國指導會成立。除此外尚有學術研究部，社會事業部。在剛恆毅主持時代的公教進行會，大致上處於試辦狀態，明確的組織劃分，是在于斌任總監督時方成立的，至於為何如此劃分，于斌很老實的說：

2 同註1。
3 同註1。
4《中華全國公教進行會統計冊，1936-1937》，中華公教進行會總監督處出版，頁二〇。

「公教在中國現在還幼稚得很，科學式的分法，實際上還做不到。我們只根據中國現在社會上的需要而分此五大部，日後或許有改訂之一日，但現在只好就事論事，絕不能牽強硬為的。」5

在于斌組織下，全國指導會下有教區指導會，然後是各地的分支會。全指會負有指揮之責，分支會則為實際運作的單位。于斌開始四處向教友宣傳公進的目的；可堪注意者，于斌在推動公教進行會時，已提及教友愛國的觀念。

「公進的目的，是雙重的：傳教與救國。按聖經的教訓，每人都有傳教的本分，一者是救人，更是救自己。我們祇作本身的熱心神工，作固當作，然不是一位真正好教友的模範，因他沒有愛德，眼見千千萬萬的弟兄跳進火坑，祇一搖手就能救助，竟漠不關心，反說不管閒事，反說愛慕天主。你不愛看得見的人，又怎能愛看不見的天主呢？只好算是假愛德，沒有愛的教友，還算教友嗎？還算模範教友嗎？教友有信德，沒有工作，是死信德；死信德，無功勞之可言，不堪受賞；不堪受賞的人，我怕他的地位危險。所以我們要救人以救自己。公進的目的在救國，救國的工夫，又在發揚公教精神，引人入教，改造人心，莫說改造人心是慢工夫，死未改妥，國家已亡，那是無妨的，雖是慢工，但既是正道，雖亡亦必興，不然

5 于斌，〈中華公教進行會組織系統〉，《于斌主教公進言論集》，中華公教進行會總監督處，一九三七年八月，頁三三。

者，雖興亦必亡，且一亡而不收拾。波蘭不是亡了嗎？今復興了，愛爾蘭不是亡了嗎？今又復興了。『哀莫大於心死』，人心不死，國不會亡，亡也必興，我們要努力道德的提高，良心的培養！」[6]

愛國觀念，于斌在〈公教進行的使命〉演講中亦提及；這場演講他的對象是河北宣化大修院的修生，他首先提出傳教是公進的第一個使命，然後建設公教文化是第二個使命。他說：

「桑梓問題，我們怎能不注意：論我們是中國國民，已有愛國的義務，論我們是知識分子，尤其因為是傳教士，更有愛國的大責任。愛國該注重二事，一方面祈禱，求天主可憐，並保護我們的祖國，因無天主，不能做任何事；他方面盡人事，努力建設公教文化。自九一八以來，全國人士，高唱復興！復興！但觀其成績，真是微乎其微，其中原因：是只尚復興的外表，不作實際的復興事業。所以我們講復興中國，該從根本上著手，作一種徹底的復興。根本的復興，就是創造文化，這是知識分子的必要工作。」[7]

在公教文化的部分，于斌將其分為物質界的文化與精神界的文化；兩者皆應使其公教化。他總結說：

「公教進行的任務有二：

6 于斌，〈公教進行的目的〉（同註5），頁一六～一七。
7 于斌，〈公教進行的目的〉（同註5），頁二一。

一、超性工作，就是宣傳福音，換言之：救靈升天。

二、用超性原則，實現本性工作：就是建設公教文化，換言之：就是救國運動，復興中國，也就是使物質精神兩方面的一切一切皆公教化。因此實業家，哲學家，文學家，政治家，其他一切有正當職業的人，只要是信友，都可加入公進會，公進會不只看自然界，且看到超性界，這是公進會任務的偉大性！」[8]

雖然推動公教進行會是教宗意旨，宗座駐華代表蔡寧也全力支持，協助推動，但困難仍然很多。這些困難多半是來自傳統教會內，又可分成兩個範圍，一為教友，另一為神職人員。

先說教友。由於在社會中屬於極少數，中國的教徒們多半習於獨善其身，不擅表達信仰，更別說傳播信仰。因此必須要使其了解，表達信仰，傳播信仰是每個教友的天職。他說：

「有人看宗教是私人的一種信仰，在個人的私人生活方面，在聖堂內，表示自己是一個信友，有信德的教友。至於在社會上，政治上，發表的言論上，都以為沒有表示有宗教信仰的必要，且有以為不應該表示的，因而養成一種所謂雙重人格。公教進行對象的個人應該是整個的全人。第一公進會員要實現整個全人的公教化，第二公進會員還要努力使個個教友的全人公教化。我們要知道一個人的生活，能不能把私人生活和公共生活，即團體社會生活，完全分清？我們應該不應該把他分清？私人生活是一個信友，為何團體社會生活，即不能或不

8 同註7。

應該是信友？私人生活上的某人，和團體生活上的某人，是否是一個人？責任心和良心，是否是一個人的責任心和良心？所以我們公進會員工作的對象，第一要打倒這種雙重人格。我們不但在私人生活上，要表顯我們是教友。我們在社會生活上也要表示我們公教的精神。我們不要怕人家知道是一個信友。這是公教進行在個人方面的普遍性。」[9]

而在民主思潮的影響下，有的思想前進的教友會以為參加公進會是擺脫教會神長的控制，建立一個民主的教會；于斌在這一點上提醒教友們：

「公教進行的傳教是受指揮的。……

要知道：聖教會的權，是天主所賦，故神長是指揮階級，而信友是受指揮的。總司令發號令，下攻擊令；如限某某部隊攻打某地，對某某城，特發某砲兵的動員令，限幾點鐘攻下；那麼，該隊官長，即該籌劃如何如限克復該地。公進領袖所有的工作，是受指揮後，從事籌劃和執行的工作。……

或問：天無二日，民無二王；會長指導，神父指導，到底誰的地位更高呢？須知公進，神長指導在會長指導之上，毫無疑義。然後一心一德，將各種障礙除去，整齊步伐向前進行！受指揮的傳教，就是這般底工作！」[10]

另外在神職方面也有疑慮，他們對此一提昇教友使命的組織，難免會認為神職人員的權威受到

---

9 于斌，〈公教進行會對象上的普遍性〉（同註5），頁五〇～五一。

10 于斌，〈公教進行會傳教的特點〉（同註5），頁五九。

損抑。于斌即曾明白的點出這種想法。他說：

「公進會雖似單純，但實行起來，則頗多困難；神長以會員利用該會，壟斷教會，干預財政；會員以神長假其威權，阻撓會務，輕忽職責，這樣，雙方俱存戒心，尚何合作之可言！結果是，事還沒作，敗象已露，豈不令人浩嘆。」11

在推行一段時間後，神職人員和教友不協調的現象會逐漸明顯，在〈公進訓練〉這一篇中，于斌很明白的把這些問題說出來。

「有的神長，對教友的傳教工作過於奢望，常怨說：『你們成立公進有年，作了什麼？有什麼成績？』我若是教友，必答說：『我們沒有成績，責應歸你，你不教育訓練我們，何以會有好的成績呢？』

我還聲明一件事：什麼樣的人也可以受教。孔子說：『有教無類』，聖經上也說：『人人可以得救』。

往往有神長太蔑視鄉愚，以為他們是『朽木不可雕』之輩。這是一個極大的錯誤。難道鄉愚就沒有升天的希望？不想，吾主所教誨的是什麼樣的人，不是鄉愚窮人嗎？知識階級——如尼格得睦輩——卻暗中找他，以領教益。我不是說不應訓練上等社會人士，但由主表看來，鄉民的訓練也是不可忽略的。……

11 于斌，〈訓練班的意義〉（同註5），頁七七。

更有神長，以其屬下教友多係鄉民，作為不成立公進的推辭。他說：這些『鄉下老』不行，自己的靈魂救與不救，尚在不可知之列，那有資格去救人呢？我來反問一句：『你自己的得救，你覺得一定有把握嗎？』恐怕不敢說罷。那麼你能因你自己救靈之無把握，就放棄救人的職責嗎？如果教友向你說：你如何曉得我不行？你不訓練我，我何得而行？所以我們不要怕屈尊，應當下就一步，不憚煩，不畏難，不分此，不論彼的訓練公進會員。

有些神長不敢給教友們講比較高超的道理，他真把教友看小了。主說：『你們應該是成全的，如同你們在天大父一樣齊全。』這話不是單為知識階級或神職階級講的，乃是為一總教民說的。我們不要私匿天主的恩寵；若然，禍哉我也！」[12]

由於于斌的基地是在北平，因此在推展公教進行會的工作時，華北地區自然在開始時比較容易。他先成立了華北公進暑期訓練班，訓練結束後，就推動參與的教友們，開始做協助傳教的工作。在推動公教進行會工作的同時，《磐石雜誌》、《公教旬刊》、《新北辰雜誌》先後發行，作為宣傳公教的喉舌。因為他深知現代報刊在宣傳上的功效，遠大於用口舌直接講授。

目前我們手中有《新北辰雜誌》第三期，係一九三五年三月出版，據與《新北辰雜誌》關係密切的牛若望神父稱：

「天津工商學院天主教青年，曾辦一種月刊，名曰北辰，于總監督也商之於工商當局，轉讓

12 于斌，〈公教訓練〉（同註5），頁九一～九六。

公進監督處主編改名『新北辰月刊』，由民國二十四年元月出版，由袁承斌先生主編。這一個刊物是為教外知識分子閱讀的，內容相當充實，……」13

由第三期的執筆者觀察，牛若望神父居首，可看出他自己實際對編務有相當大的影響，而本期談論重點是農村問題，相當切合當時的社會潮流，亦可見天主教會關懷社會之心情。雷鳴遠、陸徵祥等人亦皆列名於作者之列，更展現出此月刊的學術性。

然後公教進行會的分會，逐步地往華中、華南地區設立。文壇耆宿蘇雪林先生對于斌是極其景仰的，她描述了當時于斌在任公教進行會總監督時的情形。在蘇先生的回憶中：

「他那時返國未久，任天主教進行會總監督，兼任全國天主教學校視察主任，奔走各地，執行職務，曾在漢口某教堂講道，我從報紙上得知消息，特渡江去聽。只見滿堂黑壓壓的人，有神職，有修女，有教友，有外賓，正聚精會神，鴉雀無聲地，只聽台上一位青年神父滔滔不絕的演講。這位神父魁梧的身裁，英俊的儀表，宏朗的聲調，條理分明，洋溢熱情的講辭，把滿堂聽眾都聽得著了迷，大有心神皆醉之概。我記得隔座有一位外籍神職，自始至終，眼注視他，時點頭微笑，時舉手拂拭抑制不住的盈眶喜淚，那種如醉如痴，神魂飛越的形況，我這支拙筆，實無法描模。」14

武漢地區的分會，正是在蘇雪林的協助下組織起來。

13 牛若望，〈于總主教與天主教刊物〉，《恆毅月刊》，第十一卷第二期，頁一七。
14 蘇雪林，〈于斌樞機所給我三個永不磨滅的印象〉，《于斌樞機紀念文集》，頁三七。

一九三五年九月，公教進行會代表大會在上海召開，可說是于斌任總監督時期最大的活動。據牛若望的描述：

「出席的指導司鐸，各分會代表，共計千人以上，假正修中學為大會會場，會期八天，每天早晨分別在各聖堂舉行彌撒，講道，然後再到大會會場開大會，宣讀論文，下午再分別開各小組會議。會後全體代表及指導司鐸齊赴佘山朝拜聖母。……此一會議，實開我國公進會之新紀元，從此以後，公進愈有進展。」[15]

第二節　南京代牧主教

在說到于斌擔任南京代牧區主教之前，先必須了解南京代牧區的歷史。從十六世紀開始，葡萄牙保護傳教的初期，中國分成南京教區和北京教區；但不久之後，教廷即發覺葡萄牙保教權，對於其他天主教國家的傳教士想要來華傳教，不但沒有幫助，反而是一種阻礙。雖然如此，但教廷不願破壞和葡萄牙國王簽訂的條約，於是想出一個變通的辦法，即在新開闢的傳教區，開設為代牧區，不稱為教區，以規避和葡萄牙簽訂的條約。[16] 葡萄牙政府之影響力日漸縮小，到一八五六年，教廷

15 牛若望，〈于斌總主教與公教進行會〉（同註13），頁一四～五〇。

16 成立代牧區的方式是，給某人一個主教頭銜，這個主教名義上是某個中古時期小邦的主教，而這個小邦已不復存在，實際上這個主教擔任其他原屬葡萄牙或西班牙保教權地區的主教。

乃將南京教區取消，成立江南代牧區。而自一八六四年以後，江南代牧區為法國耶穌會士的傳教區，江南代牧區於民國十年改名為南京代牧區。

耶穌會士的傳教重心在上海，但為擴展其影響力，一八七〇年代曾有將主教公署設於南京之議；因為清朝時期，這裏是兩江總督的駐地。不過，耶穌會士在南京城中遭到地方士紳長期的排擠，教友的人數亦未見明顯增加，這樣的構想並未真正付諸實行。[17] 接著到民國時期，北伐以後國民政府將首都設於南京，再一次凸顯了南京地位的重要；體會到這種重要性，教廷於一九三三年將南京代牧區一分為二，一為上海代牧區，另一仍名為南京代牧區。在教廷的計劃中，上海代牧區仍為耶穌會士的傳教區，而將南京代牧區交給國籍神職經營。[18] 上海代牧區成立後，由原來南京代牧

17 史式徽著，天主教上海教區史料譯寫組譯，《江南傳教史》卷二，上海：譯文出版社，一九八三年，頁三三九。

18 〈劃分南京教區詔書〉，牛若望譯

庇護主教天主衆僕之僕　為永垂典常事

宗座以素俱愛護中華高貴國家之摯情，故自始即籌劃在中國首都建立固定傳教區域，付諸本籍神職界管理，俾在其同胞中之傳教事業，得有更豐盛之收穫，而基多教會之普遍性，亦從而有新穎之佐證。利瑪竇以及其他耶穌會士，血汗所灌溉之南京地方，朕之前任教宗亞立山六世，於一千六百六十七年間，即劃為代牧區，後亞立山八世，於三十年後，即陞該區為正式南京主教區，惟一千八百五十六年復取消正式南京主教區之名義而仍定為南京代牧區，最後復自該區劃分安徽，蚌埠，蕪湖，海門諸代牧區，及徐州監牧區；朕每憶及此區，輒欲完成以上所云之事業。茲為達到上述之建設，因宗座駐華代表剛恆毅總主教之努力，朕復聽取傳信聖部諸領袖樞機主教，南京代牧惠主教，以及凡與此問題有關者之意見，即以宗座全權，將極廣袤之南京代牧區，劃分為二，其一包括江寧，高淳，江浦，句容，溧水，六合，丹徒，金壇，溧陽，丹陽，揚中，武進，宜興，江陰，無錫等十五縣，命名為南京代牧區，即以此區，委託本籍神職班管理，其主教座堂，宜在中華民國首都南京；其餘各縣，則另成一新代牧區，名為上海區，仍交由耶穌會士管理；凡全球各教區神長，按照通例或合法習慣所應享之權利殊恩異典，該兩教區皆得享受，

區的主教惠濟良(Augustinius Haouisee)擔任主教,惠濟良仍暫時兼任分立後的南京主教,等待教廷派遣新的主教到南京代牧區。

惠濟良對這由他們分出的南京代牧區,當然有他的想法,基於他的職權,他曾向教廷提出三名建議人選,但庇護十一世已有既定的安排,未採納惠濟良的建議,而是在一九三六年七月七日將三十五歲的宗座代表秘書——于斌,以索蘇莎(Sosuza in Palestina)教區主教的名義,實際任命為南京代牧區主教。[19]

一九三六年九月二十日,于斌祝聖為南京代牧主教的大典,在北平的救世主大堂舉行。由教宗駐華代表蔡寧總主教主禮;江蘇海門的朱開敏主教,北平的滿德貽主教(Paulus Leo Cornelius Montaigne)輔禮。參禮的教內外人士非常多,社會名流如北大校長蔣夢麟,輔仁大學校長陳垣,教授沈兼士,上海震旦大學才院長,天津工商學院尚院長等。公教進行會方面,南自澳門,西北綏遠,北有宣化,以及中部之武漢、上海、南京、蕪湖等地支會代表,皆來共參盛典。神職方面,除

而其他各教區神長所應負之職務,朕亦同樣加諸該兩教區也。
以上種種規定,朕皆認為合法有效任何人不得反對之;如欲將以上詔書另抄或節錄,經由正式書記手寫,並由在聖教會俱有相當職務人員之蓋印而公佈時,雖屬印刊之本,亦得視同此原詔,享有同樣信實,故任何人不得有違朕志而毀損或牴牾此詔也,如有擅敢妄為者,須知其必攖全能天主及聖伯多祿聖保祿之義怒也。
一千九百三十三年十二月十三日朕即位之十二年發自羅馬聖伯多祿大殿
簽署者羅馬教會大臣比約包日雅諠樞機主教傳信部總長傅馬索義畢翁砥樞機主教
聖座首席秘書多明我姚利歐味增爵畢昂基加列西

19 雷震遠,〈我的良師諍友—于斌樞機主教〉,《于斌樞機主教紀念特刊》,康寧雜誌社,一九七九年八月,頁一四一。

主禮襄禮三位主教不計，另外保定、駐馬店、景縣主教均在場參禮；神職有兩百餘位，修女為一百餘位，連同本地教友，共有三千餘人參禮。[20] 典禮隆重莊嚴，先有盛大之進堂式：

「前道者為公進各部之旗幟，繼以手持鮮花之童子聖體軍，公進會長魏丕治，鄧維屏二爵士，都各穿騎尉禮服殿後，開始行禮，由大修道院及小修道院唱經，禮節隆重，歷三小時之久，末由于斌主教接收主教權杖，祝聖禮儀始告完畢。」[21]

當時參與禮儀的雷震遠神父（Raymond J. de Jaegher）說：

「自全國各地趕來參加盛典的觀禮教徒，擁擠不堪，這位高大而年輕的南京主教，自教堂步出，舉手降福麇集的教民，情況熱烈，場面瑰麗而偉大。」[22]

十月四日，惠濟良正式將南京代牧區交給于斌，他對年輕的于主教說：

「（我將）耶穌會利瑪竇神父親自創立的老教區交給你，有如奧林匹克的賽跑者，他們願意將火炬轉交給他們的接力人。從此，我們拿著公教信仰的火炬，一併向前奔跑。現在是輪到你拿起這火炬了，向前吧。」[23]

20《大滬晚報增刊》，一九三六年十月四日，稱有一萬人觀禮，此數字絕對擠不進西什庫教堂。此處採用法文報導中之數字，*Le Bulletin Catholique de Peiking*, No. 279（因紙質破損，出刊日期不詳）。

21 同註20。

22 雷震遠，《于斌總主教小史》，頁九。

23 同註22。

南京代牧區位處江蘇省的西半部，除了上海代牧區外，另外江蘇還有一九二六年成立的海門代牧區，一九三五年成立的徐州代牧區，南京代牧區面積有十六萬六千平方公里，共轄一市十五縣。雖然如惠濟良所言，是利瑪竇所留下的老傳教區，但教友人數一直不多。以南京城一百萬的人口，大概只有不到兩千教友。整個代牧區，在七百萬人口中，只有三萬左右的教友，而上海代牧區則有十四萬教友。開始時只有三名神職隸屬於于斌權下，其他是向上海代牧區的借將。除了要借神父以外，由於教堂多屬法國耶穌會士，為了傳教便利，也必須借用。[24] 沒有教友，沒有教士，沒有教堂，于斌開始經營南京代牧區時，感覺有些舉步維艱。

但很快的，于斌重整了他治下的代牧區。他從美國邀請了加州教區的耶穌會士，隨後也請了芝加哥的方濟會士來南京工作，從義大利他邀請了慈幼會，[25] 米蘭保祿會，而比利時受雷鳴遠感召而成立的輔助傳教會（Society of the Auxiliaries of the Missions），也答應了于斌的請求，準備派遣傳教士到這新成立的國籍代牧區服務。更重要的是，新代牧區的需要以及于斌領袖群倫的人格，使得許多國籍教士願意轉到他的代牧區服務，因此于斌的代牧區開始逐漸充實。

另外，他在之前三年擔任宗座駐華代表秘書的「準外交」經歷，更使于斌在一開始就有和其他國籍主教不同的待遇；在他南下就任時，是搭乘津浦路為他準備的花車，就好像是個政府高官一

24 "The Inside Story of the Mission in Nanking," *Our Mission Work*, Vol. XXV, No. 3, 1949, P.2.

25 在慈幼會的紀錄中，似乎沒有在此時期到南京代牧區服務的記載。據陳興翼神父（慈幼會士）表示，因為當時該會對赴各傳教區服務，保持開放的態度，可能于斌曾與慈幼會商量派遣傳教士，慈幼會亦曾表示意願，但後來並未成為事實。

樣。這對他的名聲，無疑也有擴大的效果。南京的教友們也非常歡迎他們的新主教，為于斌舉行了盛大的歡迎會。許多政府官員前往向于斌致意，于斌也曾造訪國民政府主席林森及于右任等人，這些具有重大影響力的人物，對這位年輕的主教，應該都有良好的印象。[26]

在他擔任南京代牧主教不久，一位中國教會的重要人物——馬相伯也移居南京。在于斌的思想中，成為一個愛國的天主教徒，以及使基督信仰中國化，是他畢生宣揚的目標。在這兩點上，馬相伯和雷鳴遠一樣，都是于斌的先行者。九一八事變發生後，馬相伯以一知名天主教友的身分，經常發表文章、鼓勵國人自救、自強，並發起不忍人會，援助抗日戰士；以其德高年長，自然予人極深之印象。一九三六年十二月，馬相伯昔日學生于右任、蔡元培等共同建請迎馬相伯入南京，得國民政府同意，然後相伯老人遂入居南京。國民政府邀其入京的理由，主要係因其愛國言論及行動，欲藉之以號召群衆，展現國民政府抗日之決心。[27] 其天主教徒身分，雖不是重點，但其教徒身分是人盡皆知的。于斌對相伯老人入居南京，自然是非常歡迎，對外宣稱可協助其共同發展教務。於是內有主教，上有清流，皆提倡天主教愛國，至少在南京代牧區，這點已有共識。

26 于斌的儀表首先給人予良好的第一印象，豐富的國學知識，多種語言能力，充滿機智，得體的談吐，自然流露的愛國心等，都使得其他國籍主教難與倫比。

27 其時因剿共、抗日孰為優先，已在輿論界形成重大爭論，學生亦罷課遊行，要求團結抗日，此亦為馬相伯立場。相伯決定入京係在十一月，相伯應有訊息知蔣介石準備抗日，乃決定以行動支持蔣介石。馬相伯入京之日，西安事變發生。十二月二十五日事件結束，國民政府改變立場，決定抗日優先，相伯入京之行遂更為名正言順。

第三章　抗戰㈠海外宣傳

第一節　初期

一九三七年七月七日蘆溝橋事變發生；對中國而言，長期的苦難開始了，對南京代牧區而言，同樣的苦難也即將面臨。蘆溝橋事變之初，感覺上似乎只是局部的區域衝突，但很快的事態愈趨嚴重，于斌也迅速的發覺此次將會演變成全面性的戰爭，於是在七月二十二日，向代牧區內的神父、教友們發出牧函。他說：

「我們的國家已到了最危險的關頭，民族戰爭隨時可以爆發。……現在的危機已不是局部的，全國各地都要受著敵人的威脅。南京教區一市十五縣更是衝要地帶，我們四萬人信仰天主的小集團身臨其境，該怎樣振作精神，去完成教友愛國的使命呢？概括說來，不外以下兩種方式：

一、祈禱和平。二、準備應戰。」[1]

1 于斌，〈為蘆溝橋事件告南京所屬教胞書〉，《于斌主教抗戰言論集》，香港真理學會，一九三九年六月，頁一。

祈禱和平的具體方法是：

「（一）司鐸每日獻彌撒要加念求和平禱詞。（二）全體教友無論老幼男女，要在神父或其他長者領導之下，做九日敬禮，或舉行其他儀式。時間由各會口自擇。敬禮中，最好每日望彌撒領聖體，懇求和平之王耶穌基利斯督，憐視人類，免除戰禍，使東亞兩大民族真能平等互惠。……」[2]

若是和平不能獲得：

「我教胞只有聽命中央，起而應戰，執干戈以衛社稷，死有餘榮。……戰端一開，任何人均不容袖手旁觀。有錢的出錢，有力的出力。我區各地學校及教士住宅，必要時均應讓出一部分，以收容傷殘，安撫婦孺。而緊急救護工作亦非常重要。我區各縣市會口，即日起，宜購備藥物、紗布、繃帶、橡皮膏等項物品，以應需要。一方面宜擇適當地點，聘請勝任導師，集中各會口司事，各校教職員學生及其他自告奮勇的教友，加以緊急訓練，以增進服務效率。……」[3]

這篇牧函的重點是——教胞們，準備起而抵抗日本侵略吧！在此之前，應該沒有任何一個代牧區的主教，在愛國問題上，發表過如此措辭坦率的言論。其他代牧區的主教們，不見得會發表言

---

2 同註1，頁一～二。

3 同註1，頁二。

論，反對于斌的立場，但意見不完全一致是可以想見的。

這篇牧函的另一個特色是具體；于斌不僅揭示了教友們應有的態度，還告訴教友們該如何進行抗戰的準備工作，他要各會口

「有訓練的知識分子，宜好自準備，遇機向民眾講說，以灌輸防空防毒各種戰時應有的常識，庶可收沈著應付的實效。」[4]

這段期間，于斌也實際參與了抗戰的工作；在政府的委託下，于斌在浙江蘭谿成立了第十一後方醫院；可以想像得到，這所醫院應該是傷兵的後送醫院。而差不多同時，中華天主教救護總會也在于斌的組織下，在漢口成立。

第二節 第一次歐美活動

八一三淞滬戰役的爆發，使得原本局部的衝突變而為全面；國民政府傾其全力，在上海附近和日本軍隊進行攻防戰。於此同時，歐美列強雖然同情中國，但在現實的外交考量下，並未對中國採取任何實質援助。面對這樣的情勢，除了依靠外交人員的持續努力，也需要從民間形成一股力量，[5]不僅可以跨越政治的限制，對遭受苦難的中國，提供物資的援助，精神的支持；更可以造成輿論，

4 同註1，頁二。

5 除了于斌外，一九三七年九月胡適赴美、蔣百里赴歐，皆為蔣委員長派出從事國民外交者。

對歐美政府形成壓力，進而改變政策。對國民政府而言，顯然需要派遣人員赴歐美遊說，以造成同情中國的氣氛。這個人物應該要可以得到歐美人士的好奇與尊敬，應該要有可以活動的社會網絡，應該要有足夠的語言和社交能力，最重要的是，這個人應該要有大公無私的精神，並有中國政府完全的信任。數來數去，于斌是少數能膺重任的適合人選之一。他已得到蔣委員長的完全信任，[6]中國天主教主教的身分，不但能引起尊敬，更有新奇之效。而遍佈各地的教會網絡，就是他的社會資源，而他的儀表及語言能力更是不作第二人想。

于斌他自己是如何看待這個國民外交的工作？現在沒有足夠的資料能判斷他是欣然接受或是有其他考量，但可以知道的是，于斌行程的第一站是羅馬，這表示在教會內必然有人對于斌以主教的身分，從事準外交的活動，有不同的意見；因此，在從事活動之前，于斌有必要先到羅馬，求得教廷的諒解。蔣復璁回憶他與其叔蔣百里赴歐，在羅馬謁見前宗座駐華代表，時任傳信部次長剛恆毅總主教時的談話，可為這件事作一註腳。剛恆毅對蔣百里說：

「于主教為國家作政治奔走，在教會本來是不許可的，一則因為他是東北人，他為家鄉淪陷而奔走，我們是同情他的；再則天主教會是鼓勵人愛國的，所以我們對他愛國的行動是許可的。」[7]

---

6 蔣委員長稱于斌為「我們的主教」，這當然是和「他們」，意指外國人，做一對比。雷震遠，《于斌總主教小史》，頁一〇。

7 蔣復璁，〈于故樞機對天主教及國家的貢獻〉，《于斌樞機紀念文集》，頁四〇。

這也就解釋了為何于斌在歐美宣傳講演時，談話內容主要是救濟因戰爭而受害的難民。因為這樣的談話是絕對中性、符合教會精神，也不易引起教內批評，或是教外其他國家的干預。

于斌在一九三七年十月中下旬出國，經香港赴歐洲；至十二月間，主要在歐洲大陸活動，從他往來的信件中，可以得知他在這段期間從羅馬到巴黎、倫敦，或許還有反覆往來的情況。十二月中，他往美、加活動，「在六個星期之內，他走遍了美國的三十個大都市，演講一百三十次，或在無線電台，或在聽眾雲集的大廳中。」[8] 一月時他第一次到加拿大，在蒙特婁的僑社演講，為中國難民募捐。三月時他又回到歐洲，三月六日他在巴黎的主教座堂做了大禮彌撒；四月在倫敦與僑界演講，五月初從羅馬赴瑞士，五月中又在巴黎「中國之友協會」（Association "Ses Amis du Peuple Chinois"）演講，五月底率中國朝聖團赴匈牙利參加聖體大會，全部行程大概在六月底結束。然後于斌束裝返國，途經越南，於七月中返抵中國，然後由雲南昆明轉赴漢口。

于斌自己在一次返國演講中，為他這次長期的海外活動作了評估：

> 「……本正義人道立場，向歐美各國指斥日本軍閥之罪惡，以引起善心人對我國神聖抗戰之同情，在歐美九閱月，歷經十四國，賴我國領使館，各地僑胞，各國天主教會，及其他許多信仰不同的朋友們的贊助，得以下述四種方式進行國民外交，(1)招待新聞記者，(2)個人或團體訪問，(3)公開演講，(4)作文印書。
>
> 工作以來，很博得各國朝野人士之注意，尤以兄弟服務宗教，不負政治上責任，只知根據客

8　一個歐洲記者，〈外人眼中的于斌主教〉（同註1），頁一四六。

觀情形，向人陳述，與普通宣傳不同，所以一般人士，尤其各國右派或反共分子，都肯相信，且表同情，……」9

外界的反應多半是正面的，一家加拿大報紙評論說他：

「出言莊重而準確，毫無虛飾，尤其難能可貴的，是他的博愛精神，雖在指責敵人的暴行的時候，也毫無仇恨的態度。」10

由於他的演講宣傳，各地僑胞，天主教中富愛心之教友，歐美各地同情中國的人士，紛紛解囊捐助，在物質上及精神上，都有不小的效果。

第三節　第二次歐美活動

在歐美各國中，最有可能大力援助中國的國家是美國。原因很簡單，因為美國與日本在太平洋上，有嚴重的利害衝突。而歐洲各國之間，由於納粹德國的崛起，原有的均衡狀態已經破壞，英、法各國此時頗有自顧不暇之勢，不太可能實質給予中國什麼樣的支持。在體察到這番情勢後，中國官方的、或非官方，希望促成美國成為中國盟友的活動，自然就增多起來。

9 于斌，〈國際同情與抗戰—民國二十七年七月二十五日雲南省黨部臨時擴大紀念週演講〉（同註1），頁五八。

10 同註八。

具有影響力的于斌自然不會被人忘記，為了減少他赴歐美活動的政治性，國民政府給他「振濟委員會」委員的頭銜，並派他赴美謝賑。他自己對外也說，他赴歐美的目的是答謝各國對中國難民的援助。[11] 這些話當然也是說給那些對他行動有疑慮的教廷外交官，或是在中國的外國傳教士們聽的。

因此，首先還是要先經過羅馬，在這裏不但可以解釋清楚很多事情，而且一旦得到教宗的認可，所有來自國內的雜音都自然消除。于斌在一篇訪問中，描述了他在羅馬的收穫：

> 「我在正月十八日曾覲謁教皇，他那藹然可親的態度給我印象極深，我除代表中國教友叩問教皇的聖躬健康外，還奉有政府委託，呈遞了一封公函，中國政府對天主教在戰區內所辦的救濟事業，及各籍教士收容老少婦孺的熱誠，特向教皇深致謝意；教皇對政府的這種表示亦甚感動，並給從事救護的熱心善士們加以特別祝福。隨後他又贈給我幾張畫片，上題有『基督的和平實現於基督國內』一段標語。教皇附帶著說：『這就是我的祝福，並願它及早實現。』」[12]

有了教宗的祝福，于斌的活動就更名正言順了。

---

11 一九三八年十二月七日，于斌致羅馬 Tisserant 樞機主教函，謂擔任國民政府感謝各國賑濟難民的代表，行程將經過羅馬。……

12 教宗的意思應有兩個層面，一是中華歸主，成為基督的國度；另一是戰爭早日結束，和平來臨。〈對法國十字報記者談話〉（同註1），頁一二四。

在巴黎逗留數日以後，于斌在一九三九年一月底或二月初搭乘巴黎輪赴美，根據于斌的記事本記載，他在二月八日抵達紐約，「于總領事、盧領事暨華僑代表迎接，並有專車及警察護送至『中國城』中華公所演講」。于斌最主要的目的地是華盛頓特區，二月十三日

> 「晨八時半在『中國城之天主堂 Transfiguration Church 舉行追悼教皇庇護十一之大彌撒』十時半離紐約，下午二時半抵美京，到站迎接者有陳長樂參事、崔存璘秘書、郭武官暨華僑抗日會代表：李星川……十餘人。除外尚有 Georgetown University 專車迎接逕至該校住宿。抵校後旋即見 Fr. Edmund Walsh S.J.。下午四時至四時四十五分見教皇駐華（按：華盛頓）代表，先報告紐約華人追悼教皇大會，彼表示嘉慰。對于主教在美工作頗多建議並表贊同，及予以幫助。晚七時郭武官請美大使詹遜，請于主教作陪，美國名流到者多人，夜十時往參觀文化劇團表演。」[13]

然後于斌又來回紐約、華盛頓特區一次，二月二十六日，搬進 1514 Webster Street 的寓所。這裡將是未來八個月于斌活動的基地。而選擇住在美國首都，當然主要是著眼於在這裡最容易發揮影響力。

除了華盛頓特區以外，于斌其實也安排了非常多往各地演講、拜訪僑社、美國名流、中外教友的活動。以一九三九年三、四月份于斌記事本中所載為例，除了在美京行程外，東岸各地都可見于

13 于斌一九四〇年記事本，該記事本中不完全是于斌手蹟，應是日後秘書補記，另有所本。

斌行踪。

二月廿八日　十時半至十二時半參加 Baltimore 神職班月會報告我國教務及因日寇侵略我國公教之損失。該地總主教親自提倡幫助我國教務，並允許准我國籍神父在該地教區演講。

三月　六日　彌撒畢與李趙君乘汽車到紐約。

三月　十日　下午四點半自 N.Y. 回 Wash. D.C.。

三月十六日　上午十時乘汽車至紐約。

三月十九日　上午在 Baltimore 講道募捐。

三月廿四日　晚十二時乘睡車至紐約作彌撒後，乃轉車至波士頓。

三月廿五日　下午一時四十分抵波士頓南站。

三月廿七日　晚七時，中華公所公宴，到席三五〇名。

三月廿八日　11:00 訪 Father Cushing, Propagation of Faith，捐五〇〇元予京區，米撒（按：彌撒）一五〇台，以後每月許京區米撒一〇〇台，並將助修堂、贈聖器。

三月廿九日　下午四美京。（下午四時回美京）

四月　六日　下午六時四十五分離美京車站至 New Orleans。

四月　七日　下午九時半抵達。

四月　九日　下午由 N.O.（按：新奧爾良）好教友 Adolf d'Adrin 陪往 Lafayette 見主教 Jean Marc，招待頗殷勤，其 Chancellor 乃 R. Fr. Louis Bondred 前在 R.（按：羅

馬）與我同學。其秘書亦畢業於 R.。

四月廿四日　上午十時訪費城總主教，樞機 Dougherty，並蒙樞機主教破格恩准，此後可在費城教區，講道募捐，以拯我三百萬難民。

十一時動身前往 Rosemont，參觀 Rosemont College of the Holy Child Jesus，並應該校之上峰 Mother Mary Cleophas 之請，午餐於彼焉。餐後，復由二市政府團隊，乘著摩托車嚮導，登上插有中美國旗之包車，繼續參觀。……八時七分登車回 Washington D.C.，到時已半夜十一時過矣。

除了上述這些地方，五月于斌曾往底特律一行，六月份則開始籌備巡迴美國各處的宣傳募款活動。在這一連串的演講中，于斌經常提及「一碗飯」，他說只要捐獻一塊錢美金，即可救濟一個中國難民一個月的生活，潘朝英表示這樣演講的效果很好

「在很多場合中，許多男女人士都踴躍相繼捐獻，表示要養十個，一百個，乃至五百個或一千個中國難民。」[14]

為了增加募款的效果，于斌敢於嘗試各種新鮮方式。于斌到美前不久，兩位中國的女飛行員李霞卿、顏雅清已到美國，主要任務為駕飛機宣傳，為難民勸捐；四月份亦請了善畫的張善子到美，經常在各種募款的活動中揮毫，這些方式都達到不錯的效果。遠途的旅程，于斌搭火車來回，近程

14 潘朝英，〈追隨于樞機四十年—效勞幾件大事〉，《于斌樞機紀念文集》，頁四八。

的紐約、費城等地，于斌則買了一輛車，以應付繁忙的往來需要。

六月底于斌結束在美東的行程，往美國中部、西部的大城市演講宣傳，從于斌的記事本中可以看到，六月底他先到克利夫蘭，然後往芝加哥，七月中左右在明尼蘇達大學，會見了當時正在那裡學農科的中國留學生，其中包括蔣彥士在內。七月底抵達丹佛，八月三日到達舊金山，他在演講宣傳時，潘朝英、李霞卿等亦均隨行。飛機宣傳，當然不會少，各地捐款往往數百而已，但積少成多，功效應不為小。

在美國西岸，對太平洋彼岸的中國，關切之情應是比東岸更甚的；更何況此處僑胞更多，動員更易。從舊金山市郊的奧克蘭開始，于斌遇到了最大規模的歡迎，他在八月三日記載：

「到Oakland來接者有馮總領事執中，贊臣神父率四公教華女童來接，渡江後市長Rossi及總主教代表Kennedy，僑界領袖數十人候焉，慈幼會、方濟會亦均派有代表，僑胞備汽車百二十輛陪往華埠，予與市長及主教代表共乘露天車，至華埠則歡迎儀仗開始，男女學生數百前導，樂隊數□□焉，觀者塞途不斷掌聲，予頻向群眾舉手。至中華會館，由纘主席致詞，市長亦有歡迎詞，予答謝遂與辭下榻……」

結束了舊金山的熱鬧訪問後，于斌束裝北向西雅圖，然後越過邊界到了加拿大的温哥華、維多利亞城等地；回到舊金山短暫停留後，于斌往南加州進發，經洛杉磯、聖地牙哥，然後折而向東，九月六日抵堪薩斯市，隔日搭火車回華盛頓特區，結束這次中西部巡迴之旅。

九月十七日，于斌參加了張善子畫展在波士頓的開幕典禮，九月十八日記事本中記載：

「十一點訪 Cardinal O'Connell 允將來准毛神父來區講道捐款，並贈兩百元。……下午六點全僑歡送宴，到二百餘人，神父十餘位與焉僑胞贈金牌『為民請命』，臨別贈言(1)勿因國際形勢之變化而動搖擁護抗戰之決心。(2)一切判斷應以中央決定為標準，一二人之挑撥離間不可上當。」

然後于斌經 Omaha、Reno 再到舊金山，十月六日離舊金山，該日記事本中記載：

「船上同房者乃 Mr. George Lee 火奴魯魯之教友也，以開藥店為業，大陸遊歸……尚（有）Mrs. Chan 與 Mrs. Wang 亦均教友，李氏（K.C. Li 之弟）夫婦亦同行（李道陔）」

十月十一日抵 Honolulu，免不了又是一番熱烈歡迎，停留數日後再度啓程，乘輪船抵關島再乘飛機赴馬尼拉，十月十八日抵達九龍，十月二十日還在香港，記事本至此空白數日，但最遲到十月二十八日，于斌已經到達重慶。

如果要探討于斌此次歐美之行的性質，由其記事本中所夾之一份帳單即可見其端倪。在該份帳單中，報帳的對象是振濟委員會，不足之數，亦要振濟委員會補足；由此可見，于斌此行，絕非私人的國民外交。所到之處，各地總領事、領事、武官為其安排行程，安排與重要的政界人士、僑界人士會面，亦可見出此行濃厚的外交意味。

當然我們也不能否認于斌此行與美國公教士人亦有頗多接觸，在這種與教會人士的接觸中，他所得到的援助，多半是針對中國天主教會的。這些性質的款項當然不需要經過振濟委員會。在記事本中夾的一張小紙片，大致記載了這類捐款運用的情形：

「鈞座所寄來之接濟款項計共四次，三月廿號三千；五月一號兩紙支票，一為一千，一為五百；五月十五三千，共計七千五百美金整。已分配者如下：貴陽一千五，盩厔四千，宜昌四千，萬縣三千，重慶一千五，鳳翔二千，雷神父二千，又雷神父七百五十二元五分，又重慶二萬元正，九宗共計支出國幣三萬八千七百五十二元五分。結存尚約萬元左右，以備昆明救護救濟之用。……」

從以後的記載中可以看到，這類捐款有時以彌撒獻儀的方式或是直接匯款，持續的交給于斌自行運用。若是僑胞或美國民衆的捐款，則是交由振濟委員會運用，于斌並不插手。到底捐款的數額有多少？或稱有八十餘萬美金。[15]與于斌在美巡迴花費相較，效果當亦不小。

但對于斌而言，捐款其實是第二目的，重點是讓美國人民了解中國正遭受日本侵略，希望由美國民間而官方，匯聚成一種援助中國的氣氛。由這些積少成多的捐款，可以感受到這不只是救濟難民而已，多少帶有同情中國處境的成分，而美國輿論的傾向自然就慢慢形成。

另一方面，他其實更關心歐美神職界的反應。畢竟在這個政教關係非常敏感的時代裡，難免會有人批評于斌的行為超過他身為主教的界線。在一九三九年九月二十二日，于斌即將結束在美行程時，他在紐約見了教廷駐美京代表，在記事本中記了：

15 鈕樹楷於一九三九年于斌回國後寫信給他，內稱其在美為難民救濟事，募得八十餘萬，請其撥款三千美金，予鈕主持孤兒院……。鈕樹楷此數字，應有依據。不過無法判斷是一、二次總合，歐洲與美國部分相加或各自計算，則無法了解。

「談一點鐘。1.華人傳教之可能性需做報告。2.在美工作成績。3.南京與昆明之傳教比較。」

這裡面透露出的可能訊息是：教廷代表希望于斌在美活動的內容應以宗教性質為主，也希望于斌趕快回到中國，開始為他在大後方的教友們服務。就在華僑歡迎，美國輿論支持，神職界反應不一的情形下，于斌結束了他第二次的海外之旅。

第四節　第三次及第四次海外訪問

美國天主教教會也要愛國吧！一九四一年十二月，太平洋戰爭爆發後，美日宣戰，日本正式和美國絕裂，以往阻礙于斌在美活動的雜音，至此可說完全消失。

自一九四二年始，于斌在美國首都設有辦事處，由英文能力及活動力都強的毛振翔神父為其代表。一九四三年，差不多九月底十月初時，于斌又有了第三次訪問歐美的行程，[16]這次時間更長，前後為期一年左右，歐戰此時正是最激烈的時候，因此他的主要目的地還是在美國。

兩國人民有了共同對抗的敵人，當然于斌在訪問行程中會受到更熱烈的歡迎；除了以往的國會議員或地方政府外，這次聯邦政府也可以名正言順的邀請他演講、參加正式宴會等活動。于斌寄給

16 依據〈于斌總主教年譜〉（《恆毅月刊》第十一卷第二期，頁七一）謂民國三十一年三月于斌赴美；張秀亞，〈桂花街憶往〉，《于斌樞機紀念文集》，稱民國三十二年春于斌第三次出國，三十二年秋返國，皆無佐證。因此暫時將三十二年十月的美國行定為第三次，在于斌〈「真」與「實」—民國三十五年復活節講〉（《于斌總主教宗教言論集》，新動力雜誌社，一九六三年四月，頁九八）中稱，抗戰時期共出國訪歐美四次。

他弟媳張秀亞的一封信，說明了他當時在美國的心情：

「今天是你們在主前宣誓終身永愛的佳期，又欣逢國慶及　蔣主席就職大典，真是三喜臨門，使海外終日奔忙的我，非常的興奮和快慰。今日的彌撒是在美國的獨立宣言發出地——費城救世主中國聖堂裡舉行的，為祖國及主席祈禱而外，當然也沒忘你們的婚配大事……」[17]

一九四三年十一月，著名的開羅會議召開，決定了許多與中國有關的事務。美國總統羅斯福顯然也對這位在美作國民外交的南京主教印象深刻，在開羅會議後曾邀于斌赴白宮訪問，在談話中與于斌談及東北問題，羅斯福稱勝利後，東北必定歸還給中國，「但蘇聯要求有一條水路通往太平洋，並且要有一交通路線到東北。」當時于斌曾將此訊息向國民政府反應，或許是中國政府力不如人，只能任事態朝此方向發展，於是乃有一九四五年的雅爾達密約。

在與羅斯福的談話中，于斌也曾說到美國移民法案有歧視中國人的情形；羅斯福對此亦表示同情。其實于斌當時已與美國國會議員多方接觸，力促美國修改其移民法。當美國參議院為移民法案召開公聽會時，于斌曾應邀出席作證，于斌表示：

「你們如果不把苛待中國人的移民法取消，也就如同多給日本軍閥數百架軍用飛機，一大群戰艦和大量的軍火來攻打美國，因為美國與中國並肩作戰，但卻仍然這樣的苛待中國人，這

17 張秀亞，〈總主教與文學〉，《于斌樞機紀念文集》，頁三四。

豈不是自相矛盾嗎?……」[18]前輔仁大學校務長奧圖爾（George B. O'Toole）及數位美國神父也曾列席作證，於是在一九四三年底美國即通過新移民法，准許華人以移民身分至美永久居留，每年名額為一百零五人。[19]

除了這些追憶性的文字外，不幸地沒有什麼其他一手資料留下，足以使我們了解這次于斌在美加活動的實況；但可以想像到除了國民外交外，既然美國整體對華態度已然改變，必然也使美國教會加強了對中國的援助，最重要的成就是美國天主教福利會對中國的捐款增加了，並以于斌領導的中國天主教文化協進會作為分配機關。

一九四四年九月，于斌在自美返國途中赴羅馬述職，晉見教宗，攜有時任行政院長孔祥熙之親筆函一封。這時義國法西斯政權已經戰敗，英美軍隊佔領羅馬，國際時事的專家們已經開始在預測歐戰的結束時間了。大概在十月份，于斌回到了國內，[20]雖然此時對日抗戰仍在艱苦進行，但隨著歐戰的日趨樂觀，同盟國的眼光開始轉向亞洲戰場。

一九四五年四月，于斌再次前往美歐等地，首要的目的在參加舊金山會議。此時歐戰已近尾

18 潘朝英，〈我所了解的于總主教在國際上的貢獻〉，《于斌樞機紀念文集》，頁四六。

19 綜合潘朝英兩文〈我所了解的于總主教在國際上的貢獻〉，頁四六，及〈追隨于樞機四十年—效勞幾件大事〉，頁四八，若潘朝英記載之時間正確，于斌不太可能只在赴美二個多月後就達成遊說目的，應該說于斌是贊同而促成移民法修改者，並非發起者。羅斯福的贊同，也是美國國內已有氣氛如此，並非于斌改變了羅斯福想法。

20 張秀亞的〈桂花街往事〉稱于斌主教在民國三十二年十月回國，可能是一年誤差。而民國三十三年十二月，于斌主持中國天主教文化協進會年會，知此時于斌已在國內。

聲，舊金山會議的目的是要規劃戰後世界新秩序，因此一些具有潛力的新興國家政治領袖，也在參與者之列。自四月二十四日抵舊金山後，于斌即兩次邀宴韓國革命領袖李承晚，之後他也特別拜訪巴西及智利的外長、阿根廷駐美大使等，為戰後中國與中南美洲的關係預作安排。[21] 美國政界的關鍵人物也曾多方晤面，如杜魯門的新聞秘書 Charles Ross，也在這類會餐中了解了中國的問題與期望。當然接觸最多的是美國天主教會人士，這時應該再也沒有人質疑于斌赴美活動的目的了。

在這個階段，協助于斌讓歐美人士了解中國，同情中國的工具是他的演講集《東方眼》（*Eyes East*）。于斌在此演講集中說：

> 「如果遠東問題被忽略，則不能有世界和平，必須迅速關注遠東事務，尤其中國，中國自數世紀以來，有如神祕之地，於今則要吸住西方的眼睛。新近所寫有關中國的書籍，闡述其人民、制度、文化等，有幾本是由中國人寫的，因為他們生於斯、長於斯，故對於其本國的了解最深，堪稱為唯一可靠的中國精神之說明與詮釋。」[22]

而《東方眼》就是這樣一本書，透過于斌的介紹，歐美人士了解中國遠景更多於中國現實；于斌說：

> 「她（中國）要向世界要求三種權利：必須給中國以有效的自主權，中國必須獲得協助，以

21 于斌一九四五年記事本。
22 很遺憾，我們並未找到《東方眼》此書，在此引用雷震遠《于斌總主教小史》中的引文，頁一二～一三。

發展工業而促使生活條件的改善，尤其必須給中國灌輸基督精神。」[23]

一九四五年六月七日，于斌離開了美國西岸，搭機轉赴東岸，當然還是有忙不完的演講、拜會、談話、餐會，其中最重要者有二：首先是在六月十七日，中國政府頒授景星勳章與已故奧圖爾神父，此事當為于斌一手促成，在其記事本中簡述：

「余簡述其生前對中國之三大貢獻。一創辦輔大；二主編中國英文月報；三倡組中國文化學院。」

其次為商談中國救濟工作的一些原則。主要是加重中國天主教文化協進會的比重以及加強聯繫、徵信等事。

七月十二日，于斌離美赴歐，首站為英國，照例各地參觀訪問行程不斷，並有英國宣傳部的官員陪同安排行程。七月三十一日離英赴法，短暫訪問比利時後，八月九日于斌抵羅馬，次日「上午十一點三刻入覲聖父，談四十分，然後再和國務卿 Biondi 樞機短暫交談了十五分」[24] 外交部的電文中揭露了當時和教宗談話的內容，根據公使謝壽康的報告，談話重點有四：

「1.誠懇嘉許慰勞于主教並破例親抱之。2.再三囑于轉達教宗對中國之同情與眷愛。3.願策

23 雷震遠，《于斌總主教小史》，頁一三。
24 于斌一九四五年記事本。

動全中國之公教力量參加中國之建國工作。4.若有機緣希望與主座晤談。又教宗將以私函囑于轉呈主座，並以紀念品轉呈蔣夫人。」[25]

在辭別畢昂迪（Biondi）樞機後，返「次彭處進膳席間傳日本投降，痛飲香檳以獎。」既然日本投降已成定局，國內一定有許多事急待處理，八月十二日于斌即束裝返國，經開羅、印度，八月二十三日抵昆明，二十五日回到重慶，隨身帶著教宗轉呈蔣主席的函件，愉快的結束了這第四次的行程。

第五節 《英文中國月報》與中國文化學院

前面所述是于斌的動態活動記錄，但國民外交的工作也可以利用宣傳機構來進行。于斌早就對傳播媒體有足夠的認識，而在其傳教工作中使用傳播媒體更是不乏其例，因此在海外辦雜誌、定期宣傳，對于斌而言是理所當然的事。

《英文中國月報》（*China Monthly*）就是這樣一份刊物，一九三九年八月，在于斌第二次歐美訪問行程中，他即將結束在美東的活動之際，命潘朝英與奧圖爾合作，負責在紐約籌辦這份刊物。開辦費只有一千美元，可以想像可能是奧圖爾有現成的場地及機器設備，但後續的人事及經營費用，則是由于斌負責。其經常費用主要是依靠發行與廣告的收入維持，而這份刊物的人事主導權，

25〈本部與駐教廷謝公使往來電〉來電五七一四三號，一九四五年八月十一日發電。

似乎也是在于斌手上。[26]

一九三九年十二月，《英文中國月報》開始發行；在封面上是一幅包括外蒙的中國地圖，創刊號的封面人物是蔣介石，身著軍裝，表示中國正處於戰時。發刊詞中說的很清楚，這本月刊是要「報導有關中國的實況」。分成七種不同的範疇：

1. 來自中國各地，甚至是所謂佔領區的特別通訊。
2. 有關中國軍事、政治、經濟、社會、外交、教育及救助等問題之專題。
3. 知名人士有關中國的意見。
4. 節錄不同語言知名報紙期刊有關中國的報導。
5. 美洲華人重大的愛國成就及美加兩國對中國優異的援救及文化貢獻。
6. 世界上有關中國的頭條事件及其發展的摘錄。
7. 具有歷史意義或正確價值的圖片及卡通。

第二篇是于斌主教的講話，他澄清一些外界的看法說：

「以一個天主教主教的身分，我沒有意願要捲入政治，但自從入侵中國的勢力使用野蠻的手段，已經產生了人道及道德問題，現在沒有一個基督徒可以保持沈默。再加上有一些混亂的

---

26 潘朝英在〈我所了解的于總主教在國際上的貢獻〉稱《英文中國月報》成立於一九三八年八月，應是記憶有誤，因當時于斌已結束第一次歐美行，人在國內。

思想及宣傳四處散佈，特別是在如美國這樣的民主國度，所以我必須把事實講出來。……」[27]

事實是日本的侵略造成了中國的苦難，而這篇文章其實也將成立這個月刊的目的說得很清楚，就是美國有能力及義務制止日本的侵略。

在這時美國尚未參戰，在佔領區工作的美國傳教士，有些人對于斌在美的活動，難免會有不同意見。這些人認為于斌的愛國宣傳，破壞了天主教在中國的中立身分，並進而造成了天主教會的災難，並有美國神父認為，于斌二次訪問美國的行程是被羅馬下令終止的。[28] 而當這些人看過《英文中國月報》時反應不佳，似乎也是理所當然的。毛振翔神父告訴于斌：

「我必須告訴你，美國的神職人員對你在英文中國月報所登載的文章不太能接受，在這裏有一種批評你或反對你的氣氛，因為在你連續登載的文章中，你只是一個政治人物而幾乎沒有提到中國的天主教。」[29]

《英文中國月報》的問題還不只這些，毛振翔對於潘朝英經營的方式並不滿意，而且似乎開辦不滿一年的月報財務，已經出現了危機。在得到這些訊息後，大概是在一九四〇年七、八月份，于斌

27 Paul Yu-Pin, "Bishop Yu-Pin Speaks," *The China Monthly*, Vol. 1, No. 1, 1939.12, p.5.
28 Letter of Father Mao to Bishop Yu-Pin, No.13, April 21 1940.
29 Letter of Father Mao to Paul Yu-Pin, No. 16, June 23, 1940。

去函潘朝英，命其結束月報的營運。[30]潘朝英立即回函于斌，認為財政問題並不嚴重，稍加挹注，增加號召即可解決。挹注經費的來源，潘朝英認為可請國民黨中央宣傳部幫忙；增加號召的部分當然需要于斌的協助，潘朝英同時認為若有蔣夫人在《英文中國月報》撰文，也可增加月報的號召力。

潘朝英大概也日漸感受到問題不只是經費而已，他也寫信給于斌，抱怨說毛振翔在美國各界宣稱只有毛是于斌的代表，致使其在美的活動受到掣肘，其弟欲申請在美就讀亦因而生變；甚至聲稱毛神父若與其不能相容，他隨時可以離開。[31]同時，應該是在于斌的要求下，月報的總務張明之向于斌報告了自一九三九年九月至一九四〇年九月的帳目，收支相抵，透支四百美元。[32]由於經營的狀況還算可以，好過于斌的想像，因此于斌決定繼續經營這個為中國宣傳的雜誌，但同時他也決定要換人來管理《英文中國月報》。

于斌在一九四〇年十二月派國籍神父蔡任漁赴美，接替潘朝英的工作；根據蔡任漁的說法，[33]直到潘朝英離開為止，他和潘朝英都相處友善，但更大的風暴在另一方面等著他。原來蔡任漁是廣東嘉應教區的神父，屬瑪利諾會福爾德（Francis Xav. Ford）主教的管轄，抗戰爆發以後，福爾德將這位國籍神父借給于斌支配；但蔡任漁赴美後，福爾德宣稱于斌對蔡任漁的權限僅限於中

30 此乃從潘朝英一九四〇年八月十九日致于斌信中推斷。另在一九四〇年八月二日的記事中，于斌與中美文化協會商議「英文中國月報出讓問題，原則通過」。
31 潘朝英致于斌函，一九四〇年十月二十九日。
32 張明之報告，一九四〇年十月二十一日。
33 蔡任漁致于斌函，一九四一年六月二日。

國，若是不在中國境內活動，必須得到福爾德的許可。這個主教與神父間權利義務的問題，其實只是福爾德及瑪利諾會不希望蔡任漁負責《英文中國月報》所用的藉口而已；更可以擴大解釋成部分美籍傳教士對于斌的國民外交行動不以為然所產生的反應。福爾德之所以對蔡任漁赴美如此敏感，主因可能是其教區已成日軍佔領區，因美國尚未參戰，福爾德的行動並未受到日方太大干涉，但若日方得知有一位嘉應教區屬福爾德權下的神父，在美國宣傳反日，勢必會對嘉應教區的教務有不良影響；當然瑪利諾會也可以振振有詞的擡出政教分離的原則。在這種觀念背景下，他們覺得，于斌的所做所為是有問題的，而要求蔡任漁返回中國，是他們打擊這種錯誤行為的一個步驟而已。

於是蔡任漁在美國陷入非常困窘的境地，因為瑪利諾會方面發函美國各地教會，稱由於沒有福爾德的許可，蔡任漁私自離開他的傳教區，因此他在美國的任何行為都是不合法的。對於這種說法，毛振翔以于斌在美代表的身分，也給美國各教區發了一個通函，稱蔡任漁屬于斌管轄，其來美係受于斌派遣，並非私自前來。[34] 這位年輕的毛神父，人微言輕，最後當然還是得由于斌自己來解決。于斌在一九四一年二月十四日寫信給華盛頓特區的主教 Michael J. Ready，主要就在談蔡任漁的問題。他說：

「我兩個月前將蔡神父派往紐約，但未知會他的主教福爾德；於是福爾德來電抗議，接著美國有消息傳來，稱蔡神父必須回到中國他主教權下。因此爭議產生。

福爾德慷慨的將蔡神父交給我時，並沒有給予任何限制，允許他可以在中國境內任何地方活

34 毛振翔致于斌函，一九四七年三月七日。

動；所以我認為，為了中國的利益及中國教會的好處，我可以派他往任何地方工作，而不違反任何天主的法律；再依據自然法，身為中國公民，教會應鼓勵他為中國的自由與正義奮鬥的意願。……但福爾德主教並未有此認知，並在一切方法上阻礙他。在此我請求您對蔡神父提供保護。」[35]

于斌也在一九四一年二月十一日寫信給蔡任漁，他說：

「1.你工作的目標是要拯救你的國家，是為了來自天主的正義，為了幫助你的同胞抵抗不公義的侵略，這個使命是和你司鐸的身分以及拯救人靈、光榮天主的職分相符合的。

2.因為是我派你去（美國），因此所有責任都由我個人負擔；據此，你在良心上沒有任何問題，不需要去服從瑪利諾會要強加於你身上的命令。

3.如果瑪利諾會當局想要找你麻煩，你可以把這些事交給我，我不怕將此事完全披露出來。……因為你已被派給我，你是我的屬下，直到你在法律（教會的法律）上完全回到你的母傳教區。

4.你已經決定要求加入教區（南京），而我對這個請求是完全的樂意，如果在此事上有任何錯誤或不合法，完全是我的而非你的責任。

5.你拿著我的信及文件，任何人迫害你就是迫害我。……

35 Letter of Mgr. Paul Yu-Pin to Mgr. Michael J. Ready, February 14, 1941.

6.我會寫信給瑪利諾會總會長，解釋給他聽我對此事最深刻的感受。」[36]

這個事件最後以蔡任漁脫離嘉應教區，加入南京教區結束，於是蔡任漁得以免除任何教會法律上的問題，得以自由的去經營《英文中國月報》。同時國民政府亦同意出資解決《英文中國月報》虧損的問題。一九四一年六月十五日，宋子文致函給于斌，稱奉蔣委員長令，提供《英文中國月報》四千美元。得到這個款項支持渡過難關，《英文中國月報》一直維持到抗戰以後。

除了《英文中國月報》以外，為了向美國人民宣揚中國文化，于斌覺得有成立一宣傳機構的必要；在某種意義上，也可以將此機構視為是于斌美京辦事處的擴大，該辦事處成立於一九四二年。這個機構的名稱是「中國文化學院」（Institute of Chinese Culture），成立於一九四四年五月三十一日。[37]為了便於美國政界聯繫，中國文化學院設於華盛頓特區。

于斌期望中國文化學院的工作如下：

1.招募人員在中國從事社會及教育工作。

2.為這些工作者募集經費。

3.安排交換教授及交換學生的業務。

4.為中國來美學生提供獎助學金。

---

36 Letter of Mgr. Paul Yu-Pin to Rev. Mark Chai, February 11, 1941.

37 根據中國文化學院理事會會議紀錄，一九四四年六月第一次理事會召開，而于斌一九四五年記事本中，五月三十一日在舊金山時，稱該日為中國文化學院成立週年紀念日，故一九四四年五月三十一日應為該會成立日期。

5.在中國及美國安排巡迴演講。
6.為了宣傳中國文化，出版各種書籍、小冊或期刊。
7.提供書籍服務。[38]

根據潘朝英的説法，該會工作如下：

1.用各種方式宣傳我國文化。
2.舉行各種文化藝術展覽會。
3.舉行有關我國文化演講會及座談會。
4.開辦國語班烹飪班。
5.舉辦各種社會活動。[39]

從其歷次理事會紀錄來看，這個團體的社交性很強，其實主要活動就是與華府政要名流建立固定的聯繫，並且籌募經費提供留學生獎學金。當杜魯門擔任副總統時，也曾數次造訪中國文化學院，潘朝英回憶説，杜魯門及其女瑪嘉烈並曾在該地彈鋼琴兩次。

「自一九四四年至一九五一年，無形中已成為中美文化交流的總匯。」[40]

---

38 中國文化學院理事會第三次會議紀錄，September 5, 1944.
39 同註18，頁四七。
40 同註39。

第四章　抗戰(二)國內活動

第一節　救助難民及教區

經由于斌在海外的奔走，一九四一年以前，數十萬美金的捐款從歐美各國寄至中國，雖然不可能解決所有的問題，但至少對中國民衆是一種關懷的表現；前已提及，民間的捐款是交由振濟委員會分配，于斌並不直接處理，但國外教會的捐款，則屬於于斌可任意處置的範圍。首要處理的對象，當然是已遭受戰禍蹂躪的南京教區。

由於中日戰爭初期，並未牽及其他歐美國家，外國傳教士的活動並未受到太大影響，特別是租界中的各種活動，幾乎沒有發生太大變化，因此雖然于斌人在後方，但似乎他把部分的入帳，仍放在上海，交由耶穌會的帳房萬爾典（Joseph Verdier）負責。當他第一次自歐美返國時，南京方濟修女會聖心會院的修女寫信給他：

「……我不知道如何向閣下表示感謝，為了您願意撥款六千美元援助我們，其中一二八・四八美元到目前為止已用在石鼓路及第二間在上海路的施診所。後者沒什麼進展，因此我們已在聖母獻堂瞻禮那天，在同一地區開設了一家兒童醫院，可以收容三十六至五十個兒童，我們期望這醫院在這冬季，可以為更多來到這地區的小孩服務，建立機構的費用到目前已增加到二五八・六一美元……」

由這封信判斷，于斌在經濟上仍或多或少支援南京代牧區內的教會事業。[1]

在其記事本中，[2] 有一頁正好記載了他和上海帳房通信的內容，于斌手記如下：

「1.以法幣兩萬元自滬匯渝由我支配。

2.以法幣兩千元支 Procureur des Lazaristes de Shanghai（按：遣使會上海帳房）由之分配如下：(a)浙江蘭谿王神父一千五百元（美金一百元）以賑災民。(b)浙江遂安□神父五百元（三百元為所做之百台彌撒，二百元—美金十三元—賑災）以上兩神父處有方神父及王育三去信通知。

3.以法幣三千元交輔仁，乃補寄去歲去國前教育部請轉之一批津貼，楊慕時神父知其詳。

4.……

以上各款均告取自京區帳，並告已折換美金存儲，計兩萬一千一百，值美金（按目前黑市價）一千七百四十元。」

很顯然的，這些錢是以美金為計價標準，來自於國外應無疑問，而這些錢除了支應于斌及南京

1 Letter de Mary Columulle a Mgr. Paul Yu-Pin, 5 decembre 1938.

2 該記事本係一九三九年，但所記係一九四〇年事，時間應在一九四〇年一、二月份。

代牧區在大後方工作的神父外，也用於支付一些急難救助的工作。

從一封一九四〇年三月份，湖南沅陵主教給于斌的信中可以看到，于斌在得知某些情況後，給了沅陵教區的傳教士二百美元的資助，[3]可以由此判斷，在本身經濟不寬裕及其他代牧區有需要的狀況下，于斌仍會盡量給予需要資助的其他教區或難民協助，而這些經費的來源，應該也是來自海外的捐款。一九四一年九月，「難童職業學校」在重慶成立，由于斌出任董事長，沒有足夠的資料說明這個學校的運作狀況，但從名稱就足以了解這個學校的成立，是難民救濟工作的一部分。

一九四一年底太平洋戰爭爆發以後，從美國官方或非官方的援助都多了起來；由於對中國官方救濟體系的不信任，一些非教會的救濟款項，也交由美國民間信任的于斌主教來負責發放。而這些救濟款項，當時于斌就交由他所創立的「中國天主教文化協進會」負責，我們手中沒有全部的數字，但可以從一些較短的時段來做一些推測。自一九四三年十月至一九四四年一月，從美國的「國家戰爭基金暨戰時救濟委員會」（National War Fund and War Emergency and Relief Committee）有三萬九千九百六十五美元的善款，用以資助中國的孤兒。一九四五年時，一月有七千美元，二月一萬四千美元，三月七千美元，用於同樣的用途，以此金額推斷，自一九四三年十月至中日戰爭結束為止，至少應有二十餘萬美元係經由于斌所推動的「中國天主教文化協進會」發放。透過中國天主教文化協進會報給美國「國家戰爭基金暨戰時救濟委員會」的賬目可以發現，這些款項主要是用於資助各地的孤兒院，而這些孤兒院多半是由各地的地方教會所成立的。當然在戰爭狀態中，當戰爭

3 湖南沅陵主教致于斌函，一九四〇年三月二十日。

加劇迫使更多難民流離失所時，這些款項也會用於非計劃性的難民救助。

雖然不是非常多的款項，但二十萬美金也是一大筆錢，同時和其他機構相較，運用的一定更有效率而理性，由此可以想見于斌在抗戰時期，對中國難民及孤兒所做的實際貢獻。

第二節　演講與勞軍

于斌獨特的演說魅力，使得他習慣於用演說的方式去感化人，而不論是教友或非教友，也樂於聽這位愛國主教的演說。在他所留下的資料中，最多的部分就是言論。

當他從國外訪問回國時，各個機關團體都喜歡邀他前去演講，于斌會和他們報告各國援助中國的情形，同情中國的氣氛，鼓勵各地的同胞堅持抗日的決心。一九三八年七月，他自歐洲返國，途經越南順化，他給當地的華僑演講：

「各國對中國抗戰的認識可分作二階段，第一階段的認識以為中國既沒有抗戰的決心又沒有抗戰的力量。第二階段的認識是中國既有抗戰的決心又有抗戰的力量。……各國對中國抗戰，既認識清楚，便從袖手旁觀的態度，變為實際幫助的行為。國際關係，已不是道德問題，而是利害相關的問題。各國都明白，在這個時候，誰幫助中國，誰就能得到利益。……尤其是英法二大強國，他們以為中國的利益就是他們的利益，中國的禍害就是他們的禍害。……」4

在于斌極富情感及說服力的演講後，聽者通常立即會產生一種樂觀的情緒，並因此對于斌留下深刻的印象。

除了向一般人演講外，教友們也是于斌演講的對象，在演講中于斌最常提到的話題是教友愛國。一九三八年八月，他在漢口就在廣播中演講教友愛國；他說：

「所以我們公教的愛國觀念，是較普通人更進一步的；而我們愛國責任，是雙層的：良心的驅使，天主的誡命。公教的愛國觀，不是純抽象的，而是具體的，實行的。公教對教友所有的訓令，絕不是公文式的，而是令出必行的。公教既命教友愛國，所以也絕不是教我們只喊幾句口號，就算盡了愛國的能事。反之，需要本著公教的超性精神犧牲主義，把愛國的理論，一一見諸實行。」5

這番話自然可以感動教友，因為于斌自己就是這樣做的。

在平時于斌以其神職人員的身分，自然也有向教友傳道的義務，在一九四〇年的記事本中，四月二十一日記載：「光啓會來處聚餐，為講〈教友修養的實質〉闡發修養即所以保存聖寵並增加之。」而對一般社會大衆，于斌則是一位有學問、具公信力的專家，在四月二十二日記載：「中央大學紀念週講美日關係〈美國對日本的態度〉。」平均說來，一年之中這樣的演講至少數十次，透

4 于斌，〈對抗戰前途應抱樂觀〉，《于斌主教抗戰言論集》，頁五一。
5 于斌，〈抗戰期中教友應有的工作〉，《于斌主教抗戰言論集》，頁七八。

過這些生動的演講，對大後方的民衆產生了相當大的鼓舞效果。

由於于斌這樣的演講才能，以及身體力行的愛國行動，除了鼓舞後方民衆心理以外，當然也可以激勵前方將士的士氣，因此勞軍活動是免不了的。一九四〇年五、六月間，于斌自重慶出發，往貴州、廣西、湖南進行第一次大規模的勞軍活動。五月三日，于斌下午一時半啓程，和數百年來傳教士走的路線一樣，經過綦江、桐梓，五月五日抵達遵義。沿途皆宿於天主堂或教會機構。五月六日的記事本記載：「上午八時在專員公署擴大紀念週上演講〈美國對華態度〉，下午四時在播聲影院對浙大全體學生演講〈歐戰擴大與我抗戰之影響〉，計到聽衆六百餘，晚八時赴華北同學會座談會」

五月七日，五月八日皆為類似的行程，在遵義三天共演講九場。

五月九日抵達貴陽，記事本中記載：「車至頭橋，即被歡迎者迎下車。」

在貴陽又做了五場演講，然後還帶同貴州主教藍士謙（Joannes Larrart）參加貴州當地政府辦的宴會，聯絡了教會與政府的感情；最有意義的活動則是在貴陽大修院取得了殉道者的真福聖櫃。6大修生們對于斌充滿了敬愛，才會贈送他如此珍貴的禮物，他們製作了一本裝飾精美的小册，裏面都是各種讚美之詞，其中一段說：

「然而更使我們欣欣喜樂的，要算主教富有這麼深淵的學問，竟能利用以光榮發展新鬪的中國幼稚的聖教會，又能輔助政府力量之不足，促成政府對中國復興運動之及早成功，我們才

6 十九世紀初至中葉，貴陽及其所屬的青巖地方，因提督田興恕仇教等，致使神父、修生、貞女、教友十餘人被害，所謂真福聖櫃，即將此十餘位殉道者的部分遺骨，裝於其中，以表尊敬。

說主教對於中國聖教具有偉大的貢獻，並非徒托空言，盲然稱贊；只要看看主教為傳揚真理，謀求他人的幸福，不畏艱難，不求世福，努力從事傳教事業，福音宣傳，……就可想見一般了。」[7]

五月十七日抵獨山，「學生、教友、司鐸在站外二里相迎。五時張專員，鄭司令（團管區），龍院長（四分院），張檢察官，許縣長來訪。張光（輔大）來訪。教友挽留，多住一天。午夜腹瀉。」五月十八日上午服藥休息，「四時在運動場演講（開歡迎大會），專員主席，到萬餘人，據云：為獨山最盛集會。題：〈美國對我抗戰之同情〉。」

從獨山啓程後就進入廣西，五月廿一日至廿三日因日軍空襲，在柳州跑了五次警報，五月廿四日抵桂林，除了對社會大衆演講及獻旗外，亦對教友講道，還順道遊覽了風洞山馬相伯的故居。各界演講宴會當然少不了；然後六月一日到曲江，六月三日到衡陽，這裏已是中日軍事接觸的前線了，六月五日到長沙，六月十二日返回重慶。

這樣類似的行程共有三次，前述一九四〇年五、六月間，可能是第一次勞軍。根據周長耀的回憶：

「在湖南長沙會戰後，他三次赴前線慰勞，訪問戰痕斑斑的省會。」[8]

然後周長耀回憶他和于斌一起勞軍的情形：

7《歡迎于斌大主教》，貴陽大修會手寫本。

8 周長耀，〈恭祝于總主教祝聖主教銀慶紀念〉，《恆毅月刊》，第十一卷第二期，頁一一。

「次日晚刻（五月二十三日）我由柳州跟隨于主教乘夜車赴桂林慰勞駐軍，在桂林的勞軍大會上，于主教係著中國禮服，長衣馬掛胸懷金十字出席，他明顯的出現他是中國軍民的宗徒，我見到那一大群的軍人，多非天主教教友，或許有極少數天主教友在裏面，然而他們對這位天主教的大主教，是這樣熱烈的愛戴與歡迎，實屬難得。」[9]

周長耀有另一次隨于斌勞軍的經驗：

「我在都州親眼看見一大隊的安南官兵，也來參加我們的抗戰行列，他們在勞軍大會之後，另集合一處，要求會見于主教，于主教特別允許與他們見面，彼此均以法語暢所欲言，據說他們都是教友，他們得聞于主教這一席話，都感覺十分快慰！于主教在軍中行動，是無入而不自得的，上自司令長官起，下至士兵夫役止，無不熱烈的歡迎這位主教的來臨，對他來慰勞實在都感覺到無限愉快與安慰。」[10]

一九四二年夏秋之間，于斌有數月之久在西北勞軍，並參加鳳翔代牧區王道南主教的晉牧典禮，魏羨唐先生的回憶說：

「前幾天天主堂有個盛典，野聲約請觀禮，我看佈置極端豪華，于主教出場一次，換一次衣

---

9 同註8，頁一一一。

10 同註8，周之記憶有誤，他第一次見于斌的時間，應在民國二十九年于斌第一次往長沙勞軍時。

服，尊嚴過於皇帝，那也太闊了。」[11]

關於這次西北勞軍，沒有更多其他資料，但可想像演講、慰勞的盛況與其他地方應是等量齊觀的。

一九四五年初春，于斌率團往滇緬地區慰勞新軍，張秀亞的回憶說：

「先後至昆明、保山、密芝那、巴莫、貴陽、新維、臘戌、南突、芒市、曲靖、陸良，歷時凡三十三日，且曾在昆明主持安魂彌撒，激勵生者，更弔慰亡人。另外主教更代表慰勞總會向魏德邁將軍獻旗。」[12]

在《于斌樞機畫傳》中，有將近十幅這個時期勞軍的照片，于斌身著中式長袍，胸前佩掛金質十字架，威儀自然顯露無遺，當他和眾將官同立，眾人目光自然集中向他。緬甸遠征軍是依賴美國裝備、美國訓練而成的，軍容在國軍中數一數二，當于斌視察隊伍時，他的威儀與壯盛軍容可謂相得益彰。就和去長沙一般，行程由於接近前線，也頗為危險，曾遭遇日軍大炮的猛烈轟擊，所幸一行平安無恙。[13]

他為什麼如此熱中於勞軍的工作？他說：

「身為戰時中國的一位天主教主教，我有義務要赴各前線慰勞，那裏有我們英勇的戰士，正

11 繆澂流，〈追憶于野聲先生〉，《于斌樞機紀念文集》，頁七二。
12 張秀亞，〈桂花街憶往〉，頁六六。
13 雷震遠，《于斌總主教小史》，頁一五。

在與殘暴的敵人從事生死的搏鬥。我擔任隨軍司鐸的地位，所以我要對中國的陸軍說話，我用一謙微的方法，努力去加強我們忠勇士兵的士氣。……」[14]

這些話是他勞軍動機的最佳寫照。

第三節　文化事業

一、《益世報》

《益世報》是雷鳴遠神父，於一九一五年十月十日在天津創辦的。這個報紙雖是由天主教人士主辦，但是報導的是一般的政治、社會新聞，成立之後就頗受好評，因其不偏不倚，不受任何勢力所左右，包括當時天津的天主教會，都不能影響《益世報》的言論。成立之後，由於《大公報》青黃不接，為安福系財閥控制，漸為讀者所棄；《益世報》正好補上這個空檔，很快就成為華北地區的一份重要報紙。

原任總經理劉濬卿於一九三五年去世，雷鳴遠神父復非經營長才，一度險些喪失經營權；在經營權確定仍由雷鳴遠負責後，抗戰隨即爆發；《益世報》由於是一份宣傳愛國的報紙，當然反日，因此日軍侵入天津後即設法破壞《益世報》，捕得總經理生寶堂及其秘書師潛叔，兩人在獄中受酷刑折磨至死。因無人經營，《益世報》遂於一九三七年九月停辦。

14 同註13。

雷鳴遠在得知《益世報》停辦後，即有意將其恢復，衡量當時局勢，復刊的《益世報》不太可能繼續選擇在日軍控制區中的租界，最好是設在國民政府控制的安全區域中，但抗戰軍興，一切以軍事為重，雷鳴遠雖有此想法，但缺人缺錢，要想復刊，一時之間談何容易。

一九三八年八月中，于斌結束第一次歐美行程返抵漢口，雷鳴遠其時正率領著耀漢小兄弟會的修士們在前線工作，得知于斌回國後，立即寫信給于斌，據聞只有三句話：

「主教，我給您跪下了；您不答應我，我永遠不起來；請您恢復《益世報》。」[15]

于斌在思想上與雷鳴遠是極度契合的，甚至可說他大部分走的就是雷鳴遠路線，在雷鳴遠的要求下，他實在沒有拒絕的可能。

在雷鳴遠的完全信賴及授權下，于斌召集了牛若望神父、馬在天及閻宗臨等人開始籌備《益世報》復刊事宜，經數月的籌備，一九三八年十二月八日，《益世報》在昆明重新問世。[16] 對於這份報紙的宗旨，于斌一開始就說得很清楚：

「天主教戰時文化服務團，已接受雷鳴遠神父的委託準備在最近將來，復刊天津《益世報》，本二十餘年來一貫主張，扶助政府抗戰建國，並聯絡各國天主教大日報，向暴日大張撻伐。」[17]

---

15 郭垣，〈于樞機與益世報〉，《于斌樞機紀念文集》，頁六七。

16 牛若望，〈于總主教與益世報〉，《恆毅月刊》，第十一卷第二期，頁一八。

17 于斌，〈抗戰中教友應有的工作〉，頁八五。

不過昆明《益世報》的效果不好，根據牛若望的說法：

「《益世報》在昆明出版一年，感到所發生的作用不太理想」於是決定遷到重慶出版。在這過程中，難免有財產及人事的問題，不過大致上都能得到各方諒解，沒有引起很大的爭論。[18] 重慶《益世報》的實際籌備者與昆明《益世報》大致相同，一九四〇年三月廿四日，《益世報》重慶版正式問世。

重慶是戰時首都，氣象與昆明自然不是同等級的，有眾多的黨政軍人士、知識分子、學生，都能提供一份報紙維持的養分。同時長江流域的廣大交通網絡，也能提供《益世報》往外發展的空間，因此重慶《益世報》可說是真能繼承天津《益世報》的一份報紙。在開張不過數個月後，六月十八日日機濫炸重慶市區，報館亦不幸命中，但于斌並不氣餒，命繼續出版。據郭垣的回憶：

「當晚我陪同楊社長（楊慕時神父）去另一家報館交涉，暫借地編輯印行，而社論是在被炸的破屋中寫的，申述：敵機炸毀了我們房屋，但打不倒我們，我們仍然繼續出版，反抗日本侵佔，直到最後勝利為止。」[19]

有了昆明《益世報》經營困難的經驗，重慶《益世報》是少數于斌全力支持的事業，多半事業開辦

18 在外交部檔案謝壽康一九四五年六月十九日電文中曾有提及昭通教區代理主教紀勵志：「關于于主教前次處置益世報之經過，亦公開發表公正之言論。」既然紀主教有公正之言論，必定也有不公正之言論。

19 同註15，頁六九。據牛若望〈于總主教與益世報〉所借之報社係《新蜀報》。

之初，于斌會提供一筆開辦費，然後就讓其自負盈虧，但重慶益世報的經營並非如此；牛若望在開辦時任社長，三個月後離職，原因很可能如同昆明《益世報》一樣——入不敷出。在牛若望離職後，有一段時間于斌親自擔任社長，目的應該是整理清償債務。在其一九四〇年記事本中有載：

「七月廿五日　下午一點交馬在天法幣四千元（24/7 自袁承斌處借洋三千八百元月利一分半，又袁代姚匯滬五千元，由予按 124 加價，函萬神父支出計 6200 元）。
七月廿六日派佟夔送青木關王人光法幣三千元整
七月　卅日　又付王人光法幣三千元
八月　一日　付馬經理千元
八月十四日　付馬經理五千元
八月廿六日　交馬經理六千元
九月　九日　馬經理自永泰處取去千元」

這兩萬三千法幣很明顯的是重慶《益世報》的開銷，都由于斌負責善後。除了重慶《益世報》外，一九四二年八月，于斌亦已決定開辦西安《益世報》，但一直到一九四五年四月《益世報》西北版才正式出刊，[20] 其間最主要的問題也是經費，以一個戰時流亡主教的財力，是不太可能無限制支持這些龐大開銷的。在《益世報》西北版的經費處理上，于斌是等到股款籌募到一定程度才開始的，其所以

20 牛若望，〈于總主教與益世報〉，頁一八。

獨厚重慶《益世報》，主要原因應該是其重要性遠大於西北版。

二、中國天主教文化協進會

知識分子在傳統中國社會中，一向是起帶頭作用的領導者，于斌深知此點，若能掌握培養教友中的領袖，自然可以再經由他們帶動所有的教友。其次，于斌一直想要結合天主教信仰與中國文化，而能對文化有了解而實行者，亦非知識分子不可；於是摶成一個教友知識分子的團體，努力做抗戰建國的工作，就成了成立中國天主教文化協進會的目的。

一九四一年十二月廿四日，中國天主教文化協進會成立於戰時首都重慶，在該會章程中，明定其工作職掌如下：㈠倡導會員進修互助；㈡推動城鄉各種服務事業；㈢促進國際文化經濟合作。[21]而凡教友「有中等教育程度以上者」，方可經由基本會員介紹，成為該會的會員。非教友亦可加入成為贊助會員。對於這種與教會外各界充分合作的態度，于斌解釋說：

「本會對外，決採取合作主義，而不標奇立異或故步自封，如某項工作之於國家民族，有所補益，本會雖處於搖旗吶喊之地位，亦欣然樂從……。」[22]

在成立一週年的年會上，于斌說：

21 〈中國天主教文化協進會章程〉，《中國天主教文協創立四十年》，中國天主教文化協進會，一九八〇年四月，頁六。

22 于斌，〈天主教的文化活動—民國三十一年十二月廿五日天主教文化協進會首居年會訓詞〉，《于斌總主教宗教言論集》，頁一一。

「本會成立之宗旨，在發揚中國天主教文化。」23

而什麼是于斌理念中的中國天主教文化，于斌進一步闡發說：

「一、崇真的文化——在人與自然之關係上，吾人有要崇拜真理之習慣，不只求知，以了解宇宙之繼；且崇敬真理，為真理犧牲，歐西之蘇格拉底，我國的文天祥、史可法，及羅馬之殉教三千萬教友，為遵從真理而捨命，更係吾人崇拜真理之芳表，特此提出，以資則效。

二、樂善的文化——在人與人間，吾人不只要行善避惡，且要以為善至樂。以言古國之文化，如：羅馬之法律，希臘之哲學，中國之倫理道德，實各臻上乘，而成為此三大古國之文化典型，惜知之者多，行之者少，如能以樂善相標榜，以行善相期許，則吾國文化前進，必更可觀。

三、希聖之文化——人神之間，吾人必以求聖為最高目標，有宗教信仰，成為天主兒女，而獲超性之生命，並遵從吾主耶穌之教訓，使生活盡量提高，以至聖界，斯則人神合一，文化始生新價值，新生命。」24

在理論思想上以建立中國天主教文化為宗旨，而在實際作為上則是領導教友、鼓勵教友，從事

23 同註22。
24 同註22，頁一二。

支持抗戰的各種活動，最有成就的是救災。于斌稱讚會員們說：

「由著你們的聖樂大會演劇、義賣和各式各樣的發動，不知道多少流離失所的難民，啼飢號寒的兒童得到了歸宿，保持了生命，為抗戰增加生力，為民族延續命脈。」25

張秀亞則說這些工作實際上是于斌領導進行的，她說：

「民國三十一年豫省大饑，哀鴻遍野，主教領導天主教文化協進會的工作人員，發動了大規模的賑災活動，開音樂演奏會、演劇、義賣，……無數的災民藉以獲救。但別人贈送主教的皮衣、斗蓬，甚至於打字機都為那購有百元義賣券的人抽了『彩』。……」26

而正是因為這些救災的實際行動，才能使得美國天主教福利會主持的「國家戰爭基金暨戰時救濟委員會」放心的將其救災款項交由中國天主教文化協進會負責。

三、其他

于斌富有男女平權的觀念，在中國天主教文化協進會中設有婦女工作委員會，設立後由崔淑言任主委，秦則賢副之，這個婦女工作委員會在重慶創辦了相伯女子中學，同時為職業婦女及在學女

25 于斌，〈愛德與世界和平──民國三十二年十二月廿五日在中國天主教文化協進會慶祝成立二週年大會講〉，《于斌總主教宗教言論集》，頁一五。

26 張秀亞，〈桂花街憶往〉，頁六五。

青年服務，又在重慶創辦了天主教婦女福利社及聖德蘭日間托兒所暨幼稚園。據秦則賢的回憶，天主教婦女福利社業務有三：

「1.專收容有正當職業之單身婦女及在學之女青年，以最合理之收費，供給其膳宿。

2.協助社會上被棄之婦女，該社聘有義務法律顧問及社會工作人員暨對於家庭問題有熱心研究之教友，義務為被棄之婦女服務。……

3.每週請神父在社內講道，邀約他們和附近婦女自由參加聽講。

聖德蘭日間托兒所和幼稚園，專收二歲以上，六歲以下之兒童，每日自上午八時開始至下午六時止，園內供給二餐點心及中飯……」[27]

為結合基督信仰與中國文化，必須使得基督的價值觀能為中國人所接受，于斌深知於此，因此在組織中國天主教文化協進會的同時，也開始籌備「人生哲學研究會」，該會經近三年的籌備，開了三十餘次座談會，到一九四四年十月廿一日正式在重慶成立。該會主要活動是演講及宣傳，一九四五年一月十四日，第一次演講會在重慶廣播大廈禮堂舉行，據穆超的說法：「由該會常務理事梁寒操主席，到會員及聽眾一千餘人，轟動戰時首都。」該次演講由理事長于斌演講〈人生之謎〉，于斌闡述：

「所謂肉體享受，壽命、財產、榮譽、地位、事業、學問、道德，諸如此類，無一足使人類

---

27 秦則賢，〈恭祝　野聲主教銀慶〉，《恆毅月刊》，第十一卷第二期，頁一三。

感覺圓滿無缺。」[28]

那人生的答案在那裏呢？于斌說：

「人生終極的目的，應該就是追求幸福。」[29]

真正的幸福是什麼？于斌當時賣了關子，準備下回分解，但不言可知的，就是基督信仰。

第四節　教會關係

一、雷鳴遠及相關團體

一九二六年雷鳴遠因留學生經濟問題，赴羅馬向汪老松樞機報告，在這個機會，雷鳴遠和在羅馬唸書的中國神父、修士們逐一晤面，修生中的領袖于斌，應該是在這個時候和雷鳴遠有了第一次的接觸。在雷鳴遠的感召下，不久後由鮑朗（Adrew Boland）神父組成了輔助傳教團，專門培養外籍的神職人員，送往中國派在國籍教區，為中國主教服務。

當于斌還在羅馬接受培育時，一九二七年雷鳴遠回到中國，然後在河北蠡縣監牧區（一九二九

28 于斌，〈人生之謎〉，《于斌總主教哲學言論集》，頁一〇。
29 同註28，頁一二。

年升格為安國代牧區）成立了國籍的男修會團體—耀漢小兄弟會及女修會團體—德來小妹妹會。一九三三年于斌回國擔任宗座代表秘書，訪問安國時又再次的與雷鳴遠見面，除了原來理念的相契外，于斌也一定在參觀雷鳴遠的「真福院」時，對何謂中國天主教有了實際而樂觀的體會。同時在于斌出任南京代牧主教後，他也積極的邀請輔助傳教會的修士在培養完成後，送到南京代牧區來服務。

前已提及，天津《益世報》在抗戰初期停刊，雷鳴遠自己忙於在前線協助抗戰，將復刊的重責大任託付給于斌。由這件事就可以看出雷鳴遠對于斌的完全信任。于斌知道雷鳴遠的修會經常處於入不敷出的狀態，在有可能的情況下，他也經常給予他們所需要的協助。在于斌的記事本中，可以看到雷鳴遠從其處取錢的紀錄，耀漢小兄弟會的初學院一度在陝西盩厔監牧區，而于斌也不忘經常給予其應得的補助。于斌提起雷鳴遠時，總是充滿了崇敬：

> 「他的精神，比較一般青年還要超過許多。看他雪亮的頭皮，紅潤的面色，晶瑩的目光，就可以聯想他的作風；欽敬之心，油然而起。抗戰至今，……他始終在前線上艱苦地工作著；他不但沒有病過一回，他那一往直前的精神，比起從前還要興奮地多！」[30]

抗戰初期雷鳴遠對中共有一種不切實際的信任，特別是對八路軍軍長朱德。[31] 因為這樣的信任，一九四〇年三月，雷鳴遠竟遭八路軍俘虜，然後有十二名耀漢小兄弟會的修士在被俘後遇害；

---

30 于斌，〈老團長雷鳴遠的作風與公教精神〉，《于斌主教抗戰言論集》，頁一〇八。

31 雷鳴遠曾言：「朱德並不反對宗教，對於祈禱，也有相當的信仰。」，同註30，頁一一六。

于斌得知消息後，即多方設法營救，在其一九四〇年三月二十五日的記事本中有：「下午往訪馮玉祥—談雷神父事。」因馮玉祥信基督教，而與中共亦素有交情也。在多方營救及蔣委員長嚴令下，雷鳴遠獲釋，不久後因肝膽堵塞，病情日益嚴重，蔣委員長派專機將其自洛陽接往重慶，初期即下榻於重慶益世報社，亦即于斌駐渝之辦事處，然後方轉往市郊歌樂山馬壽徵先生住處；于斌聽說雷鳴遠病危，立即自前線勞軍處趕回，六月二十三日，雷鳴遠將他的兩個修會託付給于斌，二十四日，雷鳴遠病逝，一直隨侍於雷鳴遠身旁的曹立珊修士哭泣不止，于斌安慰他說：

> 「雷神父是你們的會父，我就是你們的會叔。」[32]

這種關係在抗戰時期是十分直接而實際的，雷震遠在一九四〇年十二月及一九四一年一月分別致函于斌，報告及抱怨安國代牧區內所發生的事件。而他之所以給于斌寫信，當然是認為于斌是可以指導他以及雷鳴遠修會的人。在現在保留的信件中可以看到在一九四〇年、四一年時，于斌與輔助傳教團積極接洽派遣傳教士前來中國，有三個問題是阻礙輔助傳教團來華的因素：㈠于斌流亡在外，南京教區去不了。㈡歐戰爆發，歐洲人民的行動自由受到影響。㈢培養時間尚短，沒有足夠的傳教士可派。[33] 不過，抗戰結束前，梅雨絲（Meeus）及斐效遠（Palmers）等屬輔助傳教團的比利時神父都先後到中國來服務。

32 曹立珊，《春風十年》，光啓出版社，民國七十九年再版，頁四七九。

33 我們手中有一九四〇三月六日、四月鮑朗與于斌往來的信。雷震遠一九四〇年十二月十七日、一九四一年一月二十五日、八月二十三日的信，及德來妹妹會 Lucy 姐妹一九四〇年九月十日的信。

二、外國傳教士

于斌與其他代牧區的國籍主教們有不錯的交情，此不足為奇；在抗戰的初期，于斌自南京遷往漢口、重慶等地，這些地方都是外籍主教；客卿身分的于斌，積極宣傳抗日，是否會造成這些主教的不安？這個問題其實是因人而異的，重慶主教尚惟善（Alois Gabriel Jantzen）是于斌相處最久的東道主，從于斌記事本中記載的情況判斷，他和于斌有非常良好的互動，同時藉著于斌的引薦，與國民政府官員間也有友善的往來。

雲南代牧甘（Joannes Larregain）主教在抗戰初期也應與于斌有不錯的交情，不然《益世報》也不會在昆明復刊，在場地及財務上，甘應予于斌一定的支持；不過似乎雙方後來在《益世報》遷往重慶時及之後，產生了一些爭執，我們沒有足夠的資料了解爭執的原因，但在爭執過後，似乎是于斌獲得了勝利。[34] 而這個爭執對于斌在雲南地區的活動也沒有太大影響，一九四二年五月，昆明代牧區的 Michel 致函于斌，報告甘的死訊，同時也為牛若望未能接任「昭通負責人」而遺憾。[35] 從此信中可以判斷，于斌在雲南有一定的影響力。

34 筆者推測，《益世報》係募股款然後成立，于斌為首，以其教會關係，要求成立於昆明教區，甘欣然同意，但在認知上，甘認為此係教會事業，教區主教有決定權。雙方認知不同，在《益世報》決定遷離時，爭執乃生，甘不讓機器設備帶至重慶，不讓《益世報》變賣地產。此問題至一九四一年中已解決，昆明帳房曾致函于斌，報告其在昆明之動產及不動產價值，言外之意即認為于斌對此財產有處分權。

35 Michel 致于斌函，一九四二年五月十一日。

成都代牧區的駱書雅（Jacob Victor Rochouse）主教對于斌似乎就不是非常友善，從有限的幾本記事本看，于斌極少安排赴成都的行程，此為證據之一。另一間接證據是當雷鳴遠等人到成都時，駱書雅雖然招待他們，但要求不要談抗日問題；[36] 我們可以想像整日談抗日的于斌，自然不是駱書雅歡迎的對象。話雖如此，成都地區的教友們對于斌的抗日主張是相當信服的，一九四一年左右成立的「四川省天主教信徒抗戰服務團」，即是以成都代牧區的教友為骨幹。[37] 他們說：

> 「于斌主教為天主教唯一抗戰領袖，本團應籲懇　于公為本團融洽各教區領袖意旨，並設法使一般教友熱烈合作……。」[38]

自一九四〇年九月，日德義三國軍事同盟成立後，在國民政府方面自然開始將德義視為敵人，民間仇視德義的氣氛也日漸強烈，德義傳教士的處境遂日趨惡劣，不時發生軍隊抓傳教士，視為有間諜嫌疑。于斌對於此種事端必定多方奔走，設法援助，根據張秀亞的回憶：

> 「主教為此事頗感覺憂急，他曾發過許多封函電，向軍政外交當局，說明教士地位的超然，服務的熱誠，請設法加以保障。」[39]

---

36 同註32，頁三四五。
37 此為根據我們手中所有之一份「四川省天主教信徒抗戰服務團改選籌備會意見書」判斷。
38 同註37。
39 張秀亞，〈桂花街往事〉，頁六四。

而于斌認為最好的方法，是在這種仇視氣氛中先設法將德義傳教士集中保護。除了和國民政府方面商量有關保護傳教士的事宜，教廷方面也應有暫時撤退傳教士的許可，於是于斌乃透過香港方面和教廷商量此事。一九四一年七月二十八日，覆函來到：

「希望可以將義國及德國傳教士集中起來，避免共產黨及各種破壞勢力的騷擾。此種官方的或非官方的保護，……為中國政府言係一向聖座表達善意的良機」[40]

一九四一年八月三日的《益世報》中有記載：

「郭外長稱：『至德義在華傳教人員，並未撤退，彼輩如在傳教工作合法範圍內，自當予以保護。昨日于斌主教且曾代表教宗駐華代表蔡寧總主教來訪本人，對於中國政府此項態度，表示感謝。』」

由這記載中，可以完全看出于斌協助德義傳教士的努力。

三、教廷外交

于斌自義大利回國時，即擔任第二任宗座駐華代表蔡寧的秘書，其時對於教廷與中國政府之外交關係當有一定程度了解；宗座代表雖受尊重，畢竟不是正式的外交關係，對于斌而言，若有機會

40 教廷駐香港代表致于斌函，一九四一年七月二十八日。

促進梵蒂岡與國民政府建交，自是一大樂事。

一九三七年十二月當于斌首次赴歐美作國民外交，當其人在羅馬時，即積極進行中梵雙方建交的事宜，當時在梵蒂岡方面或許已得到某些有力人士之首肯，於是曾急電國民政府方面，探詢派遣使節赴梵蒂岡的可能性，得到的答覆是：

「有關在教廷派駐公使的需要，已經知悉，但目前尚未得到決定的消息。」41

其時國民政府方面對於與梵蒂岡建交並不積極，原因可能是不願開罪法國。

歐戰爆發，德義控制歐洲，國民政府方面對於與教廷建交事開始轉趨積極。一方面可能是法國干涉的原因不復存在，另一方面是國民政府需要維持一在歐陸之據點，方便與各國聯繫並互換訊息。而教廷方面對中國欲派使駐梵蒂岡，似乎在歐戰爆發後反而保持審慎態度，一九四一年一月，中國駐義使館電稱：

「教廷傳信部次長剛主教表示，教廷極願與我訂約換使，惟目前國際緊張時期，不容有任何政治表示，似宜待戰爭了結後再談。」42

剛恆毅既如此表示，其議遂寢。但不久日方派使駐節教廷，國民政府為與其抗衡，遂復向教廷提議先由中方單向派使赴教廷。一九四一年六月十九日，羅光致電重慶外交部：

41 倫敦某國民政府官員致于斌函，一九三七年十二月十八日。

42 發蔣委員長代電「關於司鐸方豪條陳對梵蒂岡教廷外交事宜」，一九四五年四月三十日。

「請譯轉于斌主教教廷特使事，現可接洽，希即懇　委座派徐代辦進行。」[43]

經過雙方商談後，一九四二年六月，中國派謝壽康任駐梵蒂岡公使得到教廷同意，而教廷駐華的仍為宗座代表。在中日交戰的微妙情境中，宗座駐華代表蔡寧處於一種相當尷尬的情況，若對國民政府示好，怕日本會苛待淪陷區中的教士教民，若對日本示好，國民政府亦必責其身為宗座駐華代表，竟與日方接近。在這種為難的情況中，他選擇留在北平，但不與日方有官式接觸。

以于斌的立場，自然認為蔡寧應隨同國民政府遷往重慶，並曾將此問題透過香港方面，向教廷反應；教廷方面的答覆是：

「我相信為蔡寧主教不可能，意指身體上的不可能，離開北京，但我相信他一定明確的知道，不可以和日方有任何官式的接觸。」[44]

這時不離開北京，也有其涵義，因日方有意要將蔡寧安置於南京，使其成為汪精衛政府的宗座駐華代表。[45]

為滿足國民政府方面的教務需要，一九四四年九月，教廷方面派重慶代牧區尚惟善「代表駐華代表，處理可與重慶交通之各教區教務。」[46] 之所以選擇尚惟善，相信于斌必有推薦之功。一九四

43 羅光致電重慶外交部，一九四一年六月十九日。
44 同註40。
45 梅雨斯致于斌函，一九四一年四月二十六日。
46 〈外交部與謝公使往來電〉第一卷，目錄中無，但原文中可知尚惟善是於一九四四年八月十六日被任命。

四年九月二十九日，于斌自美經羅馬返國，謝壽康的電文中說：

「于主教在此共留十日，各界印象甚佳，職亦藉機讌請及開茶會招待教廷重要人物，各教會會長與教廷有關之名流及外交圈，俾于主教便於聯絡……」[47]

雖然沒有太多的記載關於于斌如何對教廷方面進行影響，但由謝壽康描述中已可了解于斌在中梵關係中的重要性。

47 同註46，「謝壽康致電重慶外交部」，一九四四年九月二十九日。

第五章　興教愛國

第一節　自渝返京

一九四五年八月二十三日，于斌搭乘美國軍機從歐洲回到了昆明，然後在八月二十五日回到重慶。他是南京代牧主教，從一九三七年十月離開，已經將近八年沒有主持他的教區，當然應該要儘快回去；因此在政府還都前他急於想回到南京教區。

但復員之初，百廢待舉，交通運輸諸多不便，或許也是使得于斌返京行程耽擱的原因。一九四五年十月九日，他終於踏上回京之路，由重慶搭乘軍機經過上海，於十月十一日到達南京；他在南京待了五天，這五天在記事本中完全空白，可能是太忙太累所致。十月十六日于斌前往上海，參加十月十七日為追悼陣亡將士舉行的大禮彌撒，十月十九日從上海搭機回到重慶。

于斌之所以在此時回到重慶，主要應是處理未了事務，同時關心東北接收問題，十月二十一日的記事本上寫著「午飯餞別東北九省二市首長。」十月二十三日「晚宴杜聿明將軍其外事處處長李修業（四川少將）及熊正平與焉。」可以想像這時于斌的思鄉情緒，他已經有十餘年沒有回到東北了，再加上蘇俄阻撓國軍的接收工作，都使得于斌的憂心不已。

然後蔡寧在十一月初首次訪問重慶，于斌自然必須陪同，在蔡寧離渝赴滬後，接著于斌辦理了中國天主教文化協進會重慶分會及貴州分會成立事宜，然後商討《益世報》在各地發行的偉大計劃，協助陳公亮神父接收了武勝景仁中學，十二月二十二日再度乘飛機赴京。[1]

這次返南京的首要目的，是在自己的座堂獻祭，並向睽違已久的教友們講道。講道的重點是：

「勉教友好自準備歡迎聖嬰，並曉以建國必先建人的道理。」

然後聖誕前夕赴無錫，除了處理教務外，主要是和接收的第三方面軍湯恩伯等人打交道，十二月二十六日「晚飯後向中華公教進行會無錫支會籌備處各教友講公進之重要，組織並籌備時應注意各點。」[2]十二月三十一日再度飛回重慶，一方面是對南京代牧區抗戰期間的教務已多所了解，其發展計劃也有待實現，必須在重慶和政府官員商量決定，另一方面是馬歇爾飛抵重慶，于斌覺得有和他會晤的必要。

這次在重慶停留的時間不久，一九四六年一月十九日，于斌便離開重慶，經過南京到上海，再去北平。一月二十五日「上午訪政府各首長；下午在輔大講：青年與建國。以三點勉諸生：實在、深入、熱誠。」一月二十八日赴天津，三十一日在西開做大禮彌撒。二月五日到耀漢小兄弟會清和真福院視察，二月十日乘飛機赴青島，二月十八日返抵南京。

在二月十八日抵南京後，為準備復員後的南京之各項事宜可說是千頭萬緒，在自己的代牧區

---

1 以上皆為一九四五年于斌記事本，係于斌手記。
2 同註1。

內，開始時必須為經濟問題作安排，必須開始培育教區的修生，因此于斌在南京、上海及無錫等地奔波。三月十八日，返南京教區一個月後，為了參加國民政府的參政會，于斌再次飛往重慶，參政會議一結束，隨即於四月五日返京，自此以後，于斌已不再有四川之行了。

第二節　宗教事務

一、任命樞機問題

歐戰結束，第二次世界大戰接近尾聲之際，于斌的思想已經轉到戰後發揚教會與重建教區等等問題上。他覺得為了中國教會的發展，希望教宗為中國任命一位樞機主教是個適當的時機。至於人選，于斌沒有想到自己，而是歸隱本篤會的陸徵祥。早在一九四四年九、十月間，于斌第三次歐美之行返國，途經羅馬，即曾與教廷公使謝壽康談及戰後立中國樞機事，據謝壽康表示：

「于主教在此時，職曾與之商討此問題，于意樞機位尊不能有多動作，倘有可能，中國第一樞機最好推陸教士任之。」[3]

從文中語氣判斷，謝壽康有推薦于斌任樞機之意，但于斌立即推薦陸徵祥。此事當時僅在想像中，未來尚無把握可言。

3 〈謝壽康致外交部電〉一九四五年五月二十二日發。

一九四五年五月為預商孫立人到羅馬覲見教宗事，謝壽康在見教廷外交部常務次長的機會，亦曾提及選立樞機事。據其報告中記載：

「職詢以現歐洲停戰，發表樞機之御前會議是否即將召集？伊答稱此事現尚渺茫。職乘機表示中國教區之多為世界第二，吾人極盼能有一樞機。伊謂發表樞機為教宗個人之特權。職復稱中國教士中有被任樞機資格者有數人，如陸徵祥教士道德學問均為人推重。伊即詢問陸教士之洋文姓名並抄錄之。」[4]

此為陸徵祥這個名字第一次正式向教廷提出。

一九四五年八月，于斌第四次歐美行程返國，途經比利時之時，即曾於八月五日與中國駐比大使金問泗及潘朝英等去本篤會修院探視陸徵祥。在這一天的記事本上，于斌記載說：

「陸子興神父已晉鐸十周年（一九三五年六月二十九日晉鐸）年七十五（一八七一年六月十二日生於滬）然尚健康，在道院已十七年，真公教之玄奘也。」[5]

此次探望陸徵祥即與任命中國樞機有關，因金問泗於八月十日即致電外交部：

「于斌主教日前自巴黎來此談及樞機主教須陸續補選卅一人，我國不妨向教廷及其他有關各

---

4 同註3。
5 于斌一九四五年記事本，八月五日。

方表示以陸徵祥神甫提出候選，如獲當選不獨有俾教務，亦可增高我國國際地位。……」[6]

此後即由謝壽康推動教宗任命中國樞機事，因此事係教宗之自由意志，所以只能私下表態。[7]另一方面，陸徵祥的意願不高，一九四五年十月，謝壽康致電外交部稱：

「日前駐法錢大使轉來陸神父致伊一函，陸誠懇表示不願升任樞機，並推薦于主教。職昨往與東方部部長 Tisserand 樞機洽商，伊云陸為修士，自當謙讓，于主教年輕，將來可以遞升云云。……」[8]

由此報告中可以看出陸徵祥並無出任樞機意願，至於以于斌出任，在教廷中似乎有不小的阻力。此時教廷方面對於人選或有意見，但對給予中國一席樞機則已有共識，在謝壽康與教義部部長馬結蒂（Card. Marcchetti）的談話中已可見其端倪。馬結蒂回覆謝壽康的請求時說：

「選任樞機為教宗個人特權，他人未便顧問，但余曾任傳信部次長，對於中國教務極懷念，倘教宗詢及，當竭誠贊助。」[9]

對於誰適合擔任第一位中國樞機，教廷方面一定會徵詢中國教會方面的意見；而在中國已經十

6〈金問泗致外交部電〉，一九四五年八月十日發。
7 雖然名義上是由教宗個人決定，但需求、分配、重要性等因素的考量，教廷中重量級人士的意見是不可忽視的。
8〈謝壽康致外交部電〉，一九四五年十月三十日。
9〈謝壽康致外交部電〉，一九四五年十一月十二日。

餘年的蔡寧，除了負責徵詢他人意見外，他個人的意見當然也有很大的分量。據云部分外國傳教士不認為于斌是適當的人選，因這些人的傳教區在抗戰時期多半未經戰亂，無法體會到于斌對戰時中國及教會的貢獻。而蔡寧本人在戰時採取的態度與于斌不一致，戰後對於任命于斌為樞機，亦不表贊同。[10] 雖然也有不少贊成任于斌為樞機的聲音，但既然有不少的反對意見，要任命于斌已是不太可能了。

一九四五年十二月十八日，傳信部次長剛恆毅復託人向謝壽康詢問陸徵祥詳細履歷，可能此時尚未決定人選；但到十二月二十三日，謝壽康即以急電向外交部報告：

「我有幸通知閣下們，聖座不久前正式告知，任命青島代牧區的主教為樞機主教。」[11]

從謝壽康的措詞中顯然他對這位新任的樞機主教田耕莘並不太認識。

在一封當時擔任中國駐教廷公使館顧問羅光神父寫給于斌的信中，為這件事情發展的脈絡，做了一個近距離觀察的說明：

「主教尊鑒：……

當去年田公任命消息宣佈後，使館方面很覺到驚訝。事前，謝公使按照　主教所定計劃，極力為輿老（按即陸徵祥）奔走；消息宣佈前數天，教宗尚詢問了輿老履歷，迨消息宣佈後，

10 龔士榮神父口述。

11 謝壽康急電外交部，原文為法文，一九四五年十二月二十三日。

次彭公使向教廷探詢，據說　教宗此次選任樞機之原則，在選各國之主教，且與老在國外多年，故不足代表中國教會，故未被選。但我等都以為既選中國主教，則名正言順，應為首都主教當選樞機，教廷方面聲稱，南京主教尚年輕，他日當選之機會正多。然其中確實理由，必為傳信部作梗；聖部以為中國第一任樞機，應為眾心所歸，而南京主教頗受宗座代表與傳教士等之攻擊，為敷衍各方，乃選一位誠樸之中國主教。我等謁見聖父謝恩時，聖父明說意在選一位純淨的中國人，真正足以代表中國民眾之樞機。田公一生未出國，沒沾染外國氣，所以可算十足的中國樞機。　主教平日立身處世，志在為國為教，不求聞達、不求見知於上峰，或許因此羅馬方面對　主教之工作，常有所疑忌。國內識見淺短之傳教士，又從中予以惡意之批評，故　主教在羅馬之身分，誠如剛總所說：『有許多朋友，也有許多仇敵。』」[12]

反對于斌的傳教士在羅馬也有支持者，這應該就是于斌不能被拔擢為樞機的真正理由。

因為田耕莘被任命為樞機主教之事殊出人意料，想來于斌亦有些錯愕，但素不為己謀，又見到中國有了一位樞機，他內心不但坦然，且為中國教會慶幸，故即刻安排歡迎田耕莘晉陞樞機後返國的各種活動。一九四六年一月九日，于斌在重慶晉見了蔣介石委員長，報告諸多事項，其一即向蔣介石介紹田耕莘的履歷。一月二十四日赴北平，二月十日赴青島，這次在北平、天津、青島一帶十餘天的活動，目的之一也應是為田耕莘返國預作安排。五月三十日，田耕莘回國前夕，于斌即往上

12 羅光致于斌函，一九四六年四月四日。羅光的這些說法，或許沒有足夠的證據，但可信度應該很高。

海等候並安排歡迎活動，六月一日田耕莘抵達，六月七日到南京，各處拜會活動多半皆由于斌陪同，[13]可知于斌對這位新任樞機主教，從一開始就顯示了他的尊重。

雖然田耕莘是北平教區總主教，但他有相當多的時間在上海，而在一九四六年至四八年間，于斌經常在上海善道堂與田耕莘見面並商討教會事務，只可惜內容為何無法知曉，但至少從態度上，可以看出于斌是奉田耕莘為中國教會領袖的。

二、教廷外交問題

抗戰時期教廷與中國外交的最大問題是只有中國單方面駐使教廷，而教廷方面仍是非正式的宗座駐華代表，且這位宗座駐華代表蔡寧一直留在北平，這種作為自然已引起國民政府相當之不滿；第二次世界大戰結束前，于斌就注意到這個問題，並亟思有所改善。一九四五年四月，南京教區在後方的神父方豪，曾向蔣介石提呈一意見書，希望將中國駐教廷公使改為大使，並希望選任教友擔任駐教廷使節。[14]雖然不能確定于斌對這件事情是否直接影響，但他一直加以推動則無疑問。

除了在中國政府方面運作外，于斌極有可能亦在教廷方面條陳意見；比利時駐華大使在一九四五年九月十日求見國民政府外交部次長，談話內容如下：

「比大使：近自羅馬方面獲悉，中國政府有意將駐教廷使節升格為大使，並將中國各教區主

---

13 于斌一九四六年記事本，係其秘書王志仁記錄，故僅有行程。

14 〈方豪對梵蒂岡教廷外交事宜條陳〉，外交部一九四五年四月三日收。

教政任中國人充任，比國政府對此深感興趣，願悉此事是否確在中國政府進行之中。甘次長：前曾有人建議將駐教廷使節升格為大使，惟政府方面尚未有實行此項建議之準備。」[15]

比國之所以如此詢問，有可能係因中國駐比大使金問泗曾拜訪比國樞機及外交官員，請求在任命中國樞機及教廷使節升格事上予以協助；故比國必須確定中國政府是否有此意願。而中國方面的回答，似乎是婉轉的表達了對將公使升格為大使並不積極。雖然國民政府外交部態度不積極，但于斌等關心此事者，仍努力運作，一九四六年一月九日，于斌見蔣介石時，除了介紹田耕莘之外，亦向蔣談及教廷使節升格事，很明顯的是希望能從國民政府主席處得到直接的支持。[16]

教廷方面直至一九四六年二月中旬以前，仍認為雙方將互換大使，教廷外交部次長曾約見謝壽康，據謝之報告：

「伊首請正式呈報鈞部，教廷接受中國政府欲教廷派駐華大使之願望，擬不久派大使前往；職答以迄未接到訓令表示此項願望。伊謂據其所得各方報告，中國政府有此願望，教廷極願接受，擬從事使其實現。……」[17]

15 〈比大使德爾福來部會晤甘次長談話紀錄〉，外交部一九四五年九月十日。
16 于斌一九四六年記事本。
17 謝壽康致電外交部，一九四六年二月十七日。

而這時主要的問題，其實是國民政府內的爭論，有一些人認為抗戰時期教廷對我並不友好，當一九四二年十月派謝壽康為駐教廷公使時，曾詢教廷派使駐華事

「當時教廷表示，意存推託。」

「現戰事業已結束，教廷派使我自可表歡迎，惟派遣大使尚無必要。」18

而這種想法最後就成了國民政府的決定。

此時教廷方面對中國政府不願以大使級建交是有些不快的，在羅光寄給于斌的信中說：

「此次對中國政府之表示，雖已立時答應接受，頗尚有所疑慮，主教是否能向外部將全盤事件，加以明確之解釋，使中國與教廷雙方關係走上正軌，然後則可一勞永逸。」19

使節人選問題也是交涉一大重點，教廷方面原有意讓蔡寧直接升任，在徵詢謝壽康意見時，謝壽康婉轉的說：

「以寧主教在華甚久，身體不好，或需養息。」

內部的真實意見是：

18 外交部歐洲司第三科簽呈，一九四六年二月二十二日。
19 羅光致于斌函，一九四六年四月四日。

「教廷方面蔡寧主教，因該主教在我抗戰期間，多年駐平，對後方教區素欠聯繫，似可不予同意。」[20]

教廷方面自然也了解中國政府反對的原因。在謝壽康電文最後稱：

「此事與中國公教關係極大，可否請通知于主教。」[21]

由此可證明于斌在任命使節一事上，有密切關係。

雖然蔡寧與于斌在抗戰時期意見與做法並不一致，但于斌在教務問題與政教關係上，仍盡量予蔡寧各種協助。在其一九四五年記事本中記載：

「十一月五日　閻錫山來訪蔡主教，談三刻始去。
午王世杰、甘乃光、劉鍇宴蔡總主教。
十一月九日　午飯，蔡總主教宴王雪艇、吳鐵城。」

這些行程既然在記事本中，當是于斌陪同的。

一九四六年的記事本中，

---

20 同註18。
21 同註17。

「五月　三日　陪同蔡寧總主教赴教長朱家驊宴。
五月　五日　與蔡寧總主教命名益世電台。
五月　卅日　赴滬歡迎田樞機，訪蔡寧總主教。
六月廿六日　赴方濟堂探視蔡總主教，未遇而返。
七月　九日　蔡寧見蔣主席。
七月廿一日　上午十一時謁蔡寧總主教。」[22]

直至蔡寧離華，于斌一直與其保持密切往來。中國駐教廷官員等曾突發奇想，向剛恆毅推薦以于斌為駐華使節，剛恆毅答以難度甚高而未果。此為教廷派使中國之一段插曲。[23]

第一任教廷駐華公使黎培理（Anthony Ribeiri）於一九四六年十二月抵華後，公使館設於南京，與于斌之關係極為密切，往來極為頻繁，在公使館中任秘書的美籍司鐸葛禮耕（Giligan）及國籍司鐸陳哲敏常到主教公署與于斌商量各種事情，而于斌也常到公使館與黎培理見面；一年中的往還至少數十次，所商量的當然不只是南京教區教務，也應包括全國教務。其實也不只是教務，既然于斌與政府方面有密切的關係，他當然就成為傳遞各種正式或非正式訊息的管道。

關於派遣吳經熊任駐教廷公使事，應該也是在這種人際網路中形成。吳經熊於一九三五年自新教皈依，一九三七、一九三八年左右開始與于斌論交，抗戰時期到大後方，受蔣介石委託翻譯聖

22 于斌一九四五年、四六年記事本，六月二十六日往見蔡寧未遇，可能係六月十八日發佈黎培理任駐華公使之故。
23 同註19。

經，其間也常是于斌重慶辦事處的座上客。吳經熊對到梵蒂岡很有興趣，因為在梵蒂岡有聖經委員會，對聖經原文有疑義時，可以容易找到專家請教，於是經常向蔣介石表達出使意願，根據方豪的說法，在一九四五年八月抗戰勝利後不久，蔣介石即有送吳經熊至梵蒂岡之意。[24] 一九四六年七月，教廷發表以黎培理為第一任駐華公使，這正是以吳經熊代謝壽康的良好時機，於是在七月二十五日左右發電報予謝壽康談「關於調職歸國，並派吳經熊繼任徵求同意事。」謝壽康於七月二十六日往見教廷外交部常務次長「伊答稱此事毫無問題，惟答覆尚須經過相當手續。」[25] 教廷方面對人選毫無猶疑，立即接受，應該在事先已有一個非正式的蹉商過程，從上述之人際網路推測，于斌極有可能亦在其中扮演推動的角色。

一九四八年十一月二十九日，吳經熊向外交部報告：

「曩日通使之初，教廷已有互派大使之議，後教廷國務部向職屢有此項表示，本月二十六日，職為接洽援華事宜，往晤該部政務次長，彼復附帶談及升格之事，並謂倘我政府能派大使，教廷實引以為榮，惟教廷如派大使，則必須為使團領袖，此係國際習慣，不便破例，設我政府對此認為未妥，則可由我國片面升格，而教廷駐我國之使館可仍舊不變，又謂雙方使館等級之差別，教廷視為常事，蓋教廷體制特殊與各國通使雙方使節之等級不必相同，片面

24 方豪，〈吳德生先生翻譯聖經的經過〉，《方豪六十自定稿》下冊，作者自印，一九六九年六月，頁一九七七～一九七八。

25 謝壽康致外交部電，一九四六年七月二十七日發。

遣使或片面升格已司空見慣不足為奇。……」26

教廷方面若期望升格，自然是雙方一同升格為最佳選擇。因此稱雙方使館等級不同，教廷視為常事，實在是一種不合理的說法。阻礙雙方外交升格的其實仍是來自國民政府外交部。一些關心中梵關係的官方及非官方人士先和教廷方面磋商，達成了片面升格的共識，然後才有吳經熊與國務院次長的對話，從報告看起來似乎是教廷方面先有這種想法，其實雙方或均有同感。這裏官方的代表自然是吳經熊，以他的人際網路觀察，他代表的是非官方的于斌、方豪等人的想法，然後是在羅光的協助下與梵蒂岡方面進行談判的。

于斌也在一九四八年十二月九日抵達羅馬，他的親自參與，對於推動升格自然是一大助力。他知道國民政府外交部持反對立場，因此以其社會賢達身分直接致函蔣介石，其電文稱：

「教廷關切我國現勢，為鈞座及國人祝福，使節問題，為有首席線索，教廷歡迎我方單獨升格，吳公使為教廷推重，升為大使，至為適宜。所遇政教要人均敬佩鈞座之遠見決心，捷克覆轍不可蹈，苦撐則最後勝利，今日飛美，謹電奉聞。」27

蔣中正據此向外交部發電：

「……查教廷對目前國際外交運用，具有潛力，似可予以考慮。茲抄附原電，即希密為核議

26 吳經熊呈外交部，一九四八年十一月二十九日。
27 于斌致蔣中正電文，一九四八年十二月，沒有確定日期，應為十六日。

為要。」[28]

由蔣中正的指示中可以看出他是贊成升格的，但他在政府運作上，願意尊重外交部權責。

為了舒解外交部感受上級交辦的印象，于斌後在美國亦致電南京外交部吳鐵城部長，稱：

「中梵使節升格有關國際輿論，幸希鼎力促成，謝壽康任聯合國代表事，亦懇玉成至感。」[29]

吳經熊幾乎在同時，則在致外交部電文中點明于斌係

「奉總統命向教廷商榷使館升格事。……既有上項接洽，我方升格似宜舉辦，以昭信義。……」[30]

在體察上意並了解當時國際情勢後，外交部立場似有轉變，歐洲司簽上之意見稱：

「以教廷今日國際地位重要，對我屢寄同情，我為加強運用以收爭取國際愛好和平國家實效起見，對教廷希望我方單獨將我國駐教廷公使改升大使一節，用意原屬至善，似未便固卻。」[31]

28 總統府代電，一九四八年十二月二十日發。
29 于斌致電南京外交部長，一九四九年一月十日發。
30 吳經熊致電南京外交部長，一九四九年一月九日。
31 外交部歐洲司簽，一九四八年十二月廿八日。

但禮賓司方面向來持反對意見，此時亦然，其意見為：

「我如與教廷正式升格，勢須以教廷大使為駐華外交團之領袖，在我方亦似感有不便之處。」「片面升格之事，如我方認為可行，似亦應由教廷電飭其駐華公使正式向我建議提出洽商。」[32]

在禮賓司的反對下，其事遂暫時拖延。

一九四九年一月二十一日，蔣中正引退下野，與教廷外交事遂更無發展空間；之後情勢繼續惡化，五月吳經熊為其龐大家庭計，向外交部請辭，準備赴夏威夷應大學教職，八月外交部准其辭呈，同時準備讓謝壽康重回教廷任職。九月十七日，自廣州國民政府緊急致電給謝壽康：

「教廷公使館一等秘書來部面稱，因為我們（指教廷）的情勢複雜，梵蒂岡希望中國政府暫緩任命。現正請田樞機疏通中，暫緩來。」[33]

教廷駐華使館之所以有此表示，自然是因中共已控制了大部分中國，國民政府是否還有必要派使持節教廷，或許要等到塵埃落定之後再行決定。國民政府方面將消息報知正在南美努力進行國民外交的于斌，他也只能寫信給羅光，抱怨教廷方面的決定。他簡短的說：

32 外交部禮賓司簽，一九四九年一月五日。
33 外交部致謝壽康電，一九四九年九月十七日。

「聖座希望中國暫緩派遣全權公使至羅馬，此事震驚了中國政府。」

對于斌來說，他此時已不知何處是歸鄉，他還能說什麼呢？

三、教區事務

（一）國府路基地

國府路顧名思義即知為國民政府辦公廳的集中地，在國府路北側有一塊龐大土地屬教區所有，這塊教區土地的南側，隔著國府路相望，同樣有塊教會地產，但屬耶穌會所有，除了會院外，教區還在其上辦了「新生小學」。在教區土地的兩側分別是國民大會與中央圖書館。由於地點適中，地基龐大，易於發揮影響力，這裏就成了抗戰以後于斌復興的基地。

一九四六年一月九日，于斌晉見蔣主席，在其記事本中記載：

「今日下午五時半在中四路主席官邸晉見蔣主席談半小時(1)譯聖經(2)教廷使節升格(3)田樞機(4)赴各都市宣慰(5)索京地三百畝(6)光啓大學(7)幹部訓練(8)益世報(9)文協農工(10)海外宣傳，亦提馬歇爾、赫爾利。」

由其所記可知地基有三百畝，但有部分現被佔用，佔用者民間及政府單位皆有。

一九四六年二月二十四日，于斌「赴市長家談判國府路產權」。[34] 復員初期各機關人員搶佔地盤，是這塊土地為人佔用的原因；不過抗戰後民氣高漲，反帝國主義聲浪抬頭，不論中外神職主持之教會事業，很容易都會被一竿子打翻，視為是殖民地或租界的延伸，也是這塊土地產權有爭議的原因。同年七月一日，「國府路類思小學師生數十人為房屋事來請願。」[35] 無其他佐證資料可以知道請願何事，但與于斌重新規劃這塊土地利用的方式可能有關；七月十五日「東方中學校長陳自衡登中央日報，警告于斌國府路房屋事。」[36] 這件登報啓事似乎沒有後續動作，不過正代表了各方對這塊土地的爭奪；結果是教會仍保有這塊地的產權。

隔鄰的中央圖書館對這塊地也有興趣，不過時任館長的蔣復璁[37] 是以比較合理的方式來商談，他想要以其他地基來交換。據蔣復璁稱這塊地原是中央圖書館的預定地，其實應該說地基是教區所有，但早在一九三六年規劃辦公住所時，已得中英庚款委員會准許，將其中四十六畝劃歸中央圖書館。但教區的原則是不賣土地，只願交換。[38] 於是蔣復璁在復員後提出在城中另擇四、五處地方，交換這四十六畝土地。于斌的態度也未堅拒，一九四六年十月十五日「偕同中央圖書館館長蔣復璁勘查國府路基地。」[39] 一九四七年二月二十八日「視察中央圖書館擬交換之地基。」[40] 可能是中央圖書館所提供的地方未見理想，其議遂寢。但蔣復璁則認為教區已答應交換，曾向法院提出訴訟，

34 于斌一九四六年記事本，二月二十四日。
35 于斌一九四六年記事本，七月一日。
36 于斌一九四六年記事本，七月十五日。
37 時蔣復璁尚非天主教信徒，他要到一九五一年十月，才在龔士榮神父手中領洗成為教友。
38 黃克武，《蔣復璁口述回憶錄》，中央研究院近代史研究所，民國八十九年五月，頁四九、六〇。
39 于斌一九四六年記事本，十月十五日。
40 于斌一九四七年記事本，二月二十八日。

後因並無書面文件可證明教區願交換土地，中央圖書館敗訴。[41] 教區將該地，租給國民大會作停車場，租金則用於挹注教區經費。

在于斌的計劃中，國府路地基的中央要蓋主教座堂，圖已由建築師潘思義畫好，是一棟美侖美奐的中國式建築；另外基地的一角興建小學外，餘則興建大旅社及天主教中心，交由國籍教區主教合資並建請專業修會主持，所有收益按持股多少分配給各教區，庶能自給自足。在于斌的計劃中，旅社業務必然甚佳，因為國民大會堂就在旁邊，開會不斷，旅客自然絡繹不絕。可惜時勢驟變，以致計劃未能實現，雖然計劃並未真正實現，但從此可以看出于斌其實也是為全國國籍教區的經濟著想的。

（二）神父、修女及修生

抗戰時期當于斌不在南京代牧區時，代牧區的領導人是由張路加副主教代理。副主教的身分是職務上的，實際上也只是神父。于斌重回南京之後，仍然相當尊重張路加，當于斌不在或另有要公外行時，張路加經常代表于斌主持各項活動，例如一九四六年四月二十九日，于斌至蕪湖探訪尚未返回時，蔡寧抵達南京，迎接蔡寧的正是張路加及方豪。[42] 不過張路加與于斌的關係較不親密，可能是行事作風比較保守，與于斌盛大的企圖心不能配合，日後就漸行漸遠。

于斌最倚重的副手是牛若望。早在公教進行會總監督時期，牛若望即協助于斌從事公教刊物的編輯工作。抗戰時期先後籌備及主持過昆明、重慶及西安等地的《益世報》工作，回到南京以後，于

41　龔士榮神父口述。
42　于斌一九四六年記事本，四月二十九日。

斌主要是以《益世報》南京版，賦予牛若望出刊的責任，後張路加離南京赴蘇州，牛若望便受命出任副主教。牛若望年紀尚長于斌數歲，國學根基為國籍神父中數一數二者，但一直跟隨于斌，此尤可見出于斌領導之材。一九四七年十月于斌赴美，臨行發表以牛若望代理一切，[43] 亦可見出對牛若望之倚重。

牛若望係由其他教區轉來，龔士榮則為南京教區土生土長的高材生。他出身無錫天主教家庭，身為家中長子，得母親允許而修道；一九三九年晉升為神父後，送往北平輔仁大學司鐸書院進修，一九四三年轉入輔仁大學歷史系三年級，受教於陳援庵、顧季羨等名師門下，甚受陳援庵賞識，一九四五年抗戰勝利前，回南京，一九四六年至四八年奉派擔任無錫原道中學校長，一九四八年三、四月後，即擔任南京的總本堂。一九四六年十月，陳援庵來南京參加中央研究院會議，當時于斌曾率龔士榮前往接機。[44] 陳援庵得知龔士榮在教區內從事行政工作，頗有惋惜之色，[45] 于斌則以教會任務相告。

方豪亦以史學著稱，一九三八年自杭州代牧區轉來南京代牧區，抗戰時期在昆明、重慶擔任《益世報》主筆及大學教授，抗戰結束後回南京擔任《中央日報》主筆；唯一九四六年七月後，即赴北平主持上智編譯館。李維光則為無錫地區的總鐸；毛振翔亦於此時被召回南京，擔任司庫兼辦保送留學生事務。一九四七年八月，于斌在教區內召開教務會議，共有六位神父擔任于斌的諮議：李維

43 于斌一九四七年記事本，十月四日。
44 于斌一九四六年記事本，十月十九日。
45 黃克武，〈訪問龔士榮先生〉，《蔣復璁口述回憶錄》，中央研究院近代史研究所，二〇〇〇年五月，頁一四二。

光、牛若望、毛振翔、龔士榮、陳盈之、李式玉。[46]這些神父應是此時于斌的重要助手。除了國籍神父外，還有輔助傳教會的雷震遠、斐效遠及杜佩雷（Duperay）；斐效遠於抗戰時期來華，不久即被日方置於山東的外國人集中營內，抗戰勝利後重返南京教區；杜佩雷則於一九四七年四月抵達南京教區；而雷震遠大部分時間都在于斌左右，對其時發生的各種事件，做了第一手的見證。

當時的教會事業有許多是需要修女或貞女來服務的；教區原有上海派來的獻堂會修女在無錫服務，現更派送青少女去到蕪湖接受培育，一九四七年二月，始有修女兩人學成回南京工作，[47]從事協助堂區和主教公署的部分雜務工作。除了獻堂會修女外，方濟各會修女負責了主要的慈善事業，她們在照顧棄嬰、施診方面，提供了非常多的協助。

受到雷鳴遠感召而成立的「鳴遠服務團」也在一九四七年六月自比利時蒞京服務。她們皆為不結婚之女性，但非修女，不組成修會的形式，是為了能更自由的在社會上服務。她們在南京的主要工作是為難民服務施診，並在學校中改善學生的宗教教育；由於她們在比利時已開始學習華語，因此到南京數個月後已可順利開始工作，其中從事護理工作的迪蘭小姐，不幸在一九四九年三月十一日為歹徒所殺害。

為了能有更多的國籍司鐸在南京教區服務，除了接納自其他教區轉來的神父外，正本清源之策是注重修生的培育工作。因為教區劃分未久，早期南京代牧區的修士多在上海培育，修生們先在徐

---

46 于斌一九四七年記事本，八月三十一日。

47 于斌一九四七年記事本，二月二十三日。

匯中學唸書，然後送小修院讀拉丁文學三年，後入大修院中繼續哲學、神學課程。除了上海教區以外，有的修士係送往左鄰的蕪湖教區，在類似的情況下培育。[48]但依賴鄰近教區畢竟非長遠之計，因此于斌在回到南京代牧區後，隨即在無錫開辦屬於南京教區的修院，自行培育教區人才。于斌一九四六年七月二十四日赴無錫，「龔鐸（士榮）迎接，此行目的為京區大修院設無錫事。」[49]九月十八日再赴無錫，十九日「舉行修院開學典禮。」[50]一九四七年元月六日「任命楊紹南司鐸為修道院教授。」[51]

修院生活相當清苦，一九四七年二月五日于斌赴無錫，在上海「向首善堂借得罐頭食品一箱，帶至無錫修道院。」這些罐頭當是給平日缺乏肉食的修生進補之用。于斌此次到無錫也親自給修士們上課，並帶他們到惠山遊覽，[52]凡此種種皆可看出于斌對修院教育的重視。這時在無錫修院共有十五名修生，據暘谷的回憶：

「主教雖遠駐首都，萬機纏身，而獲平均每月一次移蹕無錫修院，給修士訓話，此十五位修士，先後均安登鐸品……」[53]

48 龔士榮神父口述。
49 于斌一九四六年記事本，七月二十四日。
50 于斌一九四六年記事本，九月十八日、九月十九日。
51 一九四七年記事本，元月六日。
52 于斌一九四七年記事本，二月五日至十二日。
53 暘谷，〈我需要五百位神父〉（《恆毅月刊》，第十一卷第二期），頁四一。

話雖如此，由於時局不靖，教區內各項事業經緯萬端，實際上並沒有足夠的人力來好好經營無錫的修道院，立即可見的儲備人力其實仍在上海。

一九四九年初，局勢已日趨惡化，于斌當時人在美國，見大局似已不可為，為保留教區元氣，決定送年輕神父、修士出國。四月份命龔士榮將四位年輕的神父自上海送出海外，他們在四月中旬先赴歐美唸書；四月二十日京滬交通即已中斷，上海情勢也日漸危殆，于斌在美國首府再拍電報至上海，命龔士榮將在上海總修院及徐匯中學念書的神父、修生帶出上海。五月十七日一行十三人，拿了五張船票登上一艘貨輪，登船後兩日船方開航，原來于斌的命令是去廣州，但船行至基隆即不再開，於是一行人登陸台灣。[54] 和其他教區相較，除北京教區外，南京教區撤退出的年輕神父及修士，為教會保留了較多的元氣，至今仍有在台灣服務者。

于斌與教區內他轄下神職人員的關係不算親近，倒不是于斌刻意與他們保持距離，而是他實在是無暇多顧。一九四五年十二月二十四日，于斌初次在抗戰結束後回到無錫，但他忙著和第三方面軍的湯恩伯及地方官紳演講、宴會等公開活動，無錫地區的司鐸，連和他報告教務的時間都沒有。[55] 而這段期間正是聖誕節，司鐸們當然會覺得既然主教親臨，應該以宗教活動為主，對于斌在外的活

54 據吳至德〈于總主教搶救南京教區司鐸修士十一人的經過〉（《于總主教晉鐸銀慶紀念特刊》，中國學生留西班牙同學會，一九五三年油印，頁二〇）及許洪坤神父（撤離小修生之一）口述係十一人離開，龔士榮神父則解釋稱另有兩人係別教區來加入南京教區者。其中一人後來並未加入南京教區，故其十三人，屬南京教區者有十二人。到台灣後有神父赴台北、花蓮服務，大部分則陸續轉往歐美念書。

55 于斌一九四五年記事本，十二月二十四日至二十七日。

動不以為然者頗衆。龔士榮將司鐸們的反應向于斌報告，于斌解釋他的工作本來就是對外的，他要爭取教外人對天主教的好感，所以他不只專做教內事務，為教會服務；他也要為社會國家服務。[56]的確教廷任命他為南京總主教，不只是要他為南京教區，而且是要以首都主教的身分，為全中國教會服務。但他也不是不顧教區事務，是這些事只是他所關心整體教會事務的一部分。他也並非冷落教區司鐸，而是對他們充分信任而授權；不僅對他教區司鐸如此，所有相關事業的負責人他皆如此對待；了解于斌而忠誠篤行者，當然就肝腦塗地為他賣命；部分人則利用他的信任，謀求個人的利益；不了解于斌的部分司鐸，則認為未受到主教應有的照顧。當然事實上，在當時的環境中，南京教區的司鐸們的確有此感受。于斌事後對他們說：

「主教神父是一家人，我不能忘掉各位，我們的使命在傳教，各位一點一滴的播種耕耘，功不可泯；但想到以中國每年出生嬰兒之眾，衡受洗人數之少，如不另闢途徑，中國永無歸化之可能。我們必須創造有利的傳教氣氛和環境，冀賴天主福佑，將有所有同胞歸化之一日，願我們共勉並進，在此意義，相信各位一定會原諒我的。」[57]

（三）教友

無錫地區教友佔南京教區中教友數的大半，而無錫地區教友以在太湖捕魚的漁民為主。漁民教

---

56 龔士榮，〈出掌南京教區〉，《教友生活》，一九六九年六月五日。

57 同註56。

友以船為生，教育程度不高，雖然虔誠熱心，但對栽培子弟念書一無能力，二無興趣。于斌將修院設於無錫，當以此地為教友集中地為主要考量。不過時間太短，致成效不彰。

于斌也知漁民教友生活清苦，亦思加以改善；改善之法則為提供土地，讓他們棄舟登岸，改以農耕為生。而這些耕地的取得，如能配合其他事業，則可一舉多得。他的方法是興辦事業、取得土地，然後將土地租與教友漁民，佃租所得，則供事業所需，一來漁民有地可耕，二來事業經費源源不絕。不過這些計劃同樣僅在籌劃階段，局勢惡化使得這些計劃沒有機會實現。

當時教友在各教區內是以點狀散佈的，許多地方長期未接觸過天主教並不為奇，金壇縣就是這樣的一個地方。于姓宗族在金壇縣為第一名門大户，具有左右鄉里的實力，一九四八年，為于契玄公五百週年冥誕，該縣于姓宗親準備盛大慶祝，原先邀請于右任前往主持，但于右任因年老力衰而加以婉謝，而社會上另一位于姓名人就是于斌，於是他們乃改而邀請于斌。于斌向他們建議最好的紀念方式是在宗廟中設一學校，于姓代表皆以為然，並請于斌擔任這所學校的董事長。[58]

一九四八年九月二十三日，金壇縣嚴縣長及于氏宗族代表，乘坐專車親自來丹陽迎接于斌，到金壇時各界冒雨在城外歡迎，沿途鞭炮不絕，人山人海。下午五時于斌在于氏宗祠祭祖，六時各界開歡迎大會。七時則由縣長設宴洗塵。二十四日八時先在宗祠祭獻，十時三十分主持契玄公五百週年紀念。十一時「契玄職校開學典禮，訓詞『人與物、人與人、人與神之關係』」二十五日早上則至金壇縣的第一所天主堂舉祭，晚六時三十分，以董事長身分「接受于氏贈予契玄職中校田。」[59]

58 雷震遠，《于斌總主教小史》，頁三〇。
59 于斌一九四八年記事本，九月二十日至二十七日。

于斌對金壇影響還不止如此，不久後嚴縣長率于姓宗親代表晉京，稱金壇縣願集體皈依天主教，每一市鎮的宗廟都改為天主堂，而各地學校的教師則訓練為傳教員。於是于斌就派遣了一位神父往金壇負責此皈依計劃的準備工作；60 按照教會的規定，望教友們要經過一段時間的培育，對教會的道理完全了解後，方可正式領洗奉教。若是為數百十，尚且易為，但全縣皈依則準備工作千頭萬緒，不有個一兩年工夫，不易完成；但惡劣的局勢，就像對所有教會事業一樣，打斷了金壇縣所有的皈依工作。

四、全國教會

（一）經濟援助

于斌以身為首都主教的身分，崇高的國民大會代表頭銜，教內教外、國際國內豐富的人際關係，當各個地方教會有需要時，他往往是義不容辭加以援手。實際上往往也只有他，在那個人治的時代，有能力解決這些複雜的問題。

抗戰結束後，各個教區百廢待舉，復員所形成的人口流動，資源重新分配、物價飛漲等問題，都使得人心惶惶；教會歷來所進行的慈善工作，分量也隨之加重。來自美國天主教福利會的資源，此時就交由這位享譽國際的首都主教分配。這時最主要的資源是由貨船運來的一萬零七百包麵粉。為了能讓這些救濟物資發揮最大功用，于斌致函給國民政府社會部長俞鴻鈞，要求協助減免各項捐

60 同註58。

稅，信文如下：

「敬啓者：．昨美國天主教救濟會 War Relief Service-National Catholic Welfare Conference 捐助我國難民麵粉壹萬零七百袋，會長 O'Boyle 主教並來電囑斌代為分配，頃悉該項麵粉已由 Rainbow 號輪船運抵上海，運滬後尚需轉運湘鄂各地，敬請部長准予免稅，並令江河關及內地各稅關放行，則不獨千萬難民受惠無窮，而斌亦感同身受也。」[61]

原來于斌的計劃是要將麵粉轉送至各地，但問題很多；以當時的混亂狀況，各地稅關是否都會聽令中央是一疑問；轉送過程中，難保不會發生損耗及人為弊端；同時運費也是一龐大開銷。方濟會上海的帳房神父 Joseph 於是建議于斌，不如將麵粉在上海賣掉，以所得的款項作救濟的工作。[62]于斌採納了他的建議，同時命徐通源負責其事。

從徐通源的報表中可以得知，湖南、湖北、安徽、江蘇、山西、山東、陝西、河南、河北、廣東各地的教區，都獲得了不少的救濟款項，甚至遠在內蒙的綏遠及西灣子，也獲得各一百萬元的款項。發送款項的方法是透過各傳教團體設在上海的帳房，如湖南、湖北原屬方濟會的教區，就由方濟堂經手，屬奧斯定會的常德、岳州、澧州等地，則由望德堂經手；耶穌會、遣使會、聖言會、聖母聖心會亦然。款項主要分兩次發放，在于斌的指示下，第一次自一九四六年五月八日至十四日，

61 于斌致俞鴻鈞部長稿，無日期，可能為一九四六年二、三月份。
62 Letter of father Joseph to Paul Yu-Pin, April 6, 1946.

共發出四千四百萬元，第二次在六月份，共發出五千一百五十萬元。其中較特別的是輔仁大學亦在補助之列，撥給二百五十萬元；田樞機亦自此款中獲得了五百萬元的補助。63

另外有一些就近的補助，則是直接將麵粉送去；聖衣會取走了十五雙包（三十包）；浦東杜家行天主堂取走了二十五雙包（五十包），方濟堂取走了兩雙包（四包）。這一批救援物資或多或少支援了各教區急迫的財務。南京教區則未在其中得到太多補助，僅僅是由潘朝英以三百零三萬換得一千五百美元而已。64 由此可看出于斌大公無私的精神。

除了這一次大規模普遍性的救濟工作外，其他各地的主教們也會不時的請求于斌這位首都主教給予各項協助。由於于斌在歐美地區的良好關係，海外神職教友知南京教區財務困窘，因此有時會致贈彌撒獻儀以幫助教區神父，此為部分南京教區神父重要之經濟來源；一九四八年四月，南昌總主教周濟世致函于斌，謂由於有十五位北方神父南下在南昌避難，請于斌給南昌總主教區一些彌撒獻儀，好能養活這些神父。信中問：

「是不是可以給個幾百台，兩三千台最好？」65

這大概超過了于斌的能力，不過周濟世會作此請求，自然是因于斌平時有協助之事實。

---

63 徐通源一九四六年五月十四日、六月二十九日報表，當時匯率約為 1:1500-2000（美金與國幣）因此加起來差不多是五、六萬美金。

64 徐通源一九四六年七月六日第三次報告。

65 周濟世致于斌函，一九四八年四月十七日。

（二）事務協助

因其豐富的人際關係，其他教區的需要，往往也是由這位首都主教加以協助解決的。在現在保存的信件中可以看到，一九四六年十一月，安徽蕪湖西班牙籍耶穌會士致函于斌，希望能收回一塊自一九二七年即發生糾紛的教產。[66]在記事本中也可以看到衆多國籍主教不斷的出現在南京，如河南信陽教區的張維篤，駐馬店教區的袁慶平，山東陽穀教區的牛會卿，保定教區以後升為南昌總主教的周濟世，宣化教區的張潤波等，雖然不知道他們談什麼事，但可以由此看出于斌絕對不止是人們也不認為他是一個只關心南京教區的主教而已。

除了國籍主教外，于斌與臨近教區的外籍主教也相處融洽。到上海時于斌常去拜望惠濟良，因惠濟良經常住在徐家匯修院中，于斌也可順道視察在修院中的修生。徐州主教邰軼歐（Philippus Cote）與于斌也時有往還，代牧區主教改為教區主教的大典，即是由于斌主持的。[67]他也曾至少兩次訪問蕪湖，所到之處，不管教會內外，都留下相當深刻的印象。當時人在蕪湖的一位教友，描述了于斌在蕪湖的盛況：

「是日，前往車站歡迎總主教的除了數以百計的自行車騎隊和教區各單位的代表以外，軍、政、學、商各界首席人士均親自參加，活躍於歡迎的行列中，主教座車在歡呼的人潮中，徐徐蠕動，左右兩側為當地的憲警衛隊，最前列有輪流吹奏的各色樂隊，行列中教皇旗國旗五

66 安徽耶穌會士致于斌函，一九四六年十一月二十七日。
67 邰軼歐致于斌函，一九四七年四月二日。于斌一九四七年記事本，四月二十日。

色繽紛，相互交輝，一時蕪湖城萬人空巷，盛況空前。……午後假內思中學大禮堂作公開演講，來賓逾千人，在場聽眾教育水準參差，社會階層不等，教內教外，老幼婦孺，軍政學商工農各色人士皆有，濟濟一堂，主教身著紫紅披衣，巍然立於台中，口若懸河，滔滔不絕，足足講了有二小時以上。當時筆者環視左右，個個聚精會神，一心諦聽總主教精闢而有趣的訓言。」[68]

有了這麼深刻的印象，也難怪蕪湖的西班牙籍傳教士會要于斌協助他們解決土地的問題。

來自家鄉的請求，于斌更不會拒絕。吉林代牧區高德惠主教，於偽滿洲國成立後，被教宗庇護十一世派為教廷駐滿洲國代表。日本投降後，滿洲國的官員被列入戰犯，高德惠也被列於名單中。于斌當年赴羅馬念書，係高德惠的栽培，如今高德惠有難，于斌也要設法為之化解。這段故事于斌曾講給成世光主教聽過，成世光稱：

「于樞機回到吉林，黨政軍各界熱烈歡迎他，設宴款待他。這時于樞機提議請天主教吉林教區主教也來參加宴會，大家一聽都面面相覷，（于樞機的話）但那時于樞機地位顯赫，沒有人敢說反對的話，只好把列入戰犯的吉林主教請來。入席的時候，于樞機還把他自己的首位讓給吉林主教，並且說：『這位是我于某人的老主教，我于某人能有今天，都是老主教的栽培，他送我進修道院，送我上大學，送我去羅馬……，』」

---

68 磊思，〈七年前在蕪湖的于總主教〉（同註54），頁二三～二四。

他以此方式解脫了吉林主教戰犯的罪名。從此沒有人再提天主教吉林教區主教是戰犯，而于樞機本人也沒有落下關說政府機關的話柄。」[69]

當國共戰鬥愈益激烈，情勢日趨惡化之時，一九四八年四月，代理瀋陽主教的費聲遠（Andre Verineux）寫信給于斌，主要在商量教區內仍在初學院修女的安全問題，他問于斌：

「你認為這樣的撤退是有必要的嗎？如果是，可否運用你的影響力找到飛機，然後將她們安置在南京。請你盡量使用她們（在需要的事業），但由瀋陽支持（經濟上）她們。」[70]

五月十日情況更形危急，費聲遠再寫信給于斌，此次請求的更具體，要求于斌協助找飛機，好讓六十名年輕的修女可以離開。然後將他們安置在南京或上海。[71] 應該是在于斌的鼓勵及介紹後，費聲遠搭乘美國軍機南下，六月十一日，「上午陪費代主教遊中山陵。晚八時參與嗚遠新聞學校之晚會，送費代主教乘車赴滬。」[72]

根據費聲遠的回憶，于斌鼓勵他把修女們送往北平、青島及南京，言外之意除了鼓勵之外，也願意在南京教區接納部分修女。費聲遠送修女們離開最大的困難不是經濟，而是關係，而于斌正是

---

69 成世光，〈憶于公事二則〉，《中國天主教文化協進會年刊》，二〇〇一年二月，頁一三。
70 Lettre de Mgr. Verineux a Mgr. Paul Yu-Pin, 26 Avril, 1948.
71 Lettre de Mgr. Verineux a Mgr. Paul Yu-Pin, 10 mai, 1948.
72 于斌一九四六年記事本，六月十一日。

協助他建立關係的有力人士。費聲遠回到東北，到一九四八年十月底瀋陽淪陷前，費聲遠託了不少關係，花了不少錢，將七十位修女送往各地；[73] 其中于斌有協助的功勞。

（三）教務發展

美國紐約總主教史培爾曼（Spellman）訪華時，于斌是當然的最佳陪同人選。一九四五年九月二十三日「上午十時，Spellman 總主教自沖繩航經柳州抵重慶，在真原堂向教中人講話。」[74] 九月二十四日「早八點 Spellman 在真原堂為我國獻祭講道，由予傳譯。午飯在魏德邁處。下午八點半在山洞林園官邸陪 Spellman 總主教，應主席夫婦宴。……共六十餘人；晚偕總主教及吳德生宿於官邸。」[75] 九月二十五日「……陪 Spellman 總主教於正午離去。」[76]

史培爾曼和田耕莘一起榮陞樞機後，一九四八年五月三十一日再度抵華訪問，和上次訪華時氣氛不同，由於局勢惡化，此次可說是風雨故人來。五月三十一日，于斌在上海「方濟堂與各方接洽歡迎史培爾曼樞機總主教事宜。……下午赴龍華機場迎接史樞機等一行十四位。……」[77] 六月一日秘書記「上午八時在徐匯大堂參與 Spellman 樞機之彌撒，並參觀聖母院及檢閱徐匯中學童子軍；中午總座率領全體主教假耶穌會餐廳歡宴史樞機等，下午參與震旦大學之茶會及全體降福，晚上應

73 費聲遠，《回憶錄》，花蓮：華光出版社，一九八〇年，頁四～一〇。費聲遠所記與于斌見面之時為六月十五日，此應為後來回憶的錯誤。其中部分修女來台，在台中建立曉明女中。

74 于斌一九四五年記事本，九月二十三日。

75 于斌一九四五年記事本，九月二十四日。

76 于斌一九四五年記事本，九月二十五日。

77 于斌一九四八年記事本，五月三十一日。

吳國楨之邀宴陪史樞機。」[78]六月二日，于斌在南京準備歡迎史培爾曼「史樞機的專機於十時四十分降落明故宮機場，歡迎者各機關首長人等約五六百人。中午在教廷公使館午膳。下午五時教廷公使與總座聯名在國際聯歡社招待酒會。晚上在總統官邸歡宴。」[79]六月四日又是一日陪同拜會的行程。六月五日「晨五時祭後即赴明故宮機場歡送史培爾曼樞機飛漢轉平。」[80]在北平迎接史培爾曼的自然是田耕莘。

于斌在代表全中國教會的致詞中，將史培爾曼來華的意義表達的非常清楚：

「樞機主教正選擇一個千載難逢的良機，來到中國，和中國人民與教友同樂。我們的快樂，匪言可宣，國民政府與羅馬教廷樹立最良好的友誼和外交關係，而黎培理總主教榮任天主教會第一任駐華公使，開數百年來未有之盛舉……我等以中國教會之喜樂，獻給美國的樞機主教，在盛大的集會，並未絲毫忘卻教會所經歷之痛苦。……我們所經歷者，並非冷戰，而實在是人生悲慘的痛苦，自由犧牲了，人性毀滅了，華北教區，本來是聖教會的一朵鮮花，而今則一切均成廢墟。……

樞機主教的來華，給我們一個極大的安慰，你這一來，把美國教會和三千萬教友的同情，都一起帶來了。……中國政府現在對共產黨，作殊死戰，故希望紐約的總主教，從正義和愛德

78 于斌一九四八年記事本，六月一日。
79 于斌一九四八年記事本，六月二日。
80 于斌一九四八年記事本，六月五日。

的觀點，予以道義的支持，和深切的同情。」[81]

除了史培爾曼的訪華以外，在全國教務性質的會議中，于斌也常扮演領袖的角色。一九四七年五月十七日十餘位主教在上海共同參加全國天主教文化出版會議，于斌因向來鼓勵文化傳教，許多中文天主教雜誌皆由其籌辦，又一手促成《文藻》月刊復刊，可說是與會者中最重要的一員。五月十八日，十餘位主教和教廷公使共同在佘山為聖母加冕，演講者為口才最好的于斌，記事本中秘書記道：

「總座講道言詞懇切動人，頌揚聖母為我等之母。」[82]

一九四八年二月十五日，更大規模的全國天主教教育會議也在上海召開，由于斌擔任主席，他講到天主教的教育理念時說：

「教育家的使命是栽培完人，我們聖教會不只要使每個學生都作一個完人，而且要使每一個學生都成為耶穌基督的化身。」[83]

對於天主教學校和一般學校相比後有何特色，于斌提出十二點：

81 于斌，〈歡迎史培爾曼樞機主教訪華〉，《于斌總主教宗教言論集》，頁八〇～八二。
82 于斌一九四七年記事本，五月十七日、十八日。
83 黎正甫，〈于斌總主教與青年教育〉（《恒毅月刊》第十一卷第二期），頁二二～二三。

「一加強意志鍛鍊，二實施思想善導，三培養愛美習慣，四注意生產教育，五著重公民訓練，六普及家庭訪問，七廣大社會服務，八培養大同意識，九灌輸宗教知識，十促進教師進修，十一關懷清寒子弟，十二提倡校際合作。」[84]

這一次教育會議在他主持下「指揮若定，領導教育會議在精誠團結，民主和諧空氣之中順利的研究討論有關天主教學校教育設施各項問題，使之獲得適當合理的答案。」[85] 教育事業實係培本固原的根本工作，于斌對其是否成功非常在意，二月二十一日會議結束，二十五日主教們復召開會議，記事本中載：「去岳陽路開會，各位主教討論出版事業。……（下午）又至岳陽路開會，討論如何實施教育會議議決案。」[86]

于斌也不只是計劃而已，實際上他對教區內外的天主教教育事業也都實際參與。一九四六年無錫的原道中學正式立案，有學生數百人。他任內則在南京市內積極籌設鳴遠新聞專科學校，因他曉得新聞傳播的重要性。一九四七年四月八日，投注了相當多的力量和金錢後，「鳴遠館由曹立珊神父揭幕。」[87] 而這所新成立的新聞學校，以長期負責報紙、期刊業務的牛若望為董事長。

天主教三所大專院校也皆與于斌有關，當時他擔任輔仁大學董事；每到北平，必給學生演講，

84 同註83。
85 高思謙，〈全國天主教教育會議中的于總主教〉（《恆毅月刊》第十一卷第二期），頁一九。
86 于斌一九四八年記事本，二月二十五日。
87 于斌一九四七年記事本，四月八日。

杜而未回憶說：

「當時在輔仁大禮堂，屢次聽到于公的講演，他說話中有時有教訓的口吻，大約這就是董事長名義說話。」[88]

前亦述及，從抗戰時期開始，于斌亦設法給輔仁大學提供補助。除了輔仁大學外，天津工商學院立案亦係于斌奔走。一九四七年七月十八日，「早十一時往教育部訪朱家驊，為工商立案及東北大學先修班請願。」[89] 七月二十二日「代工商學院宴請教育部長朱家驊。」[90] 他之所以有資格代表工商學院，係因工商學院聘請他為董事長。

一九四八年上海震旦大學被教育部要求減少男生人數，主因是一九四七年有不少上海交通大學的學生參加罷課，因而波及震旦。震旦校長茅神父（L. Dumas）於六月十三日致函于斌，要求向教育部請願，設法解決。[91] 六月二十九日、三十日于斌在上海參加震旦的畢業典禮，藉著這個機會，應該已經比較了解狀況，回到南京後，即於七月四日拜會教育部次長。[92] 我們不知此事如何解決，或許是日後政權輪替，已使此事自然結束。

88 杜而未，〈略談于總主教與教育〉（同《恆毅月刊》第十一卷第二期），于斌應沒有當過董事長，杜而未的說法不確。
89 于斌一九四七年記事本，七月十八日。
90 于斌一九四七年記事本，七月二十一日。
91 Lettre du R.P. Dumas a Mgr. Yu-Pin, 13 Juin, 1948.
92 于斌一九四八年記事本，六月二十九日、三十日；七月四日。

第三節　社會救濟

一、難民救濟

于斌不只是天主教的主教，他的另一個身分是中國的國民；若有能力奉獻一己之心力，于斌自然是義不容辭。一九四六年，南京城外已出現難民聚集的情形。各省慘況也紛紛傳來，於是于斌在一九四六年七月三十日前，將美國天主教福利會送來麵粉變賣款項中的部分，用於難民的救濟工作，總數共約五千萬，其中三千萬用來救濟東北各省難民。中國天主教文化協進會天津分會代發三百萬；其餘一千八百萬左右，用於各省當時集中於南京城郊的難民。[93]

難民問題仍然嚴重，新年將屆，仍有多人衣食不繼，一九四七年一月二十日，在于斌指示下，南京教區神職及教友，復往下關放賑。共放出賑銀五百九十四萬。一月二十二日係大年初一，公使館秘書陳哲敏在與于斌等共度新年返回使館時「交下救濟下關難民費二〇〇〇萬元。」一月二十七日又幾乎全部發放完畢；餘款則交在下關的保祿會修士代為施放。[94]

除了發放賑款外，于斌更多的時候是在為難民奔走，一九四七年五月當他參加國民參政會會議時，東北籍參政員由于斌領銜為東北難民向善後救濟總署請願。[95] 差不多同時有東北之義勇軍為新

93 于斌手記。
94 于斌一九四七年記事本，一月二十日、二十二日、二十七日。一月二十日放賑之款係先代教廷公使館放賑之款。
95 于斌一九四七年記事本，五月二十六日。

疆方面遣送至南京下關，一九四七年六月四日，東北同鄉會開會後，于斌即前往慰問，六月五日、六日「赴社會部開西北東北義勇軍遣送返鄉委員會。」[96]以後數次召開類似的會議，然後七月十二日「五時半起身後，即赴下關江邊車站（王潤生來車接）慰勞返鄉義勇軍過境。」[97]九月十一日，「出席全國慰勞總會，當選為副會長。」[98]九月十五日，「下午五時赴主席官邸應蔣夫人邀之茶會，為商討救濟東北事宜。」[99]九月十七日，「中午去愚園路八九三號，中國實業銀行午宴，由中行籌墊十億元到東北。」[100]九月三十日，「下午去莫德惠處與之同往主席官邸謁蔣夫人商討東北救濟問題。」[101]十月三日，「中午在徐堪家午膳與莫德惠等商討東北救賑問題。」[102]不論實際的效果如何，至少心意在這些活動中可以看得很清楚。

父母在抗戰中犧牲，遺留下的孤兒是很大的問題，教會原有的救濟機構也不堪負荷。于斌在戰後設計了一個自給自足的體系，希望能解決部分孤兒的問題。方法是從太湖中隔出圩田，僱請難民來此佃種，地租所得則用為學校的各項開銷。此並非南京教區的計劃，設立之「抗戰遺族學校」亦不在教區之內，而是在與無錫隔鄰的蘇州。這個計劃在一九四七年四月開始付諸實施，朱紹良於四

96 于斌一九四七年記事本，六月五日、六日。
97 于斌一九四七年記事本，七月十二日。
98 于斌一九四七年記事本，九月十一日。
99 于斌一九四七年記事本，九月十五日。
100 于斌一九四七年記事本，九月十七日。
101 于斌一九四七年記事本，九月三十日。
102 于斌一九四七年記事本，十月三日。

月十日來見于斌「商談抗戰遺族學校事。」[103] 四月十六日，「偕同董世祉神父乘七時快車赴蘇州視察抗戰遺族學校地址房屋。」[104] 五月、七月先後兩次董事會召開，于斌當選董事長。九月三日在上海，先後訪問吳士槐、吳中一、錢新之、劉功雲、榮鴻元、榮爾仁等學校董事，晚上則「為抗戰遺族學校，設宴招待校董，有所懇談。」[105] 九月十八日，抗戰遺族學校正式成立開學。

抗戰遺族學校並非籌募了全部基金後方才開始運作，在現實的需要下，開學以後維持學校運作的農場並未真正完工，必須僱請堤工圍出圩田，然後難民耕種所得方能供給學校。另外初期學校建築整修，學生食宿需要都是很大的開銷。這些問題基本上是以抵押貸款的方式來處理。隨著局勢的惡化，農場工程進度的遲緩，大概在一九四八年三月以後，學校財政上需要再以資金挹注。四月三十日，抗戰遺族學校學生在南京接受蔣夫人招待，同時間于斌的秘書及學校校長潘承禹則為貸款事奔走，五月十一日于斌自己為「抗戰遺族學校蘇州農場事分訪各有關主管。」[106] 六月十四日，于斌帶著潘承禹拜訪陳果夫，六月十七日「為抗戰遺族學校農場貸款事，在方濟堂結得美金七千元，由黃伯元設法貸得國幣貳佰億元。」[107] 于斌先設法借得七千美元墊出，自然是貸款事已有眉目。潘承禹在一九四八年十月二十日致函給于斌，對學校的情形做了一番說明：

103 于斌一九四七年記事本，四月十日。
104 于斌一九四七年記事本，四月十六日。
105 于斌一九四七年記事本，九月三日。
106 于斌一九四八年記事本，五月十一日。
107 于斌一九四八年記事本，六月十七日。

「本校全部抵押借款業已處分押品，結算清楚，惟近日因具領配給柴油拾陸噸暨運銷台灣省政府撥給之菸葉，學校之經常費等支付，須向各行辦理信用借款，以資維持。鈞座挪墊七千元，因吳士槐董春芳二先生已將外幣全部處分，故只能湊到四千元，請志仁先生攜去奉償方濟堂，其餘不足之款，彼等仍在積極設法中，一俟湊足，再行撥給。……前呈政院請貸金圓二十萬元一案，頃接四聯總處來函，只核准肆萬元，與原額相差甚鉅，目前恢復工程，已可勉為應付，日後耕種難胞之食米住宇建造等費，則仍需另請農村復興委員會撥助，方可完成全部工程，而達建立農場目的。此款仍有待正式通知到達，再行辦理借款手續，惟目下農場水位仍高，不能復工，除撥一部分款充農場經常費暨償付欠款外，大部分款擬購米封存，俟正式復工，再行支付。……」[108]

由這篇報告中得知，圩田到一九四八年十月以前實際上並未完工，在外復有多筆欠款待付，期望的貸款及補助並未如數送達。在風雨中經營的抗戰遺族學校，一九四九年七月復遭颱風侵襲，

「西面圩堤於是日午夜被風浪衝擊，潰決十二處。東面圩堤亦被湖水漫入，七仟八百六十二畝農田全部陸沉，禾苗淹沒，……被災農民四百八十餘戶，加之本場舁水搶修潰決圩堤，總計損失達七千億元之鉅。……」[109]

108 潘承禹致于斌函，一九四八年十月二日。
109 抗戰遺族學校呈代董事長于斌文，一九四九年九月八日。

潘承禹向于斌請援，但此時已無教區可回的于斌，只能眼睜睜的看著這偉大的救濟事業，沈在水中而無法挽回。

二、《益世報》

抗戰結束後，原在西安負責西安版《益世報》的馬在天立即搭乘飛機至北平，在九月份即恢復了北平《益世報》；原來天津《益世報》經理劉濬卿之子劉益之亦由重慶搭機北上，在一九四五年十二月恢復了天津《益世報》。[110] 大概是在九月份，眼見各地《益世報》紛紛準備復業，為了聯合力量、互通有無，于斌決定要成立益世報股份有限公司[111]；十月十八日，于斌在上海「朱孔嘉處與徐通源、薛祖恆、陸德澤談益世報。」[112] 返回重慶後，十一月十九日「益世總公司在劉次長家開常務會。」[113] 劉次長即劉航琛，時擔任糧食部次長。這個新成立的益世股份有限公司，由于斌擔任董事長，劉航琛任總務長，范爭波任新聞處長，潘朝英任秘書長，計劃要在全國各重要城市均設《益世報》。[114]

一九四六年一月二十二日，于斌與范爭波、劉航琛同往上海，籌辦《益世報》上海版，由范爭波任社長。六月十五日正式出刊。十一月十二日南京的《益世晚報》也籌備成立，加上原有重慶及西安

110 牛若望，〈于總主教與益世報〉（《恆毅月刊》第十一卷第二期），頁一八、三一。
111 同註110。潘朝英稱此係其向于斌提出的構想，見潘文〈追隨于樞機四十年—效勞幾件大事〉，頁四六。九月二十二日，于斌與范爭波午餐，同座有陳立夫，可能係商談此事。
112 于斌一九四五年記事本，十月十八日。
113 于斌一九四五年記事本，十一月十九日。
114 同註110。

的《益世報》，《益世報》已在六個城市中發行，此可稱為《益世報》的極盛時期。115 但早在這個時候，《益世報》的問題已一一浮現。

首先發生問題的是重慶《益世報》。原本《益世報》重慶版每日銷量不過六七千份，是重慶《大公報》的十分之一；國民政府決定遷回南京後，各報數量開始迅速遞減，重慶《益世報》亦減至三四千份，入不敷出的情形開始出現。然後是報社前任總經理張維明以印刷工廠設備，於一九四五年十二月向中央信託局抵押借款五百萬元未還，本利相加，形成重慶《益世報》的另一重擔。然後報社原先位於曾家岩之社址，屬明誠中學所有，必須歸還，遷往城內由重慶主教尚惟善準備之新址，搬遷及整建費用頗鉅。再加上鉛字損耗，必須重鑄；種種開銷都不是報社發行所能負擔的，只能向總公司求援。當時益世總公司負責總務的劉航琛，曾帶去六百八十萬元償付中央信託局借款，暫解重慶《益世報》的立即危機，同時提出重整計劃，希望能自給自足。116

不過顯然債務問題並未解決，反而愈趨嚴重；一九四七年三月十九日，于斌又付給渝版的負責人陳公亮五百萬元，「為益世報渝版急需」，而陳公亮要求的應遠大於此；當時陳公亮人在南京與于斌商討《益世報》難題，三月二十二日，「重慶益世報來電停刊」，于斌命陳公亮發快電給重慶《益世報》館，「命無論如何不得停刊」。三月二十四日，召郭鴻群、陳公亮、任千里共同商討重慶《

115 于斌一九四六年記事本。一九四七年記事本，一月中有出版受阻，五月有「益世晚報出一大張」，可能開始就不穩定。同年六月十五日記事中有「上海益世報一周年」，故知正式出刊日為一九四六年六月十五日。

116 陳公亮致函于斌，一九四六年六月。

益世報》事務，四天後又交五百萬元給陳公亮，為《益世報》館之用。[117] 而重慶《益世報》館的賠累還不止於此，一九四七年六月，又送去二千五百萬元，八月再送去二千美元，但直至一九四八年二月，重慶《益世報》的債務仍未完全解決，三月六日于斌仍匯款給陳公亮還債。[118]

天津《益世報》的問題主要人事方面。籌備復刊的劉益之年紀不過二十餘歲，實際經驗不足，真正在報社中主持社務的是劉豁軒、吳克齋等人，他們是天津《益世報》十幾年的老幹部。由於復刊後持論公正，過往之讀者迅速恢復訂報，很快《益世報》即可達收支平衡，並進而有盈利。劉益之於一九四六年七月向于斌報告稱：

「六月份報館同仁生活費已提高到平津各報之冠，而六月份仍得淨利一千五百萬元……晚估計七月份仍可盈利一千餘萬元。……」[119]

八月份小小的風波因紙張問題而生；他寫信給于斌稱：

「總公司既有紙張而不解津報倒懸之苦，則置津報於何地，益之體念總公司苦衷，在京未敢有一絲一毫之請求，僅希望總公司供應報紙與撥機器一部，且允紙價照付，決不使總公司受分文之損失。為時僅半月，總公司即不實踐諾言，則令益之今後對總公司將取何種態度？」[120]

117 于斌一九四七年記事本，分別為三月十九日、二十二日、二十四日及二十八日。
118 于斌一九四七年記事本，分別為六月二十一日、八月二十九日；一九四八年二月三日、三月一日及六月十九日。
119 劉益之致于斌函，一九四六年七月十三日。
120 劉益之致于斌函，一九四六年八月一日。

這個嚴厲的指責後來大概因紙張問題解決而不了了之。

心高氣傲的劉益之不久與劉豁軒爆發衝突，兩人雖為叔侄身分，但各不相讓。由於津版《益世報》同仁多半支持負實際業務的劉豁軒，最後劉益之只得離開天津，到南京另謀發展。由於潘朝英赴美，因此于斌即讓仍有津版《益世報》總經理名義的劉益之暫代南京《益世報》社長職務。[121] 潘朝英於一九四八年三月九日回國，十一日，于斌秘書記：「劉益之來苦訴。」抱怨原因當為一山容不得二虎。于斌原想將潘朝英派往新加坡，籌辦新版的《益世報》，可能是潘朝英不願前往，結果前往籌備的換成了劉益之。

一九四九年一月，天津的《益世報》在中共入城後立即面臨解散的命運。同時被迫解散的有北平《益世報》。天津各報刊的狀況是：

「天津民國日報，被共方接辦，改名天津日報，天主教益世報被查封，民營報紙大公報等數家均停刊，俟登記審查後，方許發行。」[122]

為什麼在眾多報紙中獨獨是將平津《益世報》解散，中共接收人董冬稱：

「不在益世報係于斌主辦，不在益世報係劉豁軒經營，實因近來益世報報面表現為極度反人

121 藍子漢，〈三十七年來的益世報〉，為報紙連載，缺報名及日期，應為新加坡當地報紙。
122《新民報》，一九四九年二月二日。

民。」[123]

換另一個方向看，劉豁軒的解釋是：

「竊此次收回產權，……津沽圍城之戰，報社及同人在槍林彈雨中支撐，且未發現違反本報宗旨之記載，殊堪嘉勉。」[124]

也就是說平津《益世報》的反共宣傳是遭解散的主因。上海《益世報》也在一九四九年二、三月份解散，沒有足夠的資料讓我們了解停止的確切原因，但日益惡化的局勢，不堪負荷的經濟應是作此考量的主因。

第四節　政治活動

一、國民大會代表

在抗戰時期，于斌原已擔任國民參政會之參政員，名義上為民意代表，實際上國民參政會只是訓政時期的民主形式，最多只具諮詢功能而已。不過能擔任國民參政員，表示他在社會上有清望，同時亦與國民政府有一定之關係。

123 北平益世報辦事處主任秦晉呈劉豁軒報告，一九四九年一月二十七日。

124 劉豁軒致于斌函，一九四九年三月十二日。

為了從訓政轉為憲政，必須先制定憲法；於是有制憲國民大會的召開。于斌於一九四六年十一月十五日當選為制憲國民大會主席團主席，他在會議中力主人民有宗教信仰自由的權利，不能以法律加以限制。他而且說：

「天主的立法，是一切立法的最高典型，天主立法有三傑作，玆分述如下：一是自然律……二是良心律，……三是啓示律，……這三種天主大法典，實為有目共見的，有耳共聞與有靈共享的。我們以最誠敬的心懷祈求天主，賞賜國大的每一位代表，都注重智慧，運用腦筋，根據我國傳統文化，聖哲遺訓，不厭推敲的去制定合乎我們民族理想而又謀福人群的憲法。第二點，我更祈求天主賞賜每一位代表富有正義感，絕不受各黨各派及各種私利所蔽，希望他們本著『天下為公』『公而忘私』與『國而忘黨』的精神去作。……第三點，……要注重天賦人權，甚至要以同胞的愛與國家的愛為基本而立法，絕不能忘掉祖國，或誤認祖國。也不能忘掉世界，如納粹黨之極端國家主義，只求本國的強大，犧牲任何非我族類之生存權或自由權。……」125

從于斌的記事本觀察，制憲國民大會不過是主教忙碌日程的一部分。大會開幕第二天，于斌即赴無錫，十八日方返。十二月十四日復往上海迎接首任教廷駐華公使黎培理履新，此時應是制定憲

125 于斌，〈我們的抱負—民國三十五年在國民大會開幕之日講〉（同註81），頁五八～六〇。文中提到不能忘掉祖國的當為共產黨，不能忘掉世界的，當然是以中國國民黨為首的右派政黨。

法的最關鍵階段。在十二月十七日重新與會後，還先後與安慶總主教梅耿光（Friedericus Melendro）、教廷公使秘書等會晤商談。[126]十二月二十五日大會閉幕，綜合觀之，于斌在這次制憲大會中最重要的貢獻是有關宗教信仰的自由。

一九四七年十二月二十五日，訓政時期正式宣佈結束；為了選舉總統，第一次召開正式的國民大會；以于斌的名望，當然是人民推選的代表。國民大會代表產生的方式因地而異，東北地方上多數的地區都已淪陷，中共又不欲以國民黨的條件參加會議，因此實際上在許多地方，並未進行選舉，而是以其他方式推選產生。于斌即是由「嫩江省蘭西縣旅瀋同鄉籌備會」選出，再送中央選舉委員會備查。[127]于斌知道他已當選了國民大會代表，但在當時的時空環境下，可能並不了解是那一省縣的代表，他的當選證書不知是遺失或是尚未送達，當國民大會於一九四七年三月二十八日即將召開時，于斌為順利與會，申請了一紙證明書。證明書上于斌為黑龍江省海倫縣代表。[128]其實不論是何省縣都不是重點，于斌在國民大會中代表的是東北人民、中國天主教，以及全體中國人。

這次國民大會從一開始就不平静，由於國民黨希望營造出各黨參加的形象，因此在一些有青年黨、民社黨員或無黨籍人士參選的地區，要求國民黨員退讓。但部分被要求退讓之國民黨員認為自己的權益被剝奪，堅持不肯退讓，於是在報到不成後，絕食抗議。于斌由於身分超然，是化解這場紛爭的最佳人選。於是他自三月二十八日起，即穿梭於絕食代表及國民政府兩邊。絕食代表們曾禮

126 于斌一九四六年記事本，十一月及十二月。

127 〈國民大會選舉事務案〉，《國民政府檔》，一九四八年一月十二日。

128 〈國民大會代表證明書〉，一九四八年三月二十八日。

貌性的修書予于斌：

「賜書慰問，無任感鐫，同人等素性愚昧，□質戆梗，惟幼習詩書之訓，長聞聖賢之言，乃際此行憲之初，遽□違法之舉，僉壬當道讒言藪聽，正義消沈、邪說充斥，不得已乃有此絕食之舉，專承慰問，感激涕零。……」129

政府方面則以此等代表不服黨紀，不願對他們完全退讓。于斌以正義原則，其實比較同情這些被要求退讓之代表。陳立夫曾向于斌表明過政府立場：

「一、先由彼等向總裁聲明並不反對以黨讓，願另尋合理合法之解決途徑，並不再在大會計較過去或刺激友黨。

二、由蔣主席請大會主席團准彼等列席（附名單），大會接受此請。

三、再由社會賢達請大會考慮補充缺席之辦法。」130

在國民大會不滿政府處理方式的氣氛中，四月十四日，一千三百二十二名代表緊急提案，其說明稱：

「本屆國民大會代表選舉，因政治關係，致一部分得票多數當選之代表，未克出席，且有當

129 顏澤滋等致于斌函，原件部分字跡無法辨識。
130 陳立夫致于斌函，一九四八年四月十三日。

選人顏澤滋、楊翹新、李化成、黃謨、張敷、劉彬、周游、連退菴等八代表，因此絕食，迄今已逾十日，命在垂危，事態嚴重。按國民大會為代表全國國民行使政權之最高機關，對此嚴重問題，亟應決議適當辦法，使得票多數之當選代表，一律出席大會，以利當前大局。」[131]

此案既經絕大多數代表提案，通過應無疑問，四月十八日，在于斌記事本中載：「絕食代表於今晚六時四十分開始復食。」[132]

四月十九日，蔣介石在居正象徵性的參選陪襯下，當選中華民國第一任總統。但在副總統階段，則各系人馬相爭，競逐激烈。由於相持不下，不具派系色彩的于斌有一段時間，反而成了各個派系皆可接受的副總統人選，于斌秘書於記事本中載：「范社長爭波來京，談及有許多國大代表擁護總座當選副總統。」[133] 國民大會代表係不支薪的民意代表，身為國民的于斌擔此工作並無不宜；副總統則為政府公職，于斌神職在身，若然接受則須有所取捨；于斌既然選擇修道，為天主服務係首要天職，自然不會接受這個為世俗人艷羨的世職。

經過第一輪競爭，剩下李宗仁、孫科、程潛三人，但皆未達過半數；第二輪投票，李宗仁略佔上風，但仍屬互相牽制之局。然後抹黑之謠言隨即出爐，孫科憤而退出選局，李宗仁及程潛為自清，也先後退出，於是形成無人可選之窘狀。此時國民大會又需要超然的于斌前往調解；記事本中載：

131 國民大會一九四八年四月十日緊急動議。
132 于斌一九四八年記事本，四月十八日。
133 于斌一九四八年記事本，四月一日。

「上午赴孫科、李宗仁、程潛處勸解，請重出競選。」[134] 除了于斌之外，當然也有別人設法化解僵局，終於四月二十八日，副總統選舉重開，四月二十九日，在于斌擔任大會輪值主席時，李宗仁當選副總統。綜合觀之，于斌在此次國民大會中扮演的是協調者的角色，他自己對此次大會的評價是：

「民主需要學習，國大開會以來有許多不如理想的地方，但是混亂中還是有秩序，感情激動中還是有理智，是非混淆中還是有真理。」[135]

二、政治組織

雖然教友人數不過三四百萬人，但從抗戰時期開始，在于斌的領導下，有一個準政治組織已經組成—「中國天主教文化協進會」。雖然以文化為名，但于斌從不避諱中國天主教文化協進會應是一參與政治的組織，他在一九四五年十一月說：

「天主教是講真理講道德的，對於這種違反真理和道德的行為，自然要反對他（按：指納粹）。……在中國也是一樣，我們要講求天賦人權，人格尊重，誰剝削人民的基本權利，不尊重人民的人格，我們便要反對誰，這是教會昭示我們的指導原則，因而我們對民主政治非常有興趣，也就是說我們民主政治非常穩固，而在政治上也需要有表現；我們怎樣表現呢？

134 于斌一九四八年記事本，四月二十六日。
135 于斌，〈聖教對國代之貢獻—民國三十七年四月二十八日與國民大會教友代表講〉（同註81），頁六一。

是不是組織一個政黨？不是的，中國天主教的信友不希望組黨，今日不是組黨的問題，而是負不負責的問題。」136

是否于斌真的不想組黨，這個想法無從判斷；但當時的外在政治氣氛，對於組黨一事是有些疑慮的。在其秘書王志仁所記記事本中載，一九四六年十一月制憲國民大會召開期間，「某（首都衛戍司令部督察主任）談及最近國防部有密令監視總座行動，據云因總座有組織政黨之舉，恐其活動力相反政府。」137 此時憲政尚未實施，要組織政黨的確不太容易。

如果天主教徒組成政黨，以中國天主教文化協進會為核心的幹部，一定要推于斌為領導者，這是他所不願意的；若是有組黨機會，他只願意擔任推動者。一九四七年他在北平參加天主教暑期研究週時就曾表明心跡：

「有人一聽政治，以為我們要去從政，去做官，其實我們做主教的，個個是官，個個有爵，不過我們是天官，天爵，遠比普通官為高，我們不羨慕他們的官爵，……有人以為我們要組政黨，我們教中也真有人想組黨，其實歐洲各國幾乎都有天主教黨，可見天主教原則上可以有黨，但我個人認為時機還未成熟，沒有充分準備。可是我們雖不立即組黨，並不是說將來不組黨；我不組黨，也不是說別人不組黨。無論如何，我們有黨無黨，對

136 于斌，〈中國天主教文協與世界四大問題—民國三十四年十一月在貴州分會籌備會講〉（同註81），頁三二一。

137 于斌一九四七年記事本，十一月二十九日，監視者應為國民黨中某派系的情治系統，而非國民黨全體。

政治是應該明瞭的，應該參加的，……」[138]

到了一九四八年似乎時機已越趨成熟了，他給十八位天主教的國大代表說：

「本屆天主教教友國大代表共十八名，從政治的立場說，因為不是由天主教教友團體選出來，而是個別教友自己的工作表現關係產生的，所以算不了天主教教友國大代表。……但是我們要有組織，組織不一定是政黨，天主教文協會即全國教友大團結的組織，直至今日，我們四百萬教友是未產生力量，希望今後發揮組織的力量，把天主教的理想和精神，透過政治經濟文化教育社會各方面，發揮到全國。六年以後，第二次國大，也許正式有我們天主教的國大代表。」[139]

然後在另一次演講中，他直接表示「我們需要組織」來與共產主義相對抗。

「中國今日最大的危機，是思想的錯誤，……而能糾正這錯誤思想的，則只有天主教。」[140]

雖然有鼓勵教友組黨參政的想法，但局勢的變化已不容許政治組織出現了。

138 于斌，〈無所不在的傳教方法─民國三十六年八月十日在北平天主教暑期研究週講〉（同註81），頁六七～六八。

139 同註135，頁六二。

第五節　海外活動

一、第一次歐美之行

沒有足夠的資料可以清楚了解，為何在一九四七年十月，于斌要到美國一趟。和以往的行程相比，于斌這次僅在美國兩個多月，國內南京教區及全體教會事務，此時正是緊鑼密鼓在進行，什麼樣的事情使得于斌必須赴美？

一般人，包括當時人的理解，于斌是赴美進行國民外交。一九四七年九月二十二日，于斌搭乘美國軍機赴北平，當天下午，蔣主席即要求明日與于斌會面而不得，于斌在北平得到電報通知，匆促結束行程，九月二十六日由平返京，九月二十八日「下午五時至官邸晉謁主席，此係主席召見。」[141] 十月一日下午五時訪美國駐華大使司徒雷登，十月二日，其秘書記載：「總座及其隨行人之護照已辦妥，總座係官員護照，名義是國府主席顧問。」[142] 十月六日于斌即乘機赴美。

究竟蔣中正要求于斌以國府主席顧問赴美的目的何在？也沒有直接的資料說明，可能係與七、八月間魏德邁訪華有關。魏德邁在考察各地，並與各黨派人士晤面後，八月二十四日於離華時發表聲明，盼中共以和平方式，代替暴亂與破壞，並且認為「以軍事力量將無法消滅共產主義。」言下

140 于斌，〈我們需要組織—民國三十七年五月十日向首都各大學天主教同學講〉（同註81），頁七六。
141 于斌一九四七年記事本，九月二十八日。
142 于斌一九四七年記事本，十月二日。

之意，即不以國民政府軍事行動為然。返美後並發言抨擊政府中貪污問題嚴重，一時之間，美國援華政策似乎將隨之鬆動；九月十九日，魏德邁將訪華報告書交杜魯門總統，傳言稱報告書內建議五強監管東北，或由聯合國託管。[143]于斌為東北要人，在這問題上當然願意協助國民政府去美國遊說。

十一月中，于斌在美與杜魯門總統見面，可以想見政界各名流亦為于斌匆促行程中的對象，十二月二十二日返回南京，二十三日赴教廷公使館午餐，二十六日晚則赴陳立夫住處赴宴，共同邀宴者有陳果夫、余井塘，想來是對訪美情形欲有所了解也，十二月三十日，「在青年部講『中美關係之新階段』」，從題目看似乎訪美頗有收穫，隔日赴主席官邸，與蔣宋美齡晤面。一月六日蔣中正中午邀宴，有莫德惠、劉哲二東北大老作陪，秘書記曰：「此談總座極為歡悅，主席亦對總座頗讚頌其在美之成就。」[144]

不過除了為國事奔波之外，于斌此行應該還有別的目的。因為最遲在九月初，于斌即有赴美之計劃；他為了出國，一九四七年九月四日還先到上海的聖心醫院檢查身體。[145]而此規劃則在蔣中正召見之前。所以可能是蔣中正知道于斌有赴美之行動，然後另外交付工作給他。他赴美應該係奉有

143 梁敬錞，〈抗戰勝利後的中美關係〉，《中美關係論文集》，台北：聯經出版事業公司，一九八二年十二月，頁一六三～一六四。梁敬錞稱係中美英蘇四強。

144 于斌一九四七年十二月二十日至一九四八年一月六日記事本。于斌在美之成就，可能主要是有關東北地位問題。另美援政策此時亦轉而對華有利，此乃中國遊說團之功，不必全為于斌之功。

145 于斌一九四七年記事本，九月四日。

宗座外交使命；一九四八年二月，他告訴他的秘書稱他赴美，「係奉教宗密令」，[146]至於內容為何，以他守密的性格，完全不得而知；另一證據為教宗駐美代表於一九四七年十二月二十三日致函于斌稱：

「您送給聖座的兩件禮物，我謹代表聖座表達深摯的謝意，我將立即轉送予他，他收到後定會非常欣喜。」[147]

如果禮物是什麼物件，于斌沒有必要透過駐美代表轉交，但可惜的是，沒有足夠的資料足以得知這次訪美的真正目的。

二、星馬之行

一九四八年十月，于斌有星馬之行，此行之最主要目的，是為《益世報》新加坡版進行籌款工作。早在同年五月份于斌即派劉益之及李壽鵬去星，為了能順利工作，于斌還請英駐華大使為劉、李二人寫介紹信給英駐新加坡的總督。[148] 十月二十四日，于斌自上海出發，經曼谷於十月二十五日抵達新加坡。抵星之後，離開機場，在伯多祿堂有天主教學校三千多名學生迎接，然後下午招待各報記者，二十六日一大均為拜會行程，二十七日至三十一日為各地拜會演講行程，十一月一日乘機

146 于斌一九四八年記事本，二月二十五日。
147 教廷駐美代表致于斌函，一九四七年十二月二十三日。
148 英駐華大使致于斌函，一九四八年五月十一日。

赴吉隆坡，十一月二日則自吉隆坡經曼谷、香港，十一月五日返抵上海。[149]

也許是局勢敏感，于斌稱此次至星馬的旅行主要是休假。他和記者們說：

「因為這十幾年來，沒有休假，此次得十天的功夫，特到南洋來看看。……觀光馬來亞復員情形，各地風景及拜訪各方朋友，使腦際對馬來亞有明晰概念。」[150]

實際上「統計留星八天，演講凡十餘次」，拜會、宴會亦約如其數，如此忙碌的行程，絕非渡假。他歷次演講的題目是〈殷憂啓聖多難興邦〉、〈由世界局勢展望中國前途〉、〈國際形勢與我國前途〉、〈由戰後祖國的教育談到華僑應有的認識〉……講的內容幾乎全部圍繞在中國政經情勢，當然此一方面是華僑關心的話題，但另一方面藉著演講，于斌也是在做穩定僑心的工作。

而在新加坡《益世報》方面，由於于斌的號召，募股效果非常良好，據他自己說：

「叨蒙星洲的許多教友，給予協助，現在已經是具體的了，董事部已經組織成功，在明年的春天，即可以出版。……」[151]

當然這只是于斌樂觀的估計，新加坡《益世報》將製造出日後不少的痛苦。

---

149 〈于總主教蒞星八日記〉，《一九四八年于總主教蒞星紀念刊》，新加坡天主教華僑教友歡迎于總主教大會輯，頁一九～二四。

150 同註149，頁一九。

151 同註149，頁二三。

三、第二次歐美之行

在一九四八年底，情勢急遽惡化之時，以于斌對國際情勢及國內政治的敏感度，不致察覺不到國民政府已屬強弩之末。因此實際上于斌已有撤退之打算。他不願意讓南京教區的人力，在中共南來之後平白犧牲。十一月自星馬回國後，于斌即有將部分事業轉往台灣之計劃。其秘書於十一月二十二日記載：「返墾學與王伯元蔡仁抱商抗校護養問題及去台灣事。」[152]

雖然局勢不樂觀，但若有機會為國家服務，仍是于斌必須盡心盡力的。在蔣中正及蔣宋美齡力邀下，于斌決定要赴美再度進行遊說工作，赴美之前，在中國局勢敏感之際，必須先爭取教廷對他行動的了解。[153] 一九四八年十二月七日，于斌首途赴歐。可以想見，他的目的是在教廷內進行道德勸説，可能指稱即使教廷對中共表達善意，仍不可能獲得中共的善意回應，因中共本質上是唯物論反宗教的。

于斌赴美後，駐教廷公使吳經熊寫信給他，讚揚他在羅馬的成就：

「您在羅馬的訪問已經產生了豐富的果實，梵蒂岡的圈內人已了解您使命的重要性。……羅光蒙席已經前去拜訪剛恆毅總主教，他們談及我們所說的事，剛恆毅同意我們的觀點。羅光會寫信告訴你詳情。……你很忙碌，這再一次是好的徵兆，我希望你會將成果讓我們知道。

152 「墾學」應係招募難民開墾就學之處，「抗校」為抗戰遺族學校。

153 教廷駐華使館在盱衡情勢後，可能會覺得必須有與中共建立關係的準備。而對于斌為國民政府之奔走不以為然。

實際上，教宗在其聖誕文告中採取了和你一樣的觀點。」[154]

于斌在一月二十五日在美晉見了杜魯門總統，于斌自己將當時雙方的談話內容記錄下來；當時于斌已被中共宣佈為戰犯，因此交談就由此話題開始，杜魯門安慰于斌稱自己才是頭號戰犯。然後雙方談到中國局勢，杜魯門對中國政府的表現感到失望，稱美國已經付出太多援助，但現在國軍節節敗退，完全看不出援助的功效，「現在應該由中國人自己幫助自己。」于斌則稱國民政府處在如此逆境中，正需要額外的經濟援助，以應付中共的進一步攻勢。于斌並且建議美國派遣一個新的軍事代表團到中國……。[155]隔日美國國務卿艾契遜宣佈對華政策不變，此或許于斌遊說之功可記上一筆。不過大環境沒變，美國其實已經逐漸走向靜觀其變，等待塵埃落定的政策了。

于斌為中共宣佈為戰犯事，固然是他的光榮，但也表示，一旦中共控制南京，若他回去，必然立即被抓入牢中，無法繼續主持教務。因此于斌開始考慮是否要辭去南京總主教的職位，以免他的待罪之身，形成不久後南京教區的負擔。

當時人在美國的于斌將他的想法，透過駐教廷公使館向教廷方面表達。使館顧問羅光於二月回信給他：

「總座為國馳驅，致遭共匪認為戰犯，非中華神職之辱，乃中華神職之榮也。前羅馬觀察報

154 Letter of Mr. John Wu to Archbishop Paul Yu-Pin, December 29, 1948.
155 于斌與杜魯門談話記錄。

嘗公佈此項消息加按語云：『在匈京樞機被榮之後，南京總主教被聲明為戰犯，此共黨一致之手段也。南京總主教所行者，曾主席國民大會，調解各黨糾紛，曾有人願舉之為副總統候選人，共產黨迨即因此而聲明其為戰犯，則其所為者愛國愛民耳。』故總座思引退絕非其時也。為廣州主教事，德生公使曾函孟棣義代長，建議以總座代理廣州教務；孟代長已轉其議於傳信部。為台灣分區事，德生公使又函傳信部長，建議以總座代理台灣新區；光又走謁剛總主教面商台灣事，剛公贊成台灣分區以新區付主徒會，而以總座代理主教職。剛公並謂將電黎公使促其速擬方案，因聖部無整體方案，不致動議也。……」156

羅光信中另一重點是台灣分區事。當時台灣為監牧區，屬道明會玫瑰省管轄，僅有十餘名道明會士在此工作，人力明顯不足，劃分新區影響不大。從羅光此函中可知，當時的計劃是將台灣分為兩區，新劃分出來的區域，交給尚未有教區經營的主徒會，而由于斌出任此一新區的代理主教，之所以不擔任正式主教，應該是南京總主教的職位尚未解決之故。他在尚未接獲羅光此函時，復致函教廷公使館，請其在教廷中加速台灣分劃為兩區事。羅光回函稱：

「昨晨拜奉手書，即往謁剛總主教，以台灣易區事相促，剛公答謂近日傳信部已下令以台灣隸屬教廷駐華公使，雖中日條約尚未簽定，然事實上台灣已回中國，故教廷於事實上亦係承認台灣為中國領土，屬教廷駐華公使治理區。以後進行台灣分區事，剛公又謂已電黎公使，

156 羅光致于斌函，一九四九年二月十四日。剛總主教即剛恆毅，時任傳信部次長，主徒會為剛恆毅創辦的中國籍修會。

促其早期呈寄台灣分區文件，且亦告知南京總主教將兼新區代理監牧。光意此事將無問題，僅需若干時日耳。剛公固贊成分區以授主徒會，而由總座代理事，傳信部部長亦贊成此舉，想黎公使亦無可反對之理由也。至不能遙領南京教區應如何處置？待光續向聖部探詢，日後再行奉告。光以為總座自委一代權副主教駐京，授以教務全權，則於法律上已無不合矣。」157

黎培理於此事似乎不甚熱心，由於教廷需要由黎培理來發動分劃教區事，若其不動作，則教廷方面雖有心促成，但拖延難免。四月份羅光再給在美國活動的于斌寫信：

「……台灣分區事，剛公主之甚力，曾電黎公使促具文件，近又親筆致函黎使，惜黎使諸事稽延，聖部無如之何。……」158

四月下旬，南京陷共，于斌流亡的情況已成事實，如何為其安排去處變得愈益急迫。五月十六日，羅光復致函于斌：

「……上星期六（十四號）光往謁剛總主教談台灣分區事，剛公謂因黎公使無文件到部，分區手續迄未進行，但彼當天已電台灣代權並廣州葛禮耕司鐸，謂聖部派主徒會士往台灣工作，籌備分區，分劃之新區將請　總主教代理主管。剛公以　總主教辭京區職一事絕無必

157 羅光致于斌函，一九四九年二月二十四日。
158 羅光致于斌函，一九四九年四月十三日。

要。由傳信部光轉往謁代理外長孟棣義蒙席，以公使名義要求教廷於台灣為總主教設一名義，以便安居工作，孟氏允以行文傳信部，促設法辦理。……」159

黎培理之所以遲遲沒有動作，可能係對于斌撤退南京教區國籍神父、修士不滿；同時認為于斌雖為戰犯身分，仍應回其教區，盡其牧職，雖死不退。我們沒有黎培理批評于斌的直接證據，但在北平陷共前，黎培理即曾下令所有神職及修士皆應留在原居處所，不准南遷，可為佐證。因此，一個離教區他去的主教，在黎培理看來是不夠勇敢忠貞的，怎麼還有必要為其另謀位置？

于斌於六月二十七日自美赴歐，然後再自歐回國到廣州；眼見大局沈淪已定，蔣介石亦以國民黨總裁身分，作撤退至台灣之規劃，于斌以台灣為復興基地的想法乃更堅定，於是自廣州赴台。160 台中教區的王愈榮是當時由南京教區撤往台灣的大修生，他回憶說：

「夏天時，樞機自美經歐洲來到台灣探望他的神父和修士。他在西班牙為我國逃離大陸的年輕神父及學生爭取到獎學金，並為南京的修士在大修院要到獎學金。他老人家到台中後，即安排我們的出路。當時在台灣尚無大修院，於是我們在上海學過法語的被派去西班牙，學英語的被送往美國唸書。賀人龍和我就準備去馬德里大修院，錢公溥及吳至德二位神父也去西班牙深造。徐仁安及趙金才修士準備去美國。許洪坤及徐卓英二位繼續留台中完成高中學業

159 羅光致于斌函，一九四九年五月十六日。
160 穆超，〈于斌總主教傳略〉，《于斌總主教哲學言論集》，頁一〇。穆超傳中未及于斌自美赴歐所為何事，但可以想見欲了解教廷對其赴台事之態度，應為主要原因。另為安排自大陸逃出神父修生及學生赴歐留學事宜。

後再去美國。」161

據龔士榮回憶，于斌於一九四九年七、八月間，曾在台中和南京教區神父及修士見面，曾談及在台工作事。當時于斌已知教廷將在台灣另分一區，交給主徒會士經營，並表示雖然主徒會士都很年輕，但他自己三十六歲也當了主教，意即無意在台任原先計劃的代理主教。此應為于斌得知教廷反應後的態度。

羅光在十月十八日向于斌報告：

「留班學生分三批已先後赴馬德里，第一批為吳祖禹君及其夫人梁宜玲及其舅梁道存君三人，此三人現在西京尋得房間，自動開伙。第二批為由港來羅之十七人，彼等留羅一週由傳信部招待宿於傳大，護照手續辦妥後乘火車赴班，第三批係貴區之兩司鐸兩修生，彼等於昨午抵此，現住使館內，伙食費由傳信部支發，三日後彼等亦可首途赴班矣！」162

為教區修生及神父安排出路，只是于斌來台行程中的一小部分；他最主要的應該還是在為台灣分區事進行觀察。可惜沒有更多的資料了解于斌在台的活動狀況，只有他給人生哲學會所做的兩篇演講，一篇名為〈唯物史觀批判〉，另一篇名為〈思想戰的意義〉，163 顧名思義就是要在思想上與

161 王愈榮，〈野聲樞機主教與修士們〉，《教友生活週刊》，一九九八年八月十六日。
162 羅光致于斌函，一九四九年十月十八日。
163 同註160，頁一九～二七。

共產主義對抗，這個部分也只是于斌長期反共工作的一小段插曲而已。

九月十七日于斌離台赴美，準備轉赴中南美洲各國，遊說各國支持中國政府向聯合國控訴蘇俄侵略案。[164] 于斌做這些工作其實都是道義上的，他對整個中國局勢的發展，其實是了然於胸的。因此他赴中南美洲訪問前，就有將教友送往中南美洲避難的想法；這些教友由於反共立場，在中共控制南京、上海後，已紛紛逃往台、港，但此時台、港也不見得是安全的棲身之處。瑪利諾會的總會長 Raymond A. Lane 知道于斌的這個計劃，同時也是這個計劃的支持者。在玻利維亞負責 Riberalta 傳教區的主教 Thomas J. Danehy 也是瑪利諾會會士，他在一九四九年八月三十一日，先向他們的總會長報告，表示願意在他的傳教區內接納中國難民，並已得到玻利維亞總統原則性的同意。[165] 然後 Raymond A. Lane 在九月二十六日寫信給于斌，希望他就安置中國難民事直接和 Danehy 商量。[166]

于斌是以中國天主教文化協進會名義組團訪問中南美洲，此事係搭配在聯合國之控蘇案，因此一行之費用係由政府撥款四萬美元以為因應。潘朝英及謝壽康是此次控蘇案及訪問中南美洲的重要助手，所需費用亦皆由此四萬美元中撥付。[167] 在訪問的效果上，羅光的看法是：

「總座南美之行利於教國者實多，中國外交素無發展之計，集全力於北美而竟為其所棄，今後為救亡圖存，應發揮多方面之外交，總座能由側面以聯絡南美各國，彼等於我國抗共，必

---

164 同註160，頁一〇。
165 Letter of Msgr. Thomas J. Danehy to His Superior General, Auguste 31, 1949.
166 Letter of Most Rev. Tamond A. Lane to Archbishop Paul Yu-Pin, September 26, 1949.
167 葉公超致于斌函，一九四九年九月十四日、九月十九日。

可有所助也。」[168]

薛光前也稱于斌此行為高瞻遠矚之旅，於中國外交大有助益。[169]

在協助中國難民移民南美洲方面，原來頗有希望的玻利維亞發生了變化；瑪利諾會總會長 Raymond A. Lane 十一月寫信給于斌，說他在玻利維亞的訪問可能會遇上一些反對，這些反對可能是因為種族歧視或是政局變化之故。[170] 在這樣的情況下，似乎移民玻利維亞的計劃就泡湯了。不過在巴西、智利及阿根廷方面則獲得了一些善意的回應，巴西是最主要的接納地，于斌在一九五〇年二月寫信給一位巴西里約的聖言會會士 Augustin Jaensch，請他協助十五個家庭，九十九名成員的中國難民，辦理巴西簽證；當然這樣的移民是有條件的，這十五個家庭共同集資了五十萬美元，準備到巴西進行投資。[171] 這樣的金額在當時是一筆相當大的數字。

一九四九年十月一日，中共在北平正式建國，雖然國民政府尚未完全棄守大陸，但大局已定。于斌原本往台灣發展的計劃，此時也已明確的不能實現。主要原因可能是教宗庇護十二此時決定不主動自中國撤退，並嚴格要求所有聖職人員嚴守崗位；當時在港的田耕莘，也被要求返回北平。而于斌若在此時轉往台灣，則明顯相反了教宗的政策。因此于斌曾在十月十四日寫信給羅光，稱結束

168 羅光致于斌函，一九四九年十月十八日。

169 薛光前致于斌函，一九四九年十月十四日。

170 在 Danehy 致其總會長的信中，曾提到這兩種因素。

171 Letter of Archbishop Paul Yu-Pin to Rev Fr. Augustin Jaensch, 14 Feburary, 1950.

南美行後將返國，希望能在四川或雲南繼續工作。[172] 這應該是一種服從教宗的表示，但其實是不合現實的，在真實的狀況下，于斌必須流亡在外；為了安頓其生活，同時在不違反教廷政策，不使其往台灣刺激中共的原則下，剛恆毅及羅光等於是向教宗建議，讓于斌在美擔任教職，教宗批准了這個建議，決定讓于斌留在北美，[173] 並以命令的方式發給于斌。

在于斌寫信給 Augustin Jaensch 的信中明白說明了留在北美是奉教廷的命令。他說：

「現在，由於聖座的命令，我必須在美國工作。」[174]

雖然他看到南美各國開始接受中國難民，有轉到南美工作的想法，不過這想法並沒有成為事實。然後就此開始了于斌幽居美國的日子。

172 于斌致羅光函，一九四九年十月十四日。

173 羅光致于斌函，一九五〇年一月十七日。原文中羅光談及「在北美任職事，曾由教宗批准」則必為有人向教宗提出此議，而此議必經于斌同意，能提出此議而為于斌接受，則應不出剛恆毅及羅光二人。

174 Archbishop Paul Yu-Pin to Rev. Fr. Augustin Jaensch, 14 Feburary, 1950.

第六章　海外十年

第一節　幽居美國

一、教廷態度

一九四九年九、十月間，教廷在中國局勢大致上已塵埃落定後，也決定了教廷的對華政策，就是堅決的要求所有神職人員必須留在自己的教區。教廷駐華公使黎培理是這個政策最忠實的鼓吹者，也是執行者；在一篇一九五〇年教廷駐華公使館秘書葛禮耕神父的演講中，將教廷要求神職人員留在中國的理由說得很清楚：

「第一是因為他們對於中國人民誠摯的友誼。……這友情使他在一切危難中，絕不放棄他守護羊群的責任。

第二個原因是就是天主教會對於人靈，傳統而牢不可破重視的觀念。人的靈魂，比他的學問、事業、一切的一切更加重要。無論環境會加給人的肉身以任何外在的阻難，教會卻要始終照顧人們的靈魂。

第三個原因基於天主教會的堅固組織和良好的紀律。……我們現正目擊著這偉大的組織和紀律，怎樣使中國的教會，在愛情、信德、忍耐和希望中，在千鈞一髮的危難中，負起了神聖的使命。」[1]

在這樣的嚴命之下，許多教區及修會的撤退紛紛停止；很顯然的，教廷也希望藉著這樣的舉動，向新成立的中共政府表示善意，期望中共能將其宗教自由的口號落實。田耕莘作為當時中國唯一的樞機主教，不在北平駐地，自然也就成為教廷催促回國的首要目標。教宗庇護十二對田耕莘滯留海外，公開表達了他的不滿。在羅光一九四九年十月十八日寄給于斌的信中說：

「田樞機回平一事，光向剛總主教與孟代國務卿均言之，剛公以事出教宗，彼不便發言，孟公則許以轉達聖父，然均以聖父已有成議，無敢陳辯者。」[2]

津沽大學校長劉迺仁神父覲見教宗時，曾欲為田樞機致一言，謂：

「北平教民俱表示此時田樞機如回任，將不利平區教會；教宗答以樞機應聽教宗之命，而不應從教友之命。」[3]

矛頭雖未直接指于斌，但在教廷這種想要和中共政府友善的氣氛中，反共不遺餘力的于斌似乎

1 〈葛禮耕蒙席講道〉，《公教報》，一九五〇年七月二日。轉引自蘇若裔，《中國近代教難史料》，台北：輔大出版社，二〇〇〇年二月出版，附錄頁一二～一三。
2 羅光致于斌函，一九四九年十月十八日。
3 羅光致于斌函，一九五〇年一月十七日。

就不合時宜了。從一九五〇年五月十二日庇護十二世接見中華民國駐義大利大使于焌吉的談話，就可知教宗對于斌的觀感。在于焌吉的報告中說：

「教宗提及吳前公使，備極贊揚，對其離職至感惋惜，至新任謝公使亦係舊識，當予考慮。並對於于斌總主教，希其毋多發表言論。」[4]

于焌吉當時即回答教宗稱：

「于總主教為人爽直，心地光明磊落，見義勇為，將有關中國見聞，作切實之報導，使各國人士得明真相，其言論悉本人道主義及宗教慈悲之懷。」[5]

雖然有于焌吉為之緩頰，但教宗對田耕莘及于斌的態度已然形成，決定也已做成，既然兩人都不可能回到中國去，那至少也不要到台灣去刺激中共，因此最好的方式是——留在第三國。自抗戰時期始，于斌即已在美從事協助中國留學生的工作；而屬於南京教區的毛振翔、周幼偉等神父，也在美國從事華僑傳教工作。因此這時對于斌來說，最合適的居留地，就是美國，最順理成章的工作就是協助留學生及華僑傳教工作。

在一切安排妥當後，于斌早在一九五〇年一月自南美寫信給紐約總主教史培爾曼樞機，稱已得

4 于焌吉，〈覲見教宗談話概要〉，外交部檔案《我與教廷關係案》，一九五〇年五月十三日。
5 同註4。

到教廷駐美代表 Cicognani 總主教的同意，在海外從事華人傳教工作；並感謝史培爾曼的邀請，準備在紐約開始「皈依中國人的工作，特別是知識階層。」[6] 這樣的說法是很表面的，目的是給雙方都留面子，實情是于斌的行動受到了限制，他只能以為華僑及留學生服務的名義，在美、加地區工作。這個命令甚至嚴格到連去歐洲都受限制。[7]

二、在美工作

除了紐約總主教史培爾曼的支持外，華盛頓特區的 O'Boyle 總主教也經常給予于斌一定的協助。一九四三年設立的中國文化學院，院址即位於華盛頓特區，而此亦為于斌在美唯一一處根據地。因此自一九五〇年至一九五二年，于斌主要的工作重心即在華盛頓特區，由於中國文化學院原本即辦理協助申請獎學金的工作，而這工作當時就由毛振翔、李善修等負責。而在 O'Boyle 的許可下，于斌也可以在主日時，在中國文化學院為教友們做彌撒、講道、聽告解。[8]

不過美國東岸華人最主要聚居的城市是紐約，從中國逃難來美的學者、學生，寄居紐約者亦復不少，既然是為在美中國人工作，當然應該到人多的地方去。於是中美聯誼會（Sino-American Amity）就在一九五二年五月二十日成立。[9] 根據于斌自己介紹，中美聯誼會主要的工作是聯絡對

6 Letter of Archbishop Paul Yu-Pin to Cardinal Spellman, January 21, 1950.
7 羅光總主教訪談紀錄。
8 李善修神父訪談紀錄。
9 鍾僑征，〈無限懷念于樞機主教〉，《典型常在》，南加州于斌樞機主教紀念委員會，一九九八年八月，頁三〇二。

自由中國友好的美國人，在一些實際的工作上給予協助。首先于斌舉例說在台灣有一個他創建的二百人的孤兒院，需要美國友人的捐款，然後就提到了中美聯誼會工作的重點：為從自由中國來美的留學生提供獎學金，于斌期望可以達到一千人的名額。不但是提供經濟支援，同時在身體及心理上，中美聯誼會都準備給予幫助。[10]除了學生外，于斌也期望美國友人們能協助那些以難民身分留居美國的中國學者，而于斌自己也盡力設法協助他們，如吳經熊、薛光前、曾琦、謝壽康等，于斌皆曾在安排住所、工作及子女就學等事務上給予支援。

一九五三年十一月，中美聯誼會在河邊道買下一棟相當漂亮的樓房，當十一月十二日正式遷入新址時，有八百多名來賓參加典禮。大會上有美國加州參議員諾蘭（William Knowland）及中國前教育部長杭立武演講。

中美聯誼會主要的工作是為留學生申請獎學金。這個工作從抗戰後期開始，于斌在中國文化學院時期，就是他在美國工作的重心之一。此工作主要由毛振翔及周幼偉執行，在抗戰結束之後至中共佔領大陸之前，每年至少近百人是依靠毛、周二人所申請之獎學金，陸續前往美國的天主教大學求學。不過當時毛、周等人所申請之獎學金，並未給予任何限制，而是不論信仰，視需要給予。在此點上使得當時中國教會當局的部分人士，對於獎學金發放的原則頗有微詞。[11]

另外一個對發放獎學金作業不滿的原因，可能是執行計劃者的毛振翔個性太強，習於進行個別

10 于斌，《中美聯誼會簡介》，英文，出版年份不詳。
11 毛振翔，《孤軍苦鬥記》，台北：三民書局，一九八六年八月修訂再版，頁一四六—一四七。

的任務，而不善與他人合作，致使其在教會內樹敵太多。另一方面，于斌等反共的立場，亦被黎培理等認為會造成中共對中國教會的迫害。於是一九五〇年五月中旬，毛振翔、周幼偉及陳之祿等被黎培理解除為在美中國留學生服務的職務，黎培理之所以能解除毛、周、陳等人的職務，係因抗戰後，于斌已將留學生事業，交予黎培理所成立之中國天主教教務協進會，而由毛振翔任此協進會留學處的處長。[12]

從一九四九年後至大約一九五一、五二年間，由於中國局勢的惡化，一方面有青年學子設法往美國避難，另一方面亦有許多正在留學者成了難民，在人道的考量下，美國政府提供獎學金及居留機會，而此事亦是屬于斌遊説、協助的範圍。而在毛振翔等被解除職務之後，中美聯誼會仍再接辦留學生事業，當是看出這工作在其時有其急迫的需要和重要性。但是中美聯誼會續辦後，在申請獎學金上立即遇到困難，因為原本申請獎學金的學校，在獲知毛振翔等被解除職務後，容易和于斌產生隔閡，使得獎學金核發的學校減少。另一方面是大陸為中共控制後，除了少數特例，不再准許留美；既然中國沒人出來，台灣又在地圖上是那麼小的一塊，因此申請獎學金核准的也隨之減少。[13]在這種情形下，于斌並不放棄；適巧此時在美國極需護士，在新式的醫院中服務，於是各護士學校設置充裕的獎學金，甚至供過於求，於是于斌就為欲來美之女留學生，申請護士獎學金。

我們以一封致 Villa Maria College for Women 的信函，作為此類申請的代表：

12 同註11，頁一六七。
13 同註8。

「可敬而親愛的 Aurelia 姆姆：

當我最近在遠東旅行時，我遇見了好些大有前途的中國男女青年，我希望能帶他（她）們到美國的學院及大學中，接受高等教育，期望他（她）們有朝一日能為中國教會奉獻心力。你們的學院在過去數年對中國留學生是最慷慨的，我期望你仍能如此仁慈，在九月來臨的新學期，接納兩或三個中國學生，提供有效的全額獎學金。我確信協助訓練一些未來中國教會的領袖是幫助教會的最好方法，更何況她們已忍受無神共產主義太多的痛苦。

如果你同意我的請求，請你根據我們附後的樣本，將獎學金證明書寄還我們。我之所以首先要求證明書是因為兩或三星期後，台灣的留學生們即將參加教育部辦的考試，若她們沒有獎學金證明書，無人有資格應考。然而，我希望你知道你對她們（拿到證明者）沒有任何義務，除非她們的成績能先使你滿意。……」[14]

于斌的另一項重要工作，是教廷指定他在美從事華人傳教。身為神職人員，傳教工作本就是天職，因此于斌對此要求當然是欣然同意。在他一九五三年記事本中，保存了不少相當寶貴準備講道的綱要。一九五三年一月四日，記事本中載：

「下午三點中美聯誼會精神生活講座第一次開會，到三十人。

超越的精神生活：新生活（按：講題）

14 Letter of Paul Yu-Pin to Rev. Mother M. Aurelia, June 10, 1954.

1.有物質與精神生活兩種
2.精神生活包括真善美——本性界
3.超性界之精神生活提高真善美之領域，故宗教界稱之為『作聖』
4.聖的生活因參與天主生命而建立
5.此種神聖新生活有以下各作用：a.完成天人父子關係 b.使人變成天主聖三宮殿（神在我內）c.在個人（身）上實現地上天國
大哉新生活，何以致之，請講聖寵」

聽衆聽到緊要處，就嘎然而止，于斌用了説書人的招數；下一個星期，一月十一日下午，他繼續在紐約西城五十街二十七號，中美聯誼會暫時落腳處，講「聖寵」，這一天他簡單在記事本中記：

「下午在二十七號講『聖寵』
超性之意義
聖寵之重要
寵佑
寵愛」

一月十八日他從聖寵進一步到信德，他解釋説：

「吾人因天主之光照，受聖寵的感動，依據天主之權威，而承認並接受一切啓示真理之好習慣——（就是）信德。

認識之方式：覺、知、信；感覺、理解、信仰（按：後三者為前三者的進一步說明）

信德之合理性

進德之程序」

有了信德，進一步就可以談信仰。一月二十五日：

「下午三點講

1. 信仰與善工（信行並重）

2. 信仰之標準　遠者為聖經、聖傳（死的），近者為聖教會（活的）

3. 信德之培育」

二月一日：

「下午三點講 Hope，望德

意義、對象、動機、信賴心之培養」

信與望都有了，下一步就該講愛德，二月二十二日：

「下午三點講愛德：愛主
1. 我國古人尊天、順天、敬天而不言愛天
2. 古教亦罕言愛主，畏主較多
3. 天父觀念，降凡事實，樹立愛主作風
4. 愛主之動機，超性化尤是愛德
5. 愛主之程度：全心、全靈、全意、全力
6. 愛主益知主、信主；愛深則知多、信切
7. 愛主是作聖之開始、進步和完成
8. 愛主應情感與實踐並重，否（則）德信分離」

此一精神生活講座，自一月初進行至五月初，後面據余葆樂的筆記，有〈德行的進步〉、〈幸福和求福之道〉、〈精神生活秘訣〉等篇。[15] 神遊其綱要，已覺意趣無窮，再以于斌過人之口才，想必妙趣橫生。以第一次參與人數不過三十人度之，之後數次，想人數亦相差無幾。和國內相較，實在差別太大，于斌在美國從事華人傳教工作，難免有龍困淺灘之嘆。

留學生獎學金的數額不一定能完全滿足真正的需要，於是中美聯誼會也為中國留學生們在暑期找打工機會；之所以透過中美聯誼會主要是怕留學生自己找的工作不合適或不安全。根據李善修的

15 余葆樂，《于斌總主教對留美同學講演集》，香港：友聯出版社，一九五三年十二月。

回憶：

「夏天時避暑勝地有很多的大飯店需要服務生，我們就主動和這些飯店連繫表示我們這兒有學生。……後來我們的學生們表現得很好，這些大飯店每年暑假就同我們聯絡。」16

對於這些打工中的學生，于斌也不忘勸勉與訓誨。在一九五三年的暑假，他在中美聯誼會舉辦之學生晚會講：勞動的價值。

「上星期六，我陪同學們去紐約附近瓊斯海灘，吹吹海風，並游泳一番，但主要是想看望在海濱旅館作飯廳侍應生的幾位女同學。……任何正當的勞力勞心工作，都毫不卑賤，都有高貴的價值。勞動的價值，可以簡分為三種：第一是經濟價值。……貢獻勞動的人，自然應得相當報酬。當侍者幾個月，下一年求學和食宿費用，便大半有著落。同學們如此各盡所能，由勞動創造許多經濟價值，自然值得讚揚。

不過勞動的價值很多，經濟價值只是其中最末最小的一種，較高的一種是教育價值。……在學校上課時，生活只限於教室和書本，但暑假中卻可多作實際的考察體驗。這種學習，價值並不比學校教育低，而且正好與它相輔而行。……

勞動的最大價值，還不是在教育方面，而是在心靈和精神生活方面。如果我們拿天主永恆無限的愛做言語行為的標準，純粹為了愛天主而勞動，自己的心靈便會日益美善，精神生活必

16 同註8。

將逐漸充實深厚。……如此，用敬愛服事天主的心情去勞動，我們的工作便是祈禱，一言一動，都等於讚頌天主，與天主相互感通，共同生活。這才是『勞動神聖』。」[17]

在保送學生的資格方面，的確是不限宗教信仰的；如白崇禧之女係回教徒，嚴家淦之女為基督徒，還有佛教徒等，皆曾領得于斌為其申請之獎學金。[18] 當然這些政界要人、商界名流也是于斌的人情包袱，不太可能峻拒他們的請託，不過多數獎學金的名額是提供給所有的申請者的。他說：

「至於有人懷疑天主教以往保送的留學生，多為政府顯要兒女，其實不然，彼等所佔名額僅為全數七分之一，其大部為清苦的學生，由我與毛神父設法幫助旅費的也為數不少。」[19]

每逢各種節慶的時候，美國學生放假回家，空盪的校園更易使異國遊子生思鄉情懷，于斌就請中國同學到中美聯誼會聚餐，同學們分工買菜、下廚做飯，使中國留學生們也能有回到家的感覺。另外每個月還為中國學生們辦一次社交舞會，李善修說：

「青年人藉此彼此認識、了解、來往，有合適的對象就談論婚嫁。這也是我們會為他們考量的，免得在外面瞎找。……已結婚的，有一些也來參加，不論是教友或非教友。因為在異

17 于斌，〈談勞動的價值〉（同註15），頁一四～一八。
18 潘朝英，〈于樞機在海外對我國家民族之貢獻〉（同註9），頁二五二。
19《教友生活週刊》，一九五四年四月四日。

鄉，大家都是中國人，在國外大家都屬第一代，生活不容易。」[20]

在李善修的記憶中，諾貝爾獎得主李政道，電影明星林黛、李麗華等，都曾是中美聯誼會的座上客。

于斌將留學生們視為家人，有空時會盡量寫信給他們；吳漪曼收到于斌一封一九五二年五月十八日的信：

「週末可去紐約玩，和你們見面。我已和陳神父、祖先生決定，自六月底起，每星期五或六有青年晚會。我們公教各校之男女青年凡在紐約附近者，均被邀參加，共度愉快的週末，當然我也去講講話。」[21]

在同年四月三日的信中，于斌告訴吳漪曼：

「本週末將為福敦大學的中國同學主持進德會，兩日凡六講。其題目如下：生之歌頌、生之藝術、生之離奇、相思、超戀、不動心。九日開始女子大學同學進德會。……內容為青年修養論，尤其為中國女青年的處世哲學。我失了桑梓，基督給我更多的兒女，熱心孝愛的孩子，真不知如何感激。」[22]

20 同註8。
21 吳漪曼，〈慈暉永沐〉，《于斌樞機紀念文集》，頁九七。
22 同註21。

于斌以其內在熾熱的心火，效法耶穌普愛世人的精神，視他所照顧的留學生們都如他的孩子。一九五三年七月二十八日給吳漪曼的信上說：

「八月二日下午幾十位祖國青年要為我集會，聽我講話。八月七日一定返抵紐約。次日為爸爸節，很多青年要我和他們一起出遊，一起吃飯。他們說這是『您的日子』，爸爸的日子也是兒女的日子，那天你們要我，我更要你們，你們為我祈福，我同樣為你們祝禱。將是愛情的交流，一直流到天堂和天父的心相契合。因為『天上地下，一切父情都是從祂來的』，我只默禱天父增加我熱情、智慧和力量，好能更切實、更具體、更超然的去愛你們。」[23]

除了留學生以外，華僑也是于斌照顧的對象。每月第一個主日，中美聯誼會邀請紐約附近的中國教友一起望彌撒、告解、領聖體。于斌若不去參加其他活動，會盡量給來的教友們講道；禮儀結束後，往往就是簡單的聚餐，討論生活中的種種問題。以于斌的名聲，當然有不少人會慕名而來，研究道理的時間長了，于斌以為信仰的鍛鍊夠了，就為他們付洗。不過為了不要製造與當地天主教社群的隔閡，于斌讓這些望教友都回到他們的本堂區，由他在這些教堂為新教友們付洗。這樣中國新教友就能和美國本堂區的神父、教友們建立關係。于斌經常告訴華僑教友，在美國就要打入美國的社會。[24] 他當然是以自己的信仰和豐富的傳教經驗說的。

華僑團體在有問題需要協助時，也很自然的會找于斌來協助解決。一九五三年五月美國國會提

---

23 同註21。

24 同註8。

出一項法案，建議准許二十四萬難民來美，但其中並無亞洲難民名額，幾經爭取，美國國會兩院司法小組，仍未將中國難民名額列入。紐約中華公所即派員前往美京再行爭取，據當時前往遊說的梁聲泰回憶，由於于斌為美國朝野人士敬重，故想由他聯絡相關的議員。梁聲泰說：

「于先生聽取本人報告後，不假思索，隨以電話派諾史神父，趕赴美京，專責聯絡。七月二十五日，中華公所間（接）獲悉，諾史神父已為代表團約定：二十七日訪見麥加倫、周以德、卡斯敦議員，二十八日訪見麥罕馬克、諾蘭德、瓦特瓊斯議員。至於京中各報記者，也都取得他們深切的同情。……

國會參眾兩院大會，於七月二十八日晚討論難民法案，麥加倫和周以德兩位議員，分別提出建議，主張在該法案中，加入中國難民名額……隨付表決，順利通過。這一通過，關係很大，一面漸把過去每年一百零五名移民名額的限制打破，一方面又將後來甘迺迪總統因難民潮而收容的門戶打開。

……所以有此結果，原因很多，各方僑社熱烈支持，代表同人積極努力，報界記者仗義直言，國會議員主持公道。……然在當中，關係最深，出力最多，而貢獻最大的，卻是居於幕後，綢繆擘劃，調動指揮的總主教于斌先生。」[25]

由於于斌大公無私的協助，自然可以得到僑界更進一步的認同，於是在一九五三年雙十國慶

25 梁聲泰，〈悼念樞機主教于斌先生〉（同註9），頁二八六～二八九。

時，紐約中華公所乃邀請中美聯誼會共同舉辦餐會，當時「大會主席由中華公所主席擔任，宴會主席由美華協進社社長孟治博士充當，祈禱儀式由中美聯誼會主席于總主教主持。」[26] 中美聯誼會此時成立不過年餘，由這樣的安排足可看出紐約僑界對中美聯誼會的重視。

除了和別的僑社團體辦活動外，中美聯誼會自己也舉辦雙十餐會。李善修回憶說：

「每年雙十節這一天，中美聯誼會在紐約的大飯店舉辦一場盛大的慶祝宴會，邀請中美雙方熱心的朋友去參加，尤其是請美國方面的較多。……美國人都懂這個聚餐的意思，就是請你幫點忙。每年的宴會，美國朋友大約都會有二、三百人來。……每年會得個三、四千塊美金。」[27]

除了雙十募款餐會，他們也向各教區的傳信善會募款，

「普通每個教區提供給四個大小不同的堂區。在美國，都是從六月底的主日開始去申請到的教堂講道，九月初的勞動節之後活動就停止了。……如此捐款，一年下來總會有一萬多美金。通常遇到大堂區，我們會請于總主教去講道；別的地方就我們自己去。」[28]

有這種大小堂區之別，是因為大堂區教友多，于斌在此演講可以發揮最大功效。

---

26 同註25，頁二九一。
27 同註8。
28 同註8。

> 「這些募款所得，初期用於購買中美聯誼會河邊大道八十六號的房屋，之後用於維持中美聯誼會的各項開銷。」[29]

不管是于斌或是他轄下的神父，都不使用這些募捐得來的款項，這些款項是用來支付中美聯誼會的公共開銷。于斌的經濟來源是教友給他個人的捐款，或是彌撒獻儀。在一九五五年的記事本中記載他共收了一〇三五台彌撒，發出七五〇台。

> 「杜蒙席（寶晉）收一百台，白祥五十台，王尚德兩百台，徐哲人五十台，傅大四生新鐸二百台，施森道五十台，王愈榮、賀人龍各五十台。」[30]

這些彌撒獻儀錢數不等，不過差不多總在一兩塊美金左右，對于斌來說，也只是一些微薄的收入而已；而由於有其他更需要的中國神父，于斌也將這些款項分施給他們。

于斌主持的中美聯誼會在經濟上是無虞的，同時也發揮了良好的功效，在五〇、六〇年代不論是照顧留學生或聯絡僑界，都是在紐約受重視的一個機構。其實以往于斌的其他事業，他也是用一樣的心來經營，甚至花費更多的心力及時間，之所以中美聯誼會成功，而其他事業未見績效，最主要的原因是來自於環境的差異。美國安定的環境，提供了中美聯誼會順利運作的養分；而中國紛

29 同註8。
30 于斌一九五五年記事本。

亂的時局，加上某些有心人士濫用于斌的信任，是衆多事業不能永續經營的原因。

除了中美聯誼會外，自由太平洋協會也是此時期于斌所組織的重要社團。有鑑於自身與共產主義對抗的實際經驗，于斌深刻體會到共產勢力滲透之強。他對國際局勢的了解，使他深刻認識太平洋盆地的重要；而在美國採取圍堵政策，在西太平洋岸和共產勢力不斷發生衝突時，有所謂的「太平洋學會」，鼓吹自由國家和共產世界，特別是和中共的和解；因為他們主張中共不是共產黨，只是土地改革者。[31] 在西太平洋的重要國家中，韓國總統李承晚及越南總統吳廷琰和于斌是志同道合的朋友，因此在于斌全球化的宏觀思惟中，聯絡他的這些異國高貴朋友，在民間鼓吹一種和共產勢力對抗的輿論，應該是他不間斷的期望。

一九五四年他返台灣參加國民大會時，這種想法益發成熟，他說：

「今天世界上形成兩大壁壘：一個是集權，一個是民主。這兩個集團，差不多到了白刃相見，你死我活的程度。整個世界在恐怖中，所有人民的生活，都在紛亂中，所以海之角，天之涯，都為和平而奮鬥。」[32]

在西太平洋島國中，菲律賓是以往于斌較少往來的，同時也是連結太平洋人民重要的一塊未知的拼圖，在一九五五年二月，于斌進行了訪菲之旅，不論是官方的最高領袖，麥克塞塞（Magsaysay）

31 周世光，〈成立自由太平洋〉，《教友生活》，一九六九年六月五日。

32 于斌，〈世界和平與宗教〉，《于斌總主教言論集》，頁七八。

總統；或是一般的華僑庶民，都對他表示了熱烈的歡迎，他聯絡太平洋各國人民的構想此時已有成功的前景了。

據自由太平洋協會實際負最多責任的雷震遠表示：

「在一九五五年，當其訪問菲律賓時，總主教為了一個思想而有極大的印象：即世界上許多政府都在奮鬥反共，但許多國家的人民對於共產主義問題，卻漠然無動於衷，不做任何一點事以協助政府反擊共產主義。自由太平洋協會便在于總主教此一思想之下，而孕育誕生。于總主教腦中另一觀念是對抗國際共產主義，因此我們不能僅依賴中美的友誼，我們必須促進自由太平洋各人民間之友誼，亞洲的大戰將要在那裏打個出手，太平洋的一場大戰，其結果為自由的太平洋抑或為共產主義的太平洋，反正在此一舉，自由太平洋的人民必須予以答覆。」[33]

在紐約河邊道八十六號，中美聯誼會的同一處地址，一九五五年五月，自由太平洋協會正式成立，由美國參議員葛世敦（Kersten）任理事長，律師史明德（Schmidt）任副理事長，于斌為衆理事之一。這個協會實際上是由于斌一手策劃而成，運作也是在其掌握之中，之所以僅擔任理事，自然是為了避免教廷方面反對人士的過多聯想。

在有機會的時候，于斌還是不忘為其多難的祖國略盡心力。在一篇賴景瑚回憶的文章，可以看

33 雷震遠，《于斌總主教小史》，頁三八。

出一些他自己不願向人說明的內幕：

「我正在美國各地作呼籲美援的講演，及代表海外部慰勞僑胞。他和其他憂國之士一樣，勞心焦思，只想在為祖國爭取美國支援上，有所盡力。……

我們還有一位志同道合的朋友：那就是青年黨領袖曾慕韓先生。他和我都不是天主教信徒，但都敬佩于主教的為人。我們三人會商的結果，決定聯絡在美國的中國各黨、各派及無黨派的愛國人士，組織『民主自由聯盟』，建立超黨派救亡運動的基礎。我們立刻在美京開始，並把工作擴展到全國，更要打進美國社會的各階層。

于主教雖因教會職務的限制，不能出面領導，但毫不遲疑的一方面指揮他的學生和與天主教有聯繫的團體，積極參加我們的活動；一方面又用他個人的人事關係，發動好多次反共援華的集會。有一次紐約的天主教名流在時報廣場一個大旅館，舉行歡迎于總主教的盛宴，由名政論家魯斯夫人發表申斥杜魯門總統對華外交政策的演說。

一次一千多人在紐約卡內基音樂廳開反共援華大會。從美京趕來參加的政要：包括一位著名參議員發表了義正詞嚴的講演，引起了一般民眾的熱列反應。這些，都是于主教從中策動而由美國人出面舉辦的。他雖不願意他人知道內幕，但我幾無一次不參與，因而更佩服他的苦心孤詣。

我們後來由於經費支絀，又因台灣有人誤會我們和香港所謂第三勢力有所牽連；那位身體本很衰弱的慕韓先生，復因積勞成病而溘然長逝；我們不得不把那個民主自由聯盟宣告停頓。

于主教怕我失望，對我慰勉有加；又因我一時不能回國，特介紹我到一天主教大學任教。我們由這一次的救亡運動而成為終身莫逆之交。」34

第二節　離美活動

在一九五〇年至一九五八年間，于斌大部分的時間皆遵教廷命令卜居美國；于斌聽命的精神不容懷疑，不過這樣的限制對他一定是痛苦不已。而他也會在不違背教廷意旨的原則下，儘量突破這些限制，好能在有需要的時候，達成其為教為國服務的目的。因此雖然不准去台灣，他還是去了台灣一次；其他歐洲各地，至少有五次往還，亞洲各地也訪問了兩次，現於其後依序叙述之。

一、聖年歐洲之行

沒有足夠的資料足以明確了解于斌在一九五〇年赴歐的原因，不過聖年去羅馬朝聖，是教廷自身所不能禁止的。根據王愈榮主教的回憶：

「一九五〇年聖年，七月中旬留歐的中國神父、修士、修女二百多人組成朝聖團去羅馬朝

34 賴景瑚，〈于樞機主教的國際影響力〉，《于斌樞機紀念文集》，頁一〇七～一〇八，所敘事件的時間，大概是在一九五〇年至一九五四年。

聖，邀請于樞機率領朝拜四大聖殿。七月廿三日全體在聖伯多祿大殿前攝影留念。」[35]

蘇雪林也是當時中國朝聖者之一，他對朝聖的經過有一段相當生動的描述：

「當我到達羅馬，時任傳信大學秘書長的杜寶晉蒙席，將我安置在距聖伯多祿大堂僅有數步之遙的一座修女所辦的旅社裡。那天天色尚早，我想先到聖堂瞻仰瞻仰，當我進入這座舉世聞名的宏麗建築，忽見于斌主教率領幾個部屬也入堂來⋯⋯。當主教一入聖堂，我眼前便湧現了一幕奇景。堂中教友各國都有，何止百千，一見于主教進來，好像個個眼光都霍然一亮，便立刻圍攏上來要求親權。只見男的、女的、老的、少的、村的、俏的，把于主教圍在當中，紛紛上前屈膝行禮。以親一下他手上的權戒為滿足。一下子打發百十個教友確也不是易事，況于主教原是忙人，後面會議室還有許多宗教界領袖等著他去參加，片刻光陰耽擱不得，這時他既陷於四面楚歌之中，只好且戰且退，突圍而走。眾人見他不肯停留，更著了急，更簇擁而前，一個小孩親不到權，哇然大哭，一個老嫗沒去擠上，連連頓腳，又見一個大腹便便、手中尚抱一嬰兒的孕婦，追趕得氣喘吁吁，大家只好讓她一步。當主教轉過殿角、快要消失蹤影時，一個盈顛白髮、步履蹣跚的老翁，不知那裡來的神力，幾個箭步，便竄到主教身前，親了一權便走。看這光景，這那裡是親權，竟可說是『搶權』，搶得到的得意洋洋，搶不到的垂頭喪氣！」[36]

---

35 王愈榮，〈野聲樞機主教與修士們〉，《教友生活週刊》，一九九八年八月十六日。

36 蘇雪林，〈于斌樞機所給我三個不可磨滅的印象〉（同註34），頁三九。

在離開羅馬後，于斌帶著南京教區六名修士，到義大利的避暑勝地貝塔里古勒村（Pietra Liguria）海邊的方濟會修院。郭藩神父也帶著衡陽教區六位在熱內亞修院念書的修生前來會合，衡陽教區的柏長青主教，時任駐教廷公使館顧問的羅光也到該處相聚。王愈榮回憶說：

「在此一週內，樞機每天兩次對我們十二個修生作精神講話，非常有益。……我們除了每天聽樞機的講話，也一齊在海邊游泳戲水。樞機身材高大，在海邊由兩個修生攙扶在海中泡泡水。……與樞機共住一週後，我們修士們先回西班牙。樞機隨後飛往馬德里探望留西神父及學生，並積極推展中西邦交。」[37]

由同年駐美大使顧維鈞的報告，可以得知于斌對中西邦交的貢獻。在報告中說：

「于主教自歐返美來告，謂在西班牙時曾與西外長晤談，陳立夫先生亦在座。據西外長稱，前年我向西所提節略，洽商中西復交，西以節略所稱，復交出諸西請求，西應將不平等條約取消，似有損西體面，復交重修友好為雙方意旨，不平等條約他國早已取消，西何能保持？因此種種理由，未便答覆。然西以我堅決反共，殊深欽佩，故仍主從速復交，不擬待我光復大陸後進行，只盼我在本屆聯合國大會討論西案，亦能支持云云。按陳君來函，所言大致相同。……」[38]

---

37 同註35。

38 顧維鈞致外交部電文，一九五〇年九月二十六日電文。

中西兩國邦交於一九三九年因西班牙內戰而中斷，後佛朗哥（Franco）擊敗共軍，以強人姿態掌權；西方各國不喜其獨裁專斷，皆不與之建立外交關係，中國亦隨西方各國步伐，暫時觀望。唯南京汪精衛政權需國際支持，與佛朗哥一拍即合，於是南京汪精衛在戰時與西班牙建立了外交關係。[39] 中日戰爭結束，汪精衛政權瓦解，所謂中西邦交亦隨之風散。其時西國屢次希與中國恢復邦交，惟勝利之同盟各國，仍對佛朗哥政權持制裁態度，中國當時乃尾隨西方各國政策。

因美蘇兩強對抗，一九四八年後，西方各國乃逐漸改變對西班牙態度。先予經援，續則有秘密之軍事合作，南美各國亦漸與之復交。於是中國乃有與西國建交之準備，惟此時姿態仍高，認為復交係西國請求，並要求以廢除不平等條約為復交先決條件，[40] 此即顧維鈞電文中節略之謂。而待中共控制大陸後，主客觀情勢丕變，西班牙已被接納為西歐社會一員，而在台灣的中華民國則更需要中西復交以增強國際友誼，並提振島內民心士氣，前所持之高姿態自然已不合時宜。

惟此時中華民國於聯合國安理會中仍有否決權，西班牙在聯合國討論各國與西班牙復交問題時，仍需中華民國支持，此即為于斌於一九五〇年帶回之訊息：若中華民國能在聯合國支持西班牙，則雙方復交可期。一九五〇年底中華民國在聯合國討論與西恢復派遣使節問題時，遵守承諾投了贊成票；原本與西復交的談判就將開始，但中共於此時大批監禁驅逐傳教士，西國政府擔心若與

39 桂宗堯所提備忘錄，〈中國與西班牙之外交關係〉，外交部檔案《中西復交》，一九四九年七月二十五日，時任汪精衛政權西國使節者為王德寅。

40 同註39，有長官於備忘錄後擬意見：「似可秘電駐葡王公使或駐秘魯保大使向在地西國使節非正式表示我擬議訂中西新約，廢止在華領事裁判權等，俟有成議，即行復館，將來聯合國對西撤使建議案撤銷後，再行派使。」

中華民國復交，將危及傳教士安全，於是談判又告停止。

二、一九五二年巴塞隆納國際聖體大會與中西復交

國際聖體大會是這個時期教會內的重要活動，是一種表現信仰的公衆聚會，藉著對聖體的盛大敬禮，一方面鞏固信仰，另一方面傳播福音。每次舉行，皆能引起大衆注意，參加者至少以數萬計。一九五二年巴塞隆納的國際聖體大會，已是第三十五屆。于斌原本在教廷嚴命下，不擬前往參加，有一篇韓流水（筆名）的報導，提供了于斌出席此次國際聖體大會時的經過：

「于斌總主教事先並不想遠道來參加『國際聖體大會』，政府方面雖然一再敦請，駐意大使雖然也專電往邀，西班牙同事方面雖然也三番九次函催，然而畢竟沒有打動了于總主教的心，這當然是因為最初他以為有田樞機主教耕莘前來參加，他本人則不必長途跋涉了。後來田樞機因為眼疾沉重，無法前往，西班牙聖體大會秘書處方面始終又未接到自由中國方面代表團的報到，直到大會開幕前六天，才向蟄居華府的于總主教拍發了特急電報，以『無論如何，必須前來』的字眼相敦請，于總主教這才突然蒞西；于氏到馬德里時，中國朝聖團亦已大批到達巴市。此間同學（包括司鐸、修士、與普通學生）於次日（即五月二十七日，大會開幕日）中午十二時左右，全體到機場歡迎于氏。十二時半，于總主教在西班牙外交部長作陪之下，專機到達巴市，機場之熱烈歡迎場面，可說是很少見的。」41

41 韓流水，〈天主教徒集會巴塞隆納〉，期刊不詳。

不過于斌前往赴會很顯然是應中華民國政府的請求，根據王尚德的說法：

「一九五二年秋季，天主教國際聖體大會，在西國巴塞隆納市舉行；我政府鑒以良機可乘，乃除資助我國內天主教朝聖團前往參加外，更密邀于樞機前往參加，以便相機促成中西復交事宜。時于公尚奉教廷命留於美國，受召之初，頗有可能授人以口舌之嫌；然而私憶當此國家多難之秋，與邦復國匹夫有責，何況主教乎？國家既有徵召，義不容辭，乃毅然於大會前夕，飛往西京再轉巴市與會。孰料此日的機票已全部售罄，唯一的可能，是商搭外長雅達荷先生的專機，雅氏得訊，表示極端歡迎于樞機同行，藉以敘舊談新；要知他們兩位交往已有多年。途中略互寒暄後，樞機認為天賜良機，乃斬釘截鐵的提及中西復交；因見雅氏表示猶豫不定，樞機乃直言不諱說：貴國因反共而革命，反共乃貴國基本國策，中華民國正在與共產作殊死戰鬥，應得貴國道義上之支持；戰後貴國欲與勝利的中國復交，只是錦上添花，而目前則是雪裏送炭，義不容辭。雅氏聽了感佩之至，乃立刻答允馬上陳報佛朗哥元首，批准中西復交。於是醞釀兩年多未成的中西復交，因于樞機半點鐘的宏論而成定局。厥功之大，實非言語可盡宣也。」[42]

耀漢小兄弟會的趙雅博，是時在西國留學，他清楚的記得于斌自己口述與西國外長交談的經過：

「雅達荷閣下，你們為什麼不與我中華民國復交？

42 王尚德，〈促成中西復交〉，《教友生活週刊》，一九六九年六月五日。

總主教，我們的外交政策，是與梵蒂岡看齊，梵蒂岡在台北派遣使節，我們也就會與貴國復交了。

閣下不要說謊話，貴國外交從來沒有與梵蒂岡看齊過。另外，梵蒂岡與我國也有邦交啊！

西外長繼續提出他的第二個理由：

總主教，我們有七十多位僑民，留在大陸，為了他們的安全，我們不考慮與貴國復交！

于斌樞機回答說：

外長閣下，請問是貴國七十多位僑胞重要，抑是我們四億五千萬同胞重要？

西外長不能不答覆：四億五千萬中國同胞更為重要，然而他又說出了第三個理由：

總主教，現在還不是復交的時候！

外長閣下，于斌樞機回答說：中國人最重視雪中送炭，而不喜歡錦上添花，現在中國需要你們的承認，等到不需要了，再承認我們那還有什麼價值呢？

西外長無言以對了，他最後慨然的說：

總主教，好的，我到巴塞隆納以後，立刻建議元首，召開特別內閣會議，提出總主教提出的問題。

西班牙就這樣與中華民國復交了。」[43]

另外在陶不同的專文中，也提出政府對此次參與聖體大會的教友，提供了經費的補助。補助的

43 趙雅博，〈于斌樞機一二三事〉，《于斌樞機逝世十週年紀念文集》，台北：輔仁大學出版社，一九八八年，頁七七。

金額共一萬美金，其中四千元是給于斌之用。[44] 政府之所以提供補助，自然是因為此行並非純粹宗教活動，實係負有國民外交之使命。這四千美元的用途主要用於反共宣傳，在韓流水的報導中，于斌在聖體大會中辦了一場「世界反共人士代表招待會」：

「參加者除阿爾巴尼亞代表未曾到達外，各國人士都有參加，共計有千人之譜。五月卅一日午後七時開始，直到十時半閉幕。這一千餘人的參加反共招待會，雖然歷時三小時有半，但是賓朋們不特沒有倦容，且更表現了無比的高興。當然這也是因為招待的得宜，參加朝聖團的六十餘名我國人士，分頭用英、法、德、西、義等語言，向各代表寒暄，並解釋祖國一切。于總主教更是談笑風生，牛會卿主教也是往來人群中酬酢。茶會終了，于總主教致感謝辭，並對反共大聯合之意加以發揮，博得一群代表的熱烈擁護。牛主教也相繼致辭。最後更請一位甫由福建被逐回國之趙總主教用西班牙語演說，強調中西不特在精神上要合作，一切事情都要互相協助，並更強調中西應早日恢復邦交。言辭懇切，愛中國之態度，畢露無遺，歷十分鐘，竟博聽眾十次之鼓掌與喝采。攝影後，以『中華民國萬歲！』『西班牙萬歲！』『世界反共人士國家萬歲！』『天主教萬歲！』等呼聲收場。歡散時，已夜靜更深，萬家燈火矣！」[45]

44 陶不同，〈政府撥發美金一萬元〉，期刊不詳。
45 同註41。

時任中華民國駐教廷使館顧問的羅光，也是巴塞隆納聖體大會的一員，在回到羅馬後，他以義大利文致函給于斌述說他的觀感；大意是在西班牙留學的許多中國神父和修士都和羅光表示，他們不願留在歐洲，希望在學成後能回到華人地區為中國人服務；而許多在歐美各地的國籍神職人員，都有類似想法；而華人在自由地區以東南亞最多，有兩千萬人，台灣則有八百萬，他們是這些中國神父可以服務的對象。而這些為華人服務的國籍神父，需要一位主教來領導，這位主教要有強大的組織力，要能和這些地區的主教建立良好關係，而羅光認為，于斌是擔負此工作最佳的人選。[46]

於是派遣國籍神職人員至台灣及東南亞地區，逐漸成為教廷在此一時期的政策；然後為協助及管理這些神父，在一九五三年下半年，教廷也派遣了一位主教來管理他們；不過來擔任此工作的並不是于斌，而是一位比利時籍聖母聖心會會士王守禮（Carl Maria van Melckebeke）。王守禮原任寧夏主教，不久前才被中共逐出。[47] 于斌當然是比王守禮更適合的人選，而會選擇王守禮的最主要原因，應該還是在於教廷其時對于斌的態度。

為表彰他對中西友誼的貢獻，一九五三年于斌獲得了西班牙政府頒授勳章，[48] 是為西國政府贈勳中國平民第一人。此年亦為于斌晉鐸二十五週年，美國中國留學生，羅馬傳大中國同學會，西班

46 羅光致于斌函，一九五二年七月二十日。用義文來寫，自然是另有用意的，因為副本可直接交給教廷官員。

47 《教友生活週刊》，一九五三年十一月二十九日。

48 管茂生，〈于總主教與西班牙〉，《于總主教晉鐸銀慶紀念特刊》，中國留西班牙同學會，一九五三年油印出版，頁一四。管茂生稱此勳章名為大依撒伯爾一等勳章。

牙中國同學會皆曾舉行盛大的活動為其慶祝。[49]

三、一九五四年台灣、日、韓之行

從王守禮的任命，于斌即可了解教廷的態度。此態度一方面是在對中共的忌諱上，因為有此忌諱，所以不能把敏感的于斌放在和中共敵對的位置上；另一方面則表示出教宗對于斌的懲處尚未結束，為了鍛鍊于斌聽命的精神，因此不能任其四處活動。不過在教廷的限制中，一九五四年二月，于斌竟有短期返台一行。

于斌此次回台並非私自的行動，應先已透過中華民國政府與梵蒂岡方面協商，然後成行。所經過的管道可能是透過教廷駐中華民國公使館，以總統名義要求教宗准許于斌回台，行使投票選舉總統副總統義務。既為邦交國家，又復館未久，請求之事名正言順，教廷沒有拒絕理由。[50]但當時在教廷內部似有一些爭論，致使于斌回台的申請，在初期遭受不小阻力；謝壽康信中對此可見出些許端倪。他說：

「此次國大會議，朝野一致熱烈希望兄返台參加，乃達黎兩人惡意阻礙，識與不識，無不憤慨同情，……自應奔走，冀能補救，在此將有公開正式之表示，即兄雖不能蒞訪，仍選列主席團以示擁護，以壯聲勢。主教方當另設法，蓋欲黎轉圜勢不可能，但此事決定之時，教

49《教友生活周刊》，一九五四年一月十七日，留西同學會的慶祝活動，是舉行五日避靜，全體留學生參加。
50 龔士榮神父口述。

宗正臥病在床，或竟不知之，今若運用人事，非正式使之聞之，陳以利害，或可收回成命，此項步驟或可請史培爾曼高座請託 Comte Galeazzi 或 Prince M. Pacelli（教宗之第二侄，現任美義航空公司經理）進行。」[51]

交涉是否如謝壽康之建議，史培爾曼是否予以協助，皆不得而知，但教廷終於准許。由記事本中記載可知，于斌行程極為匆促，于斌在得知可返台後，立即束裝就道，在二月二十五日取道日本返台，而國民大會已於二月十九日揭幕了。在日本他接受記者訪問，稱此行只為選舉總統及副總統，別無其他任務。[52] 記者轉述說：

「自從他一九四九年來，他從未回到自由中國，所以此次他將乘此機會至台灣各地旅行，以參觀這幾年自由中國進步的情形。……他應邀在台作一連串的演講，而他已予接受。」[53]

這番話說的都是詳情，不過他的談話是有對象的。

以下引用一段《教友生活週刊》的報導，說明于斌二月二十八日至三月二日間的行程：

「于斌總主教於二月二十八日，突由日本飛抵台北，事先因未函告任何人，故無一人前往機

51 謝壽康致于斌函，一九五四年二月十七日。原文無年份，按信中敘事推斷應為一九五四年。
52《教友生活週刊》，一九五四年三月七日。
53 同註52。

場迎迓；蓋于氏恐教會及社會人士前往歡迎，不欲騷擾大家，故不告而來。是日適值主日，由國大秘書處派赴機場辦事人員，備一汽車，陪往中正東路天主堂獻祭，教友聞訊，喜極欲狂，彌撒中于氏以中英語講道，娓娓動人；彌撒後，前往教廷使館，拜訪黎公使；午飯由郭總主教在中正路天主堂招待，下午往國大報到，並參加主席團會議，晚間下榻總主教公署。三月一日，由教友代表四十四人聯合歡宴，下午四時半，應總統邀，往士林官邸暢談一小時，報告國際情勢。三月二日，為當今教宗庇護十二世之七七壽辰，並為被選為教宗之第十六年紀念，于氏特為教宗獻祭，並有教友來參與祭禮。于總主教因久未回國，日來格外忙碌。」[54]

這一趟返台之行彷彿是以往抗戰時期的勞軍演講行程，每日演講、拜會、茶會不斷；在國民大會議程告一段落後，三月七日台北教區為于斌舉行聯合歡迎會，到有教友千餘人。除此之外還有立法院長張道藩、行政院副院長張厲生、總統府第一局局長黃伯度。自三月七日至四月二十四日，根據《教友生活週刊》的報導，及人生哲學研究會的紀錄，于斌在台各地演講了至少二十七個場次，演講的對象有政界、學術界、教會及與于斌有關的團體。和政界演講的題目自然與國際局勢有關，如三月二十六日應監察院之邀，講題為〈反共文化戰〉，四月一日應東北籍民意代表之邀，講題為〈反共精神總動員〉。[55] 學生們則以〈理想青年〉、〈青年應以天下為己任〉為題，另外學生們關

54 同註52。
55《教友生活周刊》，一九五四年四月十一日。

心政治及國際形勢，如〈建設性的反共理論〉，也是適合給學生演講的題目，而在教會內則演講〈基督崇拜〉、〈人生的基本問題〉等。

綜合這些演講大致上包含了幾個基本要點，首先是反共，他在許多次演講中，主要是闡述反共的理由及反共的方法。其次為對抗共產力量的真正力量──宗教，他在演講〈挽救世界危機的途徑〉時說：

「我們今天小之求精神生活的充實，大之拯救國家，拯救世界危機；信仰宗教，勢有必要。」[56]

這一場在四月五日晚由人生哲學研究會等八團體邀請在三軍球場舉行的講演會，共有八千多人參加，實可稱得上是盛況空前。

最特別的一場是其應省立台灣師範學院院長劉真之邀，在四月二十四日離台前夕講「中國文化」，在場者有牟宗三先生，所謂新儒家的代表人物，亦在聽講後發言，肯定于總主教以天主教身分，提倡儒家思想。牟宗三的一段話，或可為于斌此行作一總結：

「于總主教返國四十餘日之中，無日不在演講呼籲，其衷心用意殊不外下列三點：一為歷史文化。二為民族國家。三為自由民主。」[57]

56 于斌，〈挽救世界危機的途徑〉，《于斌總主教言論集》，頁二一一二。

57 于斌，〈中國文化〉（同註56），頁一六五～一六六。

除了演講外，于斌此行中復有一些重要的活動。首先是因促進中西復交，由西班牙駐華使館代辦，代表西國政府，於三月二十七日頒授給他「聖雷孟柏納福大綬動章」。[58] 陳誠時任行政院院長，亦發言肯定于斌對國家的貢獻。四月一日，耀漢小兄弟會邀請他們的會叔總主教于斌，為新成立的鳴遠幼稚園揭幕剪綵，耀漢小兄弟會自大陸先撤往香港，在調景嶺為難民服務，當時景況非常艱苦，曾屢次寫信請求于斌的協助；然後在一九五三、五四年間終於到台灣，鳴遠幼稚園是他們在台興辦的第一項事業。

四月十一日輔仁大學校友會為于斌辦一場歡迎會，主持人英千里在致詞時「希望于總主教在台發動一種工作，創辦或恢復輔仁大學，可先從中學起，以儲備反共復國之人才。」[59]

于斌當時並未對此期望作肯定答覆，因他知道此事當從長計議也。四月二十四日是相當忙碌的一日，銘傳育幼院由其擔任名譽董事長，向社會各界募款，與會者有嚴家淦、蔡培火、郭驥、連震東等人，而唐榮亦慨捐一萬元，作該院之建築費。晚間則為台大、師範學院、工專、國防醫學院等校大專天主教同學會同學付洗。四月二十五日，在一再的餞行宴會後，于斌離台赴韓。赴機場送行的有陳誠、張厲生、張道藩、張其昀、黃伯度、俞鴻鈞、谷正綱、黃少谷、蔡培火、蔣經國、白崇禧、王叔銘、錢思亮、嚴家淦等黨國大員、社會名流，[60] 由送行名單，尤可見出此次于斌返台受台灣社會重視的程度。臨行時，于斌表示願在秋天時再訪台灣。

---

58 同註55。前文管茂生稱所獲為大依撒伯爾勳章，可能係當時的說法。

59《教友生活週刊》，一九五四年四月二十五日。

60 同註59。當時新聞稱于斌將在秋天再行赴台，以三個月時間，作環島講道，此應為于斌之期望而已。

于斌在四月二十六日晨，由駐韓大使王東原陪同，覲見了韓國總統李承晚。兩人是多年的老朋友，一九四五年韓國獨立，李承晚曾特別邀請于斌為參禮貴賓，但當時于斌公務繁忙，無暇赴韓參加盛典，只派潘朝英代表前往。此次終於踏上韓國土地，李承晚見到于斌非常高興，與其晤談一個多小時，並邀請他在鎮海同住一個星期，于斌此次赴台，僅得教廷短期參訪許可，不欲再做滯留，橫生枝節，於是婉辭了李承晚的邀請，取道日本於五月四日返回紐約。

秋天時于斌並沒有實現他再度來台的願望，反而去了西班牙。七月二十一日，駐西大使于焌吉致函于斌，稱已知道他將於八月二日抵達馬德里。並勸他往 San Sebastian 一行，因大部分政府官員皆在此，「好會見外交部長、教育部長等。」[61] 信中亦提及于斌欲前往羅馬，不過這一部分似乎未成事實。

除了往 San Sebastian 會見西國政府官員外，于斌此行主要係為中國留西同學而來。據温天錫寫給于斌的信說：

「中國公學可能於秋天成立，據云教育部已經撥一百萬西幣作為開辦費和修整之用。據公學校長透露，盡可能給中國同學方便，並願盡可能多給中國同學獎學金。」[62]

因此此行最主要目的，應即為此中國公學而來。而留馬德里時間既多，自然與留學生們有較多相處

61 于焌吉致于斌函，一九五四年七月二十一日。
62 温天錫致于斌函，一九五四年六月七日。中國公學提供中國學生獎學金，亦提供中國學生住宿。

機會，以于斌鶴立人中的氣質，更給留西同學相當深刻的印象，一位學生徐斌寫信給他：

「自總主教離馬德里後，此間同學均極思念，相聚時常以總主教在馬德里之生活瑣事為話題，進敘總主教對此間同學關懷愛護之情。……一談便是半小時，一小時，彷彿總主教仍與此間同學相聚一家。」[63]

有這種感覺的當不只是西班牙留學生而已，受于斌照顧的美國留學生，亦應有同樣感受。

四、忙碌的一年：一九五五年

一九五五年二月一日，于斌應菲律賓僑胞之邀，赴菲訪問。不論是菲律賓人或是華人皆熱烈歡迎。二月一日的記事本中載：「下午三點半，遣使會中國神父：董、蔡、王來訪。……晚飯楊啓泰在家請僑領談話，用飯。」二月三日「十二時半，總統午餐談一小時」。

行程當然不只如此，教會方面、各地地方政府、商界、僑界不斷的拜會訪問。除了馬尼拉外，他還訪問了 Cagayam、Cotobato、Davao、Cebu、Hailo 等地。[64] 能講西班牙語及英語的于斌，在溝通上完全沒有障礙，而其風采再一次的吸引了菲律賓人民的目光。在演講中他當然不會忘記邀請他的新朋友們——菲律賓人與華僑密切合作，對付共同的敵人：共產主義。[65]

---

63 徐斌致于斌函，一九五四年十月十五日。
64 于斌一九五五年記事本，二月一日至三月十三日。
65 雷震遠，《于斌總主教小史》，頁三四。

在圓滿結束訪菲行程後，于斌即轉往越南訪問，其時任越南總理的是吳廷琰。吳廷琰的兄弟吳廷俶是于斌在羅馬念書時的同學。一九四七年吳廷琰訪問中國，在南京曾拜訪于斌，這大概是兩人首次碰面；一九四八年十二月于斌出國作國民外交，吳廷琰不久後也為越南獨立問題赴美活動，經常就住在華盛頓特區的中國文化學院，據于斌在中國文化學院的秘書胡瑗回憶：

「當時他為了活動返國執政，常常來往紐約與華盛頓之間。在紐約住在近郊紐澤西州的一座修道院中；在華盛頓就住在文化學院，食宿都由樞機主教供應。樞機主教自己經濟情況也並不富裕，燒飯沒有廚師。平常我和其他同學，不只擔任義務秘書，還輪流兼掌義務司廚。吳先生出身越南世家，為人非常忠厚誠懇，對於孔孟之道極有研究。平時和樞機主教談論天下事總是以法語交談，因為他雖精通我國國學，可是談話不夠流利，不如法語說的方便。我們大家相處如家人，每次吃完飯，他都照美國慣例，捲起他的袖口，要搶著洗碗。當然，十次中我們有九次都設法把他推開，由我們自己來洗。他當時那種由衷的感激表情很使我們感動。」66

于斌在越南自然受到這位昔日好友的熱烈歡迎，三月十四日抵達西貢後，三月十五日早上正式拜會吳廷琰，晚上八時三十分吳總理又設宴款待。他們的話題當然不止把酒言歡憶當年而已。吳廷俶時任永隆主教，隨後數日他帶著于斌及雷震遠等人訪問永隆教區，當地的華人團體予以非常熱烈

66 胡瑗，〈鞠躬盡瘁，死而不已〉（同註9），頁三三八～三三九。

的歡迎。當時越南北部已為共黨控制，不願受其控制的北越人民，包括不少天主教教友，紛紛南下，住在南越的難民營中。雪梨樞機主教齊洛伊當時也在越南訪問，于斌曾與他一起到難民營中訪問，而于斌關心的最主要還是華僑難民。[67]

三月二十六日于斌結束了他這次的訪越之旅，經馬尼拉轉關島、夏威夷，於三月三十日抵洛杉磯。[68] 四月二十七日一位政治觀察者 Chen Hsiao-Wei 寫了一封信給美國國務卿杜勒斯（John Foster Dulles），為美國的對越政策提出建言。大意如下：

「1.美國必須毫不猶豫的保持吳廷琰的地位，但必須配合越南現況，調整其復興越南的計劃，無論這些計劃是由美國或是吳廷琰所設計者。

2.越南軍隊必須謹慎的重組，避免軍方勢力造成危機。

3.在美法關係友好的狀況下，完全結束法國在越的殖民主義。

4.為了讓越南人民有機會表達他們對美國及其所扶助吳廷琰政府的支持，應該要組成一個臨時議會，其中五分之三由人民選舉產生，另外五分之二由政府遴選。如此各黨派方有機會可以表達自己的意見

5.不能允許由保大回國來運作政府。

67 同註65，頁三四～三五。

68 于斌一九五五年記事本，三月二十六日至三月三十日。

6.吳廷琰必須廣納各方意見，特別是非天主教徒的意見，以形成個人政策。」[69]

于斌個人則是寫了一封信給史培爾曼，報告他此次兩個月的菲、越之行。他沒寫什麼特別的東西，只是向史培爾曼報告行程，並轉達麥格塞塞總統及吳廷琰總理的問候之意。[70] 史培爾曼也禮貌的回信給他，恭喜他在菲越有成功的訪問。[71] 不過這次訪問並不像是他們書信往來的如此輕描淡寫，菲律賓與台灣的外交關係，自總領事級升到公使級，再於十月一日改為大使級，首任中華民國駐菲大使為陳之邁，於十二月二十日向菲總統呈遞到任國書；于斌在菲律賓的訪問，應是中菲雙方外交關係改善的一環。至於越南，十月二十四日吳廷琰經投票當選總統，越南國王保大退位；中華民國公開聲言支持新的越南共和國加入聯合國。而雷震遠也於此時代表于斌，率溫天錫、郁祖忻等人赴越工作，更可看出于斌在中越邦交上的重要性。

十一月一日于斌到達馬德里，展開他第五次的訪西之旅。在此行程中，他於十一月七日拜訪了西國外長亞達和。除了一些官式酬謝的說詞外，于斌向他解釋了中華民國將在聯合國中對外蒙古入會投下反對票，西國外長對此表示了解。[72] 十一月十一日，安慶教區的梅耿光，蕪湖教區的蒲廬，常德教區的王德純，在撒拉曼加（Salamanca）發起祈禱活動。三位主教皆係西籍，遭中共先後驅

69 Letter of Chen Hsiao-Wei to John Foster Dulles, April 23 1955. 此封信放在于斌資料中，可能與其有關係。
70 Letter of Paul Yu-Pin to Cardinal Spellman, April 8 1955.
71 Letter of Cardinal Spellman to Paul Yu-Pin, April 13 1955.
72 西國政府擔心若中華民國在外蒙入會案投下否決票，將致使蘇聯在西國入會案亦投下否決票。此事確曾發生，但蘇聯隨後放棄了他對西國等十二國的否決票，以換取四個其附庸國家的入會。

逐出境，祈求五十二位中華殉道真福（二〇〇〇年十月一日，教廷宣佈為聖人），轉求天主賞賜中國和平。[73] 于斌亦自馬德里前往參加，十二日趕回馬德里，隨即乘火車轉赴法、比等國。

此次行程最主要目的地其實是西德，十一月二十三日于斌抵西德，探望了在德國念書的中國神父們，並先後訪問了方濟會、聖言會等會院，見到許多當年在大陸舊識的外籍傳教士，相見唏噓自不在話下。十一月三十日于斌在科隆總主教福林斯（Cardinal Frings）的陪同下，拜會了西德總理艾德諾（Konard Adenaur）。在其記事本中記載：

> 「十一點三刻 Frings 樞機來陪往見 Adenaur 談半小時，對中國之謎有探討，一少數之控制力已將如俄自然不可動搖，且交通網可平服任何變動（自由世界之廣播均不可透過，雖欲聲援，豈能出力）然對中德關係正在考慮。……」[74]

中華民國與西德外交關係的恢復，于斌此次的接觸，有其一定的貢獻。

十二月六日，于斌自法蘭克福搭機至羅馬。十二月八日參觀了美國公學及越南公學，「七點傳大降福並晚餐，宿於母校。」[75] 十二月九日「午飯於 Card. Costantini（即剛恆毅）處」。[76] 雖然教宗庇護十二仍不願見他，不過剛恆毅才被選為樞機，此次的午餐會面，無疑具有象徵意義。在

73《教友生活週刊》，一九五六年一月十五日。

74 于斌一九五五年記事本，十一月三十日。

75 于斌一九五五年記事本，十二月八日。

76 于斌一九五五年記事本，十二月九日。

羅馬最歡迎他的是才剛重新回任的謝壽康公使；十二月十日他為于斌辦了一個歡迎茶會。十二月十一日「上午九點在聖伯多祿墓上獻祭，我國神父、修士、修女、教友七八十人參加，講㈠伯多祿之殉道可說明我國聖教前途。㈡常喜樂應為我人之態度。……」[77] 同日晚十一時，于斌搭車去米蘭，第二天早上抵達，錢志純、胡仲山等數十人前來迎接，然後再去波隆納，十二月十三日晚回到羅馬，十二月十四日見到由菲律賓赴羅馬的薛光前，十二月十五日回到西班牙。[78]

此時教廷駐西班牙大使為安童儀。安童儀曾在剛恆毅時代任駐華外交官，與剛恆毅一樣，對中國教會經常抱有同情與支持。當時仍在西班牙念書的兩名南京教區修生王愈榮及賀人龍，領受執事後，經安童儀特許，可以提前領受鐸職。十二月二十四日，這兩位南京教區的修生，在他們的總主教于斌主持的典禮中，祝聖成為司鐸。于斌在祝聖後曾感嘆許久沒有祝聖新鐸了，[79] 這兩位修生的祝聖，在其海外流放生涯中，應是不小的安慰。

五、自由太平洋越南分會與歐洲之行

一九五六年在去歐洲之前的六月二十日，于斌發了三封信出去，第一封信給越南新總統吳廷琰，大意是他將讓雷震遠在那裏工作一段時間，最遲可以到聖誕節前；雷震遠將帶著一些年輕的中

77 于斌一九五五年記事本，十二月十一日。
78 于斌一九五五年記事本，十二月十一日至十五日。
79 同註35。

國學者，去為自由太平洋學會工作。[80] 第二封則是寄給西貢主教，主要是告訴他，在西貢教區工作的中國神父，將可得到傳信部的補助。另外為自由太平洋學會工作的教友，也可以做傳教工作，因為他們比較容易去接觸非教徒的中國人。[81]

由這兩封信可以看出，此時除了在美國的日常性工作以外，越南的自由太平洋協會是于斌相當關注的重點工作。由韓國新當選之副總統張勉信中得知，雷震遠在五、六月間曾在韓國訪問；[82] 也可見出這個自由太平洋協會，其活動範圍絕不限於各個孤立的國家，而是一種各國政府和民間的聯合反共團體。由於吳廷琰的全力支持，自由太平洋協會在越南的分會成績最好，據雷震遠的描述：

> 「一九五六年初，越南方面辦事處在西貢從容成立，並創辦自由太平洋通訊社，給越南十一家華文日報供應反共新聞。現在自由太平洋通訊社已經是一個良好的通訊社，每日給各報供給二萬字的電訊稿，計每日發稿六次。另有一種週版，每週航寄全球各華文報紙。一九五七年，自由太平洋協會在堤岸阮豸街九二二號有一極大的中心，為堤岸最大房子之一。工作陣容隨著自西班牙、美國與自由中國前來越南從事反共工作的優秀青年，而壯大起來。自一九五七年開始，在越南出版一種自由太平洋月刊：彩色封面，五十頁的文字，另加畫頁，圖文並茂；行銷東南亞及遠東全部國家，甚至遠銷美國、歐洲、以及拉丁美洲。特聘留學西班牙

---

80 Letter of Paul Yu-Pin to Ngo Dinh-Diem, 20 juia 1956.
81 Letter of Paul Yu-Pin to Mgr. Simen Hien, 20 juia 1956.
82 Letter of M. Chang to Paul Yu-Pin, June 2 1956.

之鍾國屏為總編輯。一九五七年九月，創立自由太平洋語言書院，教學各國語言，計有英文、越文、中文、法文、西班牙文、韓文等課程。……自由太平洋協會，也正在推進大量文化活動，如演講、展覽；在該會大部演講者，要皆就共產主義、國際問題及精神方面問題，發表讜論。該協會也極力推進『中越一家』精神，使中越人民之間獲得更佳之了解，以及真正而誠摯的合作。

所有這些大的工作之推動，都是有受于斌總主教的偉大昭示，他希望這個世界，隨著基督捨生救人的精神，而成為更好的世界。」[83]

六月二十日同一天的第三封信，于斌是寫給教廷駐美宗座代表 Amleto Giovanni Cicognani 的，信中主要是報告他即將有訪歐之行，他和宗座代表報告說：

「我將要去拜訪歐洲許多的學生中心，七月時我將在羅馬。」[84]

這個簡單的報告說的都是事實，但于斌赴歐的目的當然不只如此。他在六月二十日才寫信給宗座駐美代表，表示他只是報備，而不是請求批准。

因為在歐美各地從事協助留學生工作的實效，中華民國教育部聘于斌為「在美教育文化事業委員會委員」；有了這個頭銜，于斌可以更名正言順的為留學生服務。赴歐第二日，六月二十二日，

83 雷震遠，《于斌總主教小史》，頁三八～三九。

84 Letter of Paul Yu-Pin to Apostolic Delegate to U.S.A., June 20 1956.

他陪同教育部國際文教處處長張乃維與馬德里中國留學生座談，主要是解釋中華民國的留學生政策，這個政策簡言之就是：只能回台灣或不得已留在外國，而絕不能回到中共統治的中國。[85] 二十三日在西班牙國家廣播電台錄音，向中國播出。其記事本中載：

「以兩點告之：1.蘇之反史宣傳，內含革心意味，共產主義之沒落趨勢也。2.各民主國家道德精神運動逐漸展開，反共已尋得正軌。故民主集團之接近勝利，以現階段為最，希國人勿急、勿懈，再接再勵。」[86]

六月二十九日，于斌已在羅馬現身，此行之最主要目的地就在此。自六月二十九日至七月十八日，由記事本看于斌之行程，主要活動常與謝壽康、于焌吉有關，似乎于斌是在尋找覲見教宗機會。[87] 七月十九日于斌離羅馬赴米蘭，七月二十五日自米蘭搭火車赴 Caux，參訪「道德重整會」，「Dr. Frank 親到站歡迎，其秘書 Maurice Martin 教友幹部 John de Cavalleé……」，二十七日上午出席早會講話：

「1.來探病。2.對 R.M.A.（按：道德重整運動）不太認識，乘機研究一下。3.予素以發揚中國文化精神並宣揚基督福音為目的，目前中共破壞我國文化，而世界對福音亦未普遍接

85 《教友生活週刊》，一九五六年七月十八日。
86 一九五二年巴塞隆納聖體大會時，于斌即曾在西班牙做過此類廣播。
87 《教友生活週刊》同年七月四日之報導稱其「將至羅馬及歐洲各地宣慰我國在歐留學生，並晉謁教宗。」

受，雖我自由中國向教者日多，然其數目與影響尚不足挽狂瀾於既倒，今後本此志願繼續奮鬥以求貫徹。希大家為我遭難之祖國及有教區返不得之我祈禱。4. R.M.A.做了許多好事，值得誇獎，提倡道德乃我人共同責任，宗教與道德本不可分離。」[88]

七月二十八日，「今日上午偕巴博士去 Genève 接何應欽」。[89] 七月二十九日赴巴黎，八月一日赴比利時，主要的活動是在魯汶大學探望中國留學生；八月五日搭機返回羅馬，即在謝壽康陪同下赴 Villa Mondragone Frascati 參加「世界改造運動中心」的主教避靜（退省）。六日避靜開始，八月十日，參加避靜的二十七位主教晉見教宗，在于斌記事本中僅記載：「今上午九點，聖父在 Gandolfo 召見避靜之二十七位主教」。

據羅光的說法，庇護十二並不歡迎于斌，他回憶說：

「主持此會的 Angeluci 樞機曾說，教宗看了照片，就把于總主教的部分劃掉。」[90]

羅光自己也曾親眼看到這張于斌被劃掉的照片。龔神父則稱于斌在準備要晉見教宗時，「曾有一位教廷的蒙席將于斌戴的小紅帽摔在地上，但為了見教宗，于斌還是將帽子撿起戴上。」[91] 在忍氣吞聲後，于斌還是晉見了教宗，不過大概教宗並未給他什麼指示。

88 于斌一九五六年記事本，七月二十七日。
89 于斌一九五六年記事本，七月二十八日。
90 羅光總主教訪談紀錄。
91 同前註。

在這次不愉快的晉見後，于斌於八月十一日再飛往馬德里見中國同學，然後赴慕尼黑、海德堡、波昂等地。于斌在波昂待了一星期時間，在記事本中看不出活動的情況，不過應是以拜訪其德國政界友人為主。

八月二十九日，全德天主教教友大會開幕，于斌以中國教友代表團團長身分參加，九月一日下午在科隆大殿，以德語講道，據說除了教宗特使外，在參加大會非德籍主教中，于斌是唯一以德語講道者。九月四日，于斌回到了紐約，結束了這次忙碌且略有挫折的歐洲之旅。

六、韜光養晦與意外的歐洲之旅

一九五七年除了美加地區外，于斌没有向外的行程，和三年來活躍的狀態比較起來，似乎有些反常。原因是什麼？一九五七年他給吳漪曼寫的一封信似乎能提供一些解釋，于斌在信中說：

「我晝夜在忙，為佈置將來聖教在東方的開展，我發動了中美聯誼運動以後就計劃擴大範圍，把太平洋做成一個單位，賴天主的助佑，這個運動幸能於今年以自由太平洋協會的名義在紐約具體化。這個組織也是文教性質，以民眾、輿論和領袖三種教育，為太平洋區二十五國人民造幸福。消極是根絕共產主義；積極還是因基督聖名重建社會秩序。」[92]

這種解釋是比較積極正面的，但旅居台灣的南京教區神父方豪道經紐約時，看到的卻是于斌痛

92 同註21，頁九九～一〇〇。

苦的一面。他描述說：

「四十六年秋，余有西德之行，出席國際東方學與漢學會議，東歸時，道出新大陸，謁公於紐約寓所，小樓一角，寂靜如死，拉余長談，喋喋不休，關心祖國，情見乎辭；其時公心情之沉重，精神之苦悶，豈外人所能知乎？公一惟聖座之命是從，余肅然起敬，嘆曰：斯真難能可貴也！斯真偉大也！斯真不可及也！」[93]

雖然內心有許多痛苦，于斌也沒閒著，美國境內有留學生及僑胞要關心，在世界各地有許多人寫信給他要求協助，他要在美國政府及民間繼續其反共的國民外交工作，還有台灣的教會也需要他充當政府與教會間的橋樑。但不管多忙碌，于斌想要四處訪視的心，應仍是異常熾烈的。

一九五八年十月九日，教宗庇護十二駕崩，于斌在十月十一日即赴羅馬奔喪。他沒有什麼義務非要去羅馬不可，選任新教宗是樞機主教們的權力，因此于斌赴羅馬的理由，殊令人好奇。最有可能的原因是他希望選出的教宗，能堅持反對共產唯物主義的立場。

其時剛恆毅樞機臥病在床，當他抵達羅馬之日，聞訊即由羅光及杜寶晉陪同去醫院探視。趙賓實回憶了當時的情景：

「他們一進屋，剛公就伸開雙手，微笑的歡迎他們，並給他們說了最後的遺言：『今日的中

93 方豪，〈于野聲樞機之偉大處〉（同註31）。可能此時教宗有再下禁令，不准其四處活動；台灣國民黨內也有人造謠稱于斌為「第三勢力」一員。

國正演著當時羅馬帝國的一齣好戲，中國人民無論在環境上，思想上都有著劇烈的轉變，……我認為當年羅馬帝國的歸化，正是他日中國聖教廣揚的寫照。中國有五千年悠久而優秀的文化，她將要負起領導世界的重任；很顯然的，天主願意藉著中國來傳播基督的神國。但生在這時代的你們，如果不能利用這個轉捩點，不能緊握這好機會以發揚天主的神國的話，將要成為聖教會的罪人。』……

剛公不幸於民國四十七年十月十七日突然逝世。翌日，移靈於聖職部寓所，各界前往唁弔的，絡繹不絕，于公暨吾國駐教廷大使謝壽康，吾國駐義大使于焌吉並率領中國留羅馬的神職前往敬獻花圈，以致追悼之意。十月二十三日上午九時，中國全體留羅馬的人士假梵蒂岡傳信大學中國學院聖堂，為剛公舉行追思大禮彌撒，眾推由于公主禮。我駐義大使于焌吉，駐教廷大使謝壽康暨全體館員，教會方面有羅、杜二位蒙席、楊鳳岐教授、中國全體留羅神職人士均恭往參禮。……大禮畢，于公賦詩，將剛公一生的大業與功勳向大家一一介紹，使聽眾永銘不忘。詩文如下：

喪友喪父竟蟬聯，悶上加苦不堪言，
雖說失友等失父，頗喪所失更寡歡；
此父勛績難馨述，中華教史將連篇，
國籍主教憑此力，神職教育因改絃。
創辦輔仁培多士，主持公會集群賢，
公進規模賴以建，政教合作幸開端；

本國修會親創立，中國文化力宣傳，
離華瞬經廿五載，德業對華詢空前。」[94]

于斌在上文詩中，稱剛恆毅為中國教會之父，由此觀之，于斌對剛恆毅也充滿了一種如子對父的感情。

十一月四日若望二十三世加冕成為新教宗後，于斌離開了羅馬，先赴露德朝聖，並赴巴黎，小遊比利時、德國、西班牙，並赴葡萄牙法蒂瑪朝聖。[95] 同行的還有薛光前，其回憶稱：

「一九五八年聯教組織在巴黎開會，我奉派參加。樞機亦適在巴黎。在一週末，承其相約，二人同至露德朝聖，並到葡萄牙法蒂瑪朝拜聖母，避靜三日。旨在充實刷新我的精神生活。」[96]

庇護十二的去世，等於宣告于斌流亡生涯的結束，從此後他將有另一番新的事業待他開展。

94 趙賓實，〈于總主教與剛恆毅樞機〉，《恆毅月刊》，第十一卷第二期，頁五五～五六。
95 《教友生活》週刊，一九五八年十一月二十日。
96 薛光前，〈宏教行道愛國濟世的偉人〉（同註21），頁四四。

第七章　輔仁大學

第一節　籌備復校

一、背景

于斌與北平的老輔仁有不少的淵源，當他剛返國任公教進行會總監督時，就在輔大任哲學教授；然後擔任輔仁大學董事。從抗戰時期開始，他為輔仁大學申請國民政府的補助，意在鼓勵於日軍佔領區域，繼續聘用愛國學人；抗戰結束後的經濟混亂時期，他也以國外教會的救濟費用，援助輔仁大學困難的財政。

輔仁大學創辦之初，財政原由美國的本篤會賓州聖文森會院負責，但由於規劃不週，加以全球的經濟大恐慌，致原本過於樂觀的該會院負債累累，無法繼續經營，於一九三三年經教廷協調，由聖言會接辦。一九四八年秋，北平時局險象叢生，校當局召集緊急會議，決定辦理遷校台灣，並規定重要圖書儀器及志願隨校員生，均由學校負責運輸，由天津乘船來臺。後以時局急轉直下，遷校遂成泡影。[1] 一九四九年，中共控制北平後，即將輔仁大學接管，然後於一九五一年將之併入北京

1 〈輔仁大學簡史〉，《輔仁》，第二期，頁二。

師範大學，至此北京的輔仁大學可說已名實皆亡。台灣及海外有許多輔仁校友，希望輔仁大學不要自此湮沒，於是發起輔仁大學在台復校事；一九五四年，于斌返台時，輔仁校友們曾為他開了一次歡迎會，席間英千里教授與諸校友，希望于斌能全力促成輔仁大學在台復校，但當時于斌知道此事並不單純。

一九五六年輔大校友會在台正式成立，積極推動輔仁大學在台復校事宜。[2]當時張其昀任教育部長，他素與于斌、方豪等人熟稔，知輔仁大學愛國興教的立場，於是表示願在可能範圍內，盡力協助輔仁大學在台復校。而在教廷方面，剛恆毅可算是支持輔仁在台復校的代表人物；外交部長葉公超於一九五七年二月訪問梵蒂岡時，對輔仁復校事亦有所鼓吹，並將其事交駐教廷公使謝壽康辦理。謝壽康於四月十日將辦理情形，向葉公超報告稱：

「天主教各教會（按：修會）Orders 對其工作幾乎絕對自由，雖主管機關亦不能有所命令，輔仁大學原屬于聖言會 Society of Divine Word，是輔仁復校之關鍵全在該會，現該會表示，因缺乏人才及財力，一時不能在台恢復輔仁大學，傳信院（按：傳信部）已將此答告輔仁復校運動委員會矣，然則此方面已無甚希望矣，弟再往與傳信院秘書長商，詢問其他教會有無在台接辦輔仁之可能，伊答稱最有可能者為耶穌會，但該會維持其東京大學已覺困難，同時越南曾申請該會在西貢創設大學，該會頗有意接受，惟迄今仍未開始籌備云。」[3]

2 亨貞，〈于總主教與輔大在台復校〉，《恆毅月刊》，第十一卷第二期，頁四九。

3 〈謝壽康致外交部長葉公超函〉，外交部檔案《田樞機返台案》，一九五七年四月十日。

于斌對輔仁大學的復校，一直保持樂觀其成的態度。一九五八年六月，曾在中國傳教的聖言會士舒德（John Schuette）當選了聖言會第六任總會長，于斌立刻致函道賀。在信中于斌說：

「你在中國身為堂區神父及輔大教授的豐富經驗中，你比任何人都了解中國教會的需要及呼求。整體來說，中國教會最迫切的需要就是在台恢復輔仁大學。……為台灣及海外華人，一直沒有一所高等教育機構，是依據我們教會的原則及理想辦學的；如果輔仁在台復校，至少在大學階段，我們就沒有必要送青年男女負笈海外，我誠摰的希望你能認真考慮輔仁在台復校的可能性，我倆人將會予你我所有的支持。」[4]

然後在各方邀請下，舒德在一九五八年即訪問台灣，並將他的訪台心得寫了一封信給教廷駐華公使黎培理。他在信中說：

「……最主要的問題是財政難題，部分則是由於人的因素。因此，在決定任何事情，或是開始任何行動以前，我想要知道傳信部會在計劃真正實施時，給予多少補助。

我估計，為前五年約需九十萬美元，其中至少十萬美元是用為買地的費用，三十萬美元用於建築計劃，此外，每年還需十萬元為充實設備及充分運轉費用。我個人相信，我們羅馬的總會，將會慎重考慮重開輔仁大學，如果傳信部願意為土地以及建築提供十萬至二十萬美元，

4　Letter of Archbishop Paul Yu-Pin to Very Rev. John Schuette, June 26,1958.

同時在開始（按：五年內）時，每年為其他開銷給予四萬至五萬美元。」[5]這樣的數額可能有點超過傳信部的能力，另一方面看起來聖言會一個團體也不見得有獨自設立大學的力量。於是復校一事遂暫告停頓。

二、籌備

輔仁校友會並不了解真正困難何在，只覺得既有聖言會總會長允諾，教會方面的困難應該可迎刃而解；一九五九年二月，在睽違台灣五年之後，于斌有了赴台之行。不過他以總主教之尊，在台無實際教區責任，因此只是以客人身分，赴台短暫旅行。在離台時，輔大校友會知于斌將有羅馬之行，於是託于斌將校友會復校的期望轉而向教宗表達；于斌沒有把握可以見到教宗，只允將輔大校友會的意見傳達給傳信部代部長雅靜安（Agagianian）。[6]

在這段期間，于斌也與一些人交換過輔仁大學在台復校的事情。在一九五九年五月間，潘朝英曾寫信給他，指稱牛若望曾建議，若輔仁大學在台重開，「為了使其運作更平順，你應該是董事長及暫時擔任校長。」[7]為何原屬聖言會的事業，現在反而需要于斌總其成？這個應從三方面來說：首先聖言會無力獨辦，勢必須與其他團體合辦；其次中華民國政府當局信任的是于斌，而不是外籍

5 Letter of Superior General Schuette, S.V.D. to Most Rev. A. Ribeiri, December 1, 1958.
6 于斌，〈輔仁大學復校的意義〉，《于斌總主教言論集》，頁一八七～一八八。
7 Letter of C.Y. Pan to Archbishop Paul Yu-Pin, May 9, 1959.

傳教士。最後在教廷方面，新教宗若望二十三世，明顯的採取了與前任庇護十二不同的對華政策。

若望二十三於一九五八年十二月十五日，抨擊中共所扶植的愛國會，「另為自己訂定天主教以外的教規，並且切斷與聖伯多祿教廷的堅固而神聖的聯繫，不再有服從和基督的愛。」[8] 一九五九年一月二十五日，教宗發動全羅馬教民為中國被迫害教會祈禱，並親臨參加禮儀。一九五九年二月，派傳信部部長雅靜安訪台。若望二十三世這些動作，明確表達了他支持自由中國的立場，在這樣的情勢轉變中，在台灣建立起一個天主教大學，看起來就更有其迫切性。而要成功，當然必須靠有豐厚人脈，為台灣政治高層所敬重的于斌不可。

于斌後來曾和羅馬中國神職們說起當時籌備的經過，內容相當完整。他說：

> 「今年六月我一來到羅馬，就替他們在雅樞機前傳達了這個消息。我想，中國有一句俗話『姑妄言之，姑妄聽之。』我說一說既是應當的，捎個信兒，也沒有什麼困難。我當時也沒有懷著很大的希望，因其中困難實多，經濟的困難，還不是最大的，不過也是很重要的。但在我說過之後，沒想到雅樞機接著就說：『重要性大極了！現在只有兩個問題"quid faciendum est? quomodo faciendum est?"當做什麼？怎樣去做？』我一聽，他是我的老教授，這次是用拉丁文講的，這個問題我一時答不上。……
>
> 我當時反問說：『不是教廷駐華公使已經做了報告嗎？』他說：『有報告，不過他的報告是他的，中國主教的意見，我還要聽一聽。』我當時受寵若驚，心想對於這個大問題，他老

8 羅漁、吳雁，《大陸中國大主教四十年大事記》，台北：輔仁大學出版社，一九八六年十二月，頁五六。

人家，既要聽一聽我們中國神職界的意見，我便回答說：『好了，我考慮後請再答覆。』我退出傳信部時，心在想樞機向來待人忠厚，不叫人失望，並設法給人一種鼓勵。其後我和羅杜等蒙席們及其他國籍神父大家商量，他們都很興奮，並貢獻了許多寶貴意見，且起了一份草稿，共四大張，便把它呈上去。我想，這就算交卷了。那知我呈上去的第二天，雅樞機就有了回答：『這個意見相當好，那麼現在為達成這種目的，請你再更多的研究一下：第一、我們主張，一個修會辦不到的事情，多數修會可以辦到，現在就請你到各修會去聯絡，並交換意見，看有沒有成功的可能性。第二、就目前而言，經濟是最難的問題，不過假使美國的教會方面如若能幫忙，這個困難也可解決。現在就請你到美國與各位主教多取聯絡，請他們幫忙！』

我一聽樞機是有意要辦的，我就回答說：『將來的結果，我們固不能預料，不過若有樞機的祈禱和聖座的號召力，我相信成功的可能性很大。我甘願負起這個研究的責任！』當時樞機就給我正式寫了一張憑證，使我到美國，好有話說。

在我未到美國之前，我就先和幾個修會的總長交換意見。他們對聖座這個計劃，相當地重視，而且沒有一個說：『我們不辦』，或『辦不到』，都許下要考慮，看將來如何參加。這對我是一個很大的鼓勵。當然，各修會有各修會的困難，既然他們在考慮，這就是說，若沒有困難，大家都願意參加。」9

9 同註6，頁一八八～一九〇。

這裏于斌對各修會的看法，顯然是太過樂觀了；實際上各修會總會長並未給于斌任何具體的承諾，只是既然有傳信部部長的支持，他們也不便直接表達反對的立場，畢竟沒有錢，一切都還是空中樓閣，也不到要表明反對或贊成立場的時候。他們要等著看以美國為基地的于斌，在美國募捐的情形。

于斌曉得中國神職人員中，人才還不夠，因此必須向各傳教團體要人支援。但經濟上要能完全控制，才有可能建立起真正合一的大學。因此開始時于斌想的是數以百萬計的捐款，好能在經濟上完全自主。但正如大家預料的，這麼龐大數額的捐款，讓于斌四處碰壁。當時支持他的主要是波士頓總主教庫興（Cushing），答應于斌拿出十萬美金。于斌也去找紐約總主教史培爾曼，在于斌以為，這位最支持中華民國的樞機主教，必定願意捐款相助，不料此事卻是史培爾曼心中長久的痛，他要于斌先還了老輔仁的欠債，再來談新的捐款。[10] 原來在本篤會退出輔仁大學時，尚欠美國花旗銀行二十五萬美元債務，本利相加，至一九三九年已達三十九萬美元，這筆款項一九四〇年時由史培爾曼和銀行團協議以三十五萬美元支付，其中本篤會負責十萬元，密爾瓦基（Milwakee）教區的總主教捐了十五萬元，史培爾曼則負擔了剩餘的十萬元。[11]

懷著沮喪的心情，于斌回到教廷向雅靜安報告募款結果。同時他也向雅靜安報告，由於自一九五八年八二三砲戰以來，國際上認為台灣的局勢不穩，因此也影響了捐助的意願。

10 龔士榮神父訪談紀錄。
11 Jerome Oetgen,《聖文森會院的中國傳教任務》。

「當時，我就說『台灣現在的情況並不太穩，若是辦大學，可能是經濟浪費。因很多人都不願捐款，要等著台灣的形勢明朗化了，換句話說，有了安全以後再來辦。』樞機以為這個說法是不合理的。『因為我們的聖教會，是戰爭的教會。Ecclesia militans，我們既是戰爭的教會，軍人是不找安全的，軍人是衝鋒陷陣的，軍人是不怕犧牲的；犧牲是軍人應有的天職。』這一套話他一講，叫我聽的非常佩服。做去雖然很難，但無論如何，也得去辦。雅署理部長既然決定非辦不可，我們就得開頭辦了。怎麼開頭辦呢？按中國的教育部規定，應由傳信部組織董事會，再由董事會推出董事長，由董事長推派校長。當時雅部長略微想了一想，就說：這事也不能那麼邏輯，咱們是就事論事，反正這個學校需要有個校長，現在就從校長的發表做起好了。發表了校長以後，校長再去找人，再去找錢，人錢一切都有了，再研究怎麼樣適合教育部的規定吧！這樣做，雖然不是很正常的辦法，在非常時期，也得用非常手段。於是雅樞機在二十六日簽名，就在十二月三日正式發表了校長之職。」[12]

和許多其他天主教大學成立的過程不同，通常教廷對於這些教會事業是抱持樂觀其成，但被動配合的態度；而由于斌的敘述中可以發現，一九五九年教廷對於輔仁大學在台復校，屬於主動積極，全力推動的態度，縱然遇到不小的障礙，還是要努力打破。提倡的方法是由教宗主動捐款，于斌說：

12 同註6，頁一九〇～一九一。

「就在十二月三日這天，雅樞機並兼掌璽大臣之職，就帶我這個新校長去晉謁教宗。……當時的我是誠惶誠恐的，教宗非常的慈祥，很客氣的先來一番祝福，並且說：『這個大學與中國的教務前途，關係太大了。過去歷史上有許多有名的大學，都是教宗立的，且頒有御旨（Bulla），你這個大學叫公教大學也是應當的，我一定盡力幫你的忙，現在我先給你十萬美金。』……之後教宗又說：『這是一個開始，並不是最後，今後還要盡力來幫助你。』他還說：『教廷一向對於傳統很尊重，前教宗庇護十一既幫過了輔仁大學十萬里耳，那麼我願意尊重教廷的傳統，也有點小的表示，希望將來有許多比教宗經濟力量更大的人，出來完成這一美舉。』」[13]

當時聖言會已允諾負責為理學院建築出三十萬美元，然後于斌又有了教宗允諾的十萬美元，再加上庫興的十萬美元，于斌念頭一轉，十個學院的綜合性大學或許不能一蹴可及，但至少為成立大學所需的三個基本的學院，在經費上已有了初步的結果，這是籌備輔仁大學成功的真正起點。

在宣佈教宗支助十萬美元前，于斌已將庫興願捐款十萬元的承諾告知雅靜安，雅靜安去信給庫興道謝，將他心中籌設輔仁大學的計劃告知庫興，他說：

「目前是一個重要以及緊急的時刻，當中國大陸的教會正在遭受迫害時，在台灣建立一個天

13 同註6，頁一九一～一九二。在獲發表為校長及覲見教宗當日，于斌即致函蔣中正，稱輔大在台復校事已有成果，日期為十一月三日，故言論集中十二月三日的日期應為十一月三日。

主教文化的中心，我個人可以證實教會在台灣的長足發展，我非常驚訝於有兩千名天主教學生，必須在非天主教的大學或專科求學。

為了保證未來中國大陸的慈母教會，在重建及發展時，可以有堅強的天主教領導者，我們必須給這些男女青年好的天主教大學教育。此外，這所大學將是亞洲地區唯一的一所以華語教學的高等教育機構（天主教），這所大學將為所有華人天主教學生開放，包括印尼、馬來西亞、新加坡、緬甸、泰國、越南、香港、澳門及海外所有華人移居地。同樣這所大學也為非天主教學生開放，好使他們也有機會得到我們聖教的禮物。

估計第一階段不可免的建築費用約需款百萬美元，聖座將會負責一部分，而他的大部分計劃將需要美國天主教徒及人民的慈善及慷慨。

因為您對中國的愛心與熱心，同時也因為您對這類事項的實際經驗，因此聖部請求您及閣下所建議的某些人，去組織及帶領一個團隊，為這個有價值的教育計劃募集基金。我相信田樞機及于總主教二人，將會對您為中國教會慷慨的付出，表示謝意。」[14]

在教宗公開捐款十萬美元後，庫興慷慨應允將設法籌到剩餘的九十萬元。于斌回憶說：

「一九五九年十一月我奉教宗若望二十三世之命，重建輔仁大學於臺灣，雖衷心快慰，惟力不從心。十二月二十七日又專誠造訪庫興樞機，報告聖座在臺復校之決定，並請教籌款辦

14 Letter of Cardinal Agagianian to Richard Cardinal Cushing, October 30, 1959.

法，樞機竟笑逐顏開，以我教慣用語告我：『羅馬說了話，問題解決了。一般人對臺灣多存絕望觀念，教宗竟獨具隻眼，將對臺灣大量投資，出錢出人，實現復校計劃，誠為難能可貴！天主聖意所在，我人無討論餘地，只有力求實施，以完成聖父美意，我將為籌款主任，樂觀厥成。』我對他的慷慨仁惠衷心感佩，並告須有美金百萬，始能開始營建，他也毫無難色的說：『教宗既已捐助十萬美元，九十萬元由我於兩年內籌足就是，你不必顧慮，立刻去臺灣做勘購土地，請求立案之準備，了解臺灣的人不多，籌款未必容易，不過天志所在，早晚必成，信仰之力可以移山，我們只有信賴神佑，前途光明。』」15

這麼大的款項對庫興而言也是難題，毛振翔的說法就比較直接，他回憶說：

「于斌總主教從羅馬回紐約的途中，先在波士頓逗留數小時，藉便去拜訪庫興樞機，詢問他曾否收到雅靜安樞機最近寫給他的信。據于總主教對筆者說：庫興樞機已經收到那封信，不過他當時還不知怎樣去捐募這百萬美金。所以他對于總主教說：『你現在不要打擾我，讓我靜思一個時期再說吧。』

因此十一月十八日，于斌總主教回到紐約後，和我首次談話時，即要我為他給庫興樞機打封信，請他約定一個去看他的時間。此信去後不數日，庫興樞機即回信說：請在十二月二十一日上午十時來波士頓面談。于總主教在約定時日到後，庫興樞機對他說：『羅馬傳信部部

15 于斌，〈悼念庫興樞機〉，《輔大新聞》，第六十五期，頁三～四。

長是代表聖座的。聖座既要我為輔大復校捐募百萬美金，我自當樂於遵循，因為聖座的意思就是天主的意思。不過等我為輔大捐到了百萬元後，你可不要再來麻煩我，好嗎？』」[16]

三、合作

在傳信部的想法中，原本除了聖言會外，也非常期望耶穌會士參加輔仁復校的工作；但台灣的耶穌會士開始時並不想參加，可能是並不看好復校工作的可行性。但在聖言會加入後，輔仁大學在台復校似已如箭在弦上，於是耶穌會總會乃要求台灣的耶穌會士加入。[17]

對這兩個修會來說，于斌是傳信部欽派的代表，而兩個修會則是合作者，彼此角色是不同的。於是兩個修會決定齊一步驟，彼此先簽訂協議書，然後再共同與傳信部談合作條件。這樣的方式在教會中是很常見的，特別是在修會與修會合作，或是修會與教區合作興辦事業時，經常會以書面契約的方式，規定彼此的權利義務關係。

一九六〇年二月國民大會召開前夕，于斌再度返台，他對記者表示：

「他為輔仁大學在台復校的工作，忙碌得不可開交，他實在無暇去考慮，在這次大會中應提出哪些提案。」[18]

16 毛振翔，〈于斌樞機與輔大永遠同在〉，《于斌樞機紀念文集》，頁一二〇～一二一。
17 同註10。
18《中華日報》，一九六〇年二月十一日。

五月份于斌到澳洲訪問，回台短期停留後即飛美國，六月二十七日記事本中載：「10A.M.訪庫興談募捐事。」六月二十八日飛往羅馬，七月一日至傳信部見雅靜安，時耶穌會遠東省的省會長 Onate 來訪，告訴于斌，聖言會將偕耶穌會同往高雄設立兩院，理工由聖言會負責，商外（外語）由耶穌會負責。[19] 于斌於是了解兩個修會已經簽有協議，但他還不知道兩個修會協議的內容。

一九六〇七月七日，于斌再到傳信部，在記事本中載：

「訪 Pecorari，得見 S.V.D.（按：聖言會）及 S.J.（按：耶穌會）之共同協定，……將大學與修會合作原則函及于在美工作如繼續，須補助一萬二千元函，呈雅樞機。」

這份所謂協定，其實是一份備忘錄，說明兩個修會的合作意願事項，而在這份備忘錄中，未提到中國神職的部分，表明在開始的設計中，兩個修會希望藉設立分校於高雄的方式，達到獨立自主的目的。而在這協議中，兩修會向傳信部聯合要求一年五萬美元的費用，是與所謂輔仁大學的合一性，唯一相關的部分。[20]

為了學校的統一性，于斌在所呈的合作原則函中表示：

「……

19 于斌一九六〇年記事本，六月二十八日至七月一日。

20 Memorandum on the Meeting Between S.V.D. and S.J., Hold on June 22, 1960, at the Generalate of the Society of the Divine Word, Rome.

2. 由各修會自己蓋的建築及買的設備，屬於各修會，但若是由屬於大學經費及傳信部補助來支付，這些建設及設備屬於大學。
3. 各院的院長應該由所屬修會指派，但必須經由校長同意。
4. 各院所屬的系主任及教授由院長指派，但必須符合教育部法規，同時由校長任命。
5. 由修會經營的院，必須自行負責薪水的發放，而各院所收的學費由各院完全支配。
6. 各修會有權派代表參加董事會。
7. 各院長是學校行政會議的當然成員。」[21]

四、尋找校址

當輔仁將在台復校的消息傳開後，由於隨之將有百萬美金以上的資金進入，連帶學生及教職員也將帶動地方繁榮，於是各個地方紛紛爭取輔仁大學在其地設校，北自基隆、南至高雄，東部的宜蘭、花蓮都紛紛向于斌提出計劃。自一九六〇年一月開始，于斌就奔波各地勘察可能的校地。在衆多可能的校址中，以台北士林鎮及高雄大貝湖畔是當初最可能的校地。

前已述及耶穌會及聖言會方面準備在高雄設立分校，並在一九六〇年六月提出協議書；而同時間中國教區神職方面則決定將大學設在北部，經過長時間尋找後，當時屬陽明山管理局的士林鎮的土地似乎最理想，有九十二甲之大，且採用贈與方式。一九六〇年十二月七日，舉行獻地典禮，于

21 Letter of Archbishop Paul Yu-Pin to Cardinal Agaginaian, July 4th, 1960.

斌以校長身分致詞說：

「……關於輔大復校的情形也順便報告一下，本人今年正月來台以後，本來想買塊地迅速復校，後來本省各縣市對教育都十分關注，都設法爭取，一年以來獻地不下三十六塊之多，……自正月至五月幾乎每天都在看地，可說是席不暇暖，五月離台以前幾乎一塊地都沒選擇成功，後來就責成各修會自己選擇，經蒙高屏三縣市的鼓勵，在高雄大貝湖獻地八十多甲。……北部現在將設立文學院、法學院、音樂戲劇專科，以及漢學館[22]各研究所等，都在此設立。」[23]

高雄方面的土地也很順利，一九六一年初，省政府方面同意「撥公地四十三甲及新台幣壹佰五十萬元作為協助輔仁大學在台復校建校之用，並同時表示輔大如有需要省府在其他方面的協助時，省府亦極樂於為之。」[24]在同年三月十日記事本中載：「十點半，費濟時來商談大貝湖校地，下午一時半，高市主秘陳新安，縣長余登發，閔神父、費主教、鍾議員等來晤談大貝湖建校事。」三月十二日，余登發等人再來拜訪。然後省府主席周至柔即在三月二十七日公開贈地。于斌在五月二十九日致函聖言會士蔣百鍊（Richard Arens）稱：

22 老輔仁有一很有名的漢學研究單位──「華裔學誌」，于斌希望能在中國教區神職負責的地方恢復。
23 〈輔仁大學接受士林鎮獻地典禮誌盛〉，新聞稿。
24 陳篤周致于斌函，一九六一年四月七日。

「土地問題已完全解決，所有手續也都確定。」[25]

但在看似平順之時，問題出現了。先是中國教區神職屬意的士林鎮校地，鎮公所是送了地，但地上的青苗、果樹等則需補償，補償費用需由輔仁大學負擔。輔大籌備委員會也已經付出若干費用予士林鎮公所，但青苗費實在太高，竟然高過土地本身的價值，幾經考量，於是中國教區神職方面只好忍痛放棄了士林鎮的土地。[26]

高雄的問題則出在各地方政府機關間的本位主義。大貝湖校地介於高雄縣、高雄市、屏東縣之間，在省府撥出校地後，同樣有地上物補償的問題，按宋長治的回憶稱：

「當年，在省、縣原則上同意撥澄清湖附近縣有農田公地之後，所以遲遲未能完成撥地手續者，純因高市、高縣和屏東等地方當局，為分擔其時只有三、四百萬元的地上物補償費問題，始終僵持不下——高雄縣認為我們已白白撥贈了好幾十甲土地，憑什麼還要我們再分擔補償費？屏東地方當局則認為，學校設在高雄縣，高雄市近水樓台，將來必定會平添不少財經方面的收益，我們是個小縣份沾不多少光，因而最多只肯分擔四、五十萬——意思意思而已！至於高雄市地方當局則又認為，學校並未建在市區，屏東雖遠，但將來必定也會沾到光，我們憑什麼要作冤大頭——多攤補償費？！以致一直擺不平補償費的問題，自然也就

---

25 Letter of Archbishop Paul Yu-Pin to Reverend Richard Arens, May 29, 1961.

26 同註10。

談不到正式完成撥地手續了。」[27]

另一方面原津沽大學校長劉迺仁，亦為輔仁大學董事會一員，也積極勸說兩修會成員，不要在高雄興建分部，他的著眼點是高雄太遠，當時僅有高雄醫學院一所大專院校，不易請到合格教員。[28]在兩方面主客觀因素皆有所改變的情形下，大約在一九六一年九、十月份，兩修會對大貝湖校地再達成協議，共同要求政府保證解決所有地上物，現在及未來可能的賠償問題，同時要政府興建校區的聯外道路，「如果政府不能在一九六一年十二月一日前履行上述的要求，大學將自動解除所有有關大貝湖校區的義務。」[29]

一九六二年六月九日，余登發等人再為設校事來見于斌，這次高雄縣是最後的努力，于斌賦詩一首紀念其事：

「高縣官民獻地虔，孰知好事竟多難；
將來如建農學院，盛情不忘看來年。」[30]

在士林、大貝湖校地接洽失敗後，由於高理耀（Joseph Caprio）的建議，一九六一年時聖言會與耶穌會同意與中國教區神職在同一地辦大學；兩個修會再發給傳信部一份備忘錄，在其中第五點

---

27 宋長治，〈緬懷樞機生前行誼──「睿智」、「幽默」二三事〉，《于斌樞機逝世十週年紀念文集》，頁四九～五〇。
28 龔士榮神父口述。
29 Proposal of the Society of the Divine Word and the Society of Jesus for Contract with Kaoshiung Authorities. 無日期。
30 于斌一九六二年記事本，六月九日。

稱：

「兩個團體同意在唯一且相同的校園內建設他們的學院，文學院（除了外語系）交由中國教區神職經營，歡迎他們在同一個校園中加入這兩個團體。在如此的情形中，他們應該為校園、建築及立即的公共建物負擔三分之一的費用。」[31]

第六點稱：

「共同的建物包括：大學教堂、大禮堂、圖書館、體育館、場、水電設施。」[32]

第八點稱：

「兩個修會是其個別基金的管理者，他們會向董事會提出財政報告以符合教育部法規。」[33]

這份備忘錄為中國教區神職方面接受，於是在此基礎上，三單位真正合一的開始準備輔大復校的工作。

三單位皆再尋校地，此時所尋之地皆在台北近郊，耶穌會方面看中中和鄉一塊地，中國教區神

---

31 Memorandum Concerning Fu-Jen University, Submitted by the Society of Jesus and the Society of the Divine Word to Sacred Congregation for the Propagation of the Faith, 1961.

32 同註31。

33 同註31。

職方面則看中新店的一塊地，和以前獻地情況不同，這些地方都是需要用錢買的，因此一時間也不易達成協議。一九六二年十月大公會議期間，輔大董事會曾在羅馬開會，于斌記事本中載：「輔大校董會在S.V.D.（按：聖言會）總長處開會，通過敦促三單位代表立購大坪林。」[34] 看起來似乎是中國教區神職的意見佔上風，但這樣的決議其實約束力有限。

聖言會方面也看中新莊的一塊地，開始時大家都不很喜歡這塊地方，因為地處工業區中，落塵、濃煙較多，且地勢低窪容易淹水，但好處是地形平坦，格局方正，可能價格也不貴，大約在一九六二年十二月左右，輔仁大學已積極與賣方接洽，[35] 至一九六三年二月，終於正式簽約，[36] 尋找校址的工作，至此告一段落。對這一段彎延曲折的過程，于斌感慨的向校友們報告：

「大家知道有一個時期我們可以說是萬事齊備只待東風了，這東風就是一塊土，說是輔仁大學的用地，好像不應當有問題，而且三十五個縣市來獻地有獻到一百八十甲地，還有獻到四百甲的，結果都沒有成功，我們落得自己花錢，……。三年前我不敢說，但兩年來可以說是萬事齊備，只待東風，但東風老不過來。最近在千難萬苦中，買了一塊地，這地當然也不是壞地，也很好，交通也相當方便，離台北坐汽車去一刻鐘也就到了，從辦事處到這地是整一刻鐘，過台北橋，現在公路汽車連絡，一天一百多次的車，交通便利。一片平原，後面有

34 于斌一九六二年記事本，十月十九日。

35 在一九六二年十二月四日蔣百鍊給于斌的信中提到：「我每天期望的好消息是產業終於買下，然後我們可以開始建築的工作。」

36 于斌一九六三年記事本，二月十四日校地簽約，二月十八日新莊各界代表茶會。

一小山，叫壽山，但讓我看來好像是可望而不可及，還算平原吧，要是說有山有水，便是自我閑談不合實際，但一片平地也不能說是平濤萬里，沒有這樣威大氣象，總是一片平地上可以蓋三間茅房，所以也不算太大，也不算太小。大家在春遊時也曾到新莊看過校地，你們看了相信吧，比輔仁大學舊址要大的多，所以地的問題要感謝天主了，解決了，雖然還有許多手續等等，而且今天大家過去對這地不滿意的人，也越看越順眼了，……我們對於輔仁校地等了差不多兩年，現在算決定了，過去我們想在東西南北各有輔仁大學一座，現在統統在一起了，所以校本部在新莊要出現了，校地算買妥了。」[37]

五、復校

除了現實的經濟問題外，法律問題也必須要一一克服。由於政府方面長期對于斌的信任，以及他以道義相交的人際關係，使他在面對復校的相關問題時，往往可以得道多助，問題迎刃相解。

首先是建校基金的問題。政府教育部的要求是必須要證明有錢準備復校，才能正式核准；教廷傳信部則要求必須有政府核准的文件，才願撥下經費，時任教育部高教司長的羅雲平稱：

「當時教部對輔仁大學復校批准的先決條件之一，是必須證明有足夠的經費。野聲先生畢生從事宗教工作，自奉甚儉，再加上不時周濟貧苦求助者，他哪裏有錢辦輔仁大學復校？他告訴我，他已向教皇請求補助，教皇原則同意，但必須有中國政府正式核准的文件。這兩個互

37 于斌，〈復校概況〉，《輔仁》，第四期，頁七三。

為因果的條件，一時無法解決，焦慮萬分，陷於極大的困惑之中，多次失眠，一再求我幫忙。受他辦學真誠感召，我終於以私人身分，出具一份英文信，內容主要說明，如果輔仁大學在台復校獲有經費之支持，我們樂見其成。他拿這封信，去見教皇，立蒙教皇慨捐鉅額建校基金，輔仁大學在台復校工作，才順利進行。」[38]

在教育部收到建校基金證明，發下核准文件後，輔仁大學復校籌備處於一九六〇年十二月十八日成立。時田耕莘已於一九五九年十二月被教廷任命為台北教區署理總主教，並於一九六〇年三月抵台履新，籌備處位於台北教區內，且田樞機時已被推為董事長，於是由田耕莘行祝聖禮，然後由于斌陪同參觀。[39] 擔任籌備處主任的是牛若望，龔士榮則任副主任，由人事觀察，這個籌備處是由中國教區神職負責的。

籌備處位於吉林路三十七號及三十九號，地基約為一百六十平方公尺，是一棟四層磚造樓房。當時校地仍無著落，是否與兩修會同在一校區辦學也仍未決定，但若大學能越早開始越好。吉林路籌備處的面積太小，甚至不夠一個系的運作，但為人數少的研究所則已足夠。於是在和教育部商量後，決定先從研究所辦起。一九六一年八月十四日于斌記事本載：「12:30 邀虞君質、張起鈞、杜而未、趙雅博、李貴良等便餐，研究招生事宜。」隨即在九月十四日舉行考試，以口試方式錄取了

38 羅雲平，〈偉大的愛國宗教家〉（同註16），頁一二四～一二五。實際上教廷得到中華民國教育部的信函後，也只是出了一個證明，以後錢是放在教廷駐華公使館處，依計劃動支。

39 〈輔仁大學復校籌備處成立誌慶〉，手抄稿。

八名新生，九月二十日開學，復校後的輔仁大學就以這一天開始。[40]一年半後在新莊校地已開始興建時，于斌回憶這一段過程，他說：

「我們謝謝教育部，在兩年前給我便利成立『哲學研究所』，可是『哲學研究所』上邊有幾個字，大家也要注意，『輔仁大學文學院哲學研究所』，這一下不但哲學研究所成立了，文學院也成立了，我們也不客氣，不但文學院成立了，輔仁大學也成立了。那麼輔仁大學文學院哲學研究所，教育部的朋友煞費苦心，給我研究一個印，這個印下來以後，給我一個名詞，輔仁大學文學院兼院長，因為這個原因，兩年來這幾個字，大家沒有仔細考慮，今年我認為很重要。因為今年我們只是院系的增加，不是立案的問題了。」[41]

不過開始的只是文學院的一個研究所，完整的大學要到一九六三年十月，三個單位聯合辦的文學院、理學院、法學院皆在新莊校區正式運作後，才算完成。

第二節　校務發展

一、學生事務

一九六三年十一月，輔仁大學的大學部開學，共收了十一班四百多名學生；這時只能使用最基

40 于斌一九六一年記事本，九月十四日、九月二十日。

41 同註40，頁七四。

本的校舍。十二月十二日，于斌自羅馬回台，十二月十六日，召集全體學生於文學院大講堂訓話，記事本載：

「1.愛校有賴各方面之努力，予個人只總其事而已。

2.輔大為有歷史之大學，精神遺產彌足珍視。

a.精神：愛的教育乃天主教之精神；仁者愛人　b.校風：勤樸　c.教與學的態度：博學、審問、慎思、明辨、篤行。

3.展望：開展新境界在於師生之努力，合作之結晶。

4.勿不滿現狀，光明在望。」

由上述第四點來看，可以知道復校之初，必定有許多不理想的狀態，對初期的學生而言，最不便的問題是交通，宿舍尚未完工，絕大多數學生必須搭車來回；另一個問題是學校在大興土木，校園亦不像今日綠樹成蔭，難免予人雜亂不潔的觀感，面對這些不可避免的情形，于斌也只能勸學生多忍耐。[42]

一九六四年三月一日，在理學院學生宿舍落成日，補行開學典禮；在典禮中由西德駐港公使巴赫為落成之宿舍剪綵，由教廷駐華公使高理耀祝聖，由教育部長黃季陸啓鑰，校長于斌在致詞時，將復校之功歸之於董事長田耕莘，[43] 不過大多數人都知道，于斌其實才是功勞最大的人。

42 于斌，〈校長歸國返校演說〉（同註40），頁四二。

43 〈本校開學典禮誌盛〉，《輔仁》，第五期，頁一五。

第二年則招收了六百多名學生，各院的宿舍也分別完成，此時大部分的同學可以住在學校中了。由於學校設備和當時的國立大學相較，有過之而無不及，同時又設有獎學金，44 因此一般而言在聯考中排名不低。而在管理方面，基本上于斌的態度是相當開明的，有一次同學問他有關取締長髮的意見，他說：

「我對這個問題沒有什麼意見，因為我覺得它並不是一個重要的問題，大家青年人嘛，多少總有點厭故喜新，這是免不了的，但是弄得怪誕不經，太過於放浪形骸，甚至於不注意自己身體的健康去蓄長髮著奇裝，我覺得那也不能算是做人的正規辦法，只要不太過分，不違反禮俗，我是沒有什麼意見的，這就好像在輔大，我並不強迫同學穿校服一樣，每個人都可以依照自己的審美觀念去選擇衣著，只要不違反禮俗，不丟棄內心的莊重，雖然是萬紫千紅，也沒有什麼不好，我衹是希望同學們不要有那種『目空一切，標新立異』的觀念就好。因為『一個人的外表就是一種極重要的資產，它不僅能代表你個人，而且人們對你最初的估計就是看你的外表的，這和他人是毫不相涉的。』」45

和當時仍穿軍訓服的多數院校相比，的確輔大的校風顯得自由、活潑，而這種校風的培養，于斌其功當不為小。

44 輔仁大學董事會第五次會議紀錄，一九六三年五月九日。
45 〈賀嵩壽・訪校長〉，《輔大新聞》，第八十五期。

而在師生的宗教信仰方面，于斌秉持過去輔仁大學的傳統，並不作任何限制，他說：

「這個學校雖然是天主教辦的大學，倒不是單為天主教的人辦的，而是為一般好學的青年學生辦的。所以我們儘量歡迎各方的青年來考我們的大學，我們是絕對沒有任何界限的，所謂『有教無類』，現在說這話，你們大家絕對可以承認的，因為教育部曾有明文規定，我們有什麼資格限制任何人，這絕對是公開的，絕對是為青年人而辦的學校，青年人當然係指各方面的青年學生。我們對信仰也不是條件，對貧富也不是條件，就是青年願來我們學校讀書，教育部在考試上給批准了，那麼我們就接受，就歡迎，所以這個學校雖是天主教主辦的大學，實在是為教育普及，為好學的青年來辦的。在教授團體裡面，非天主教的也是非常之多，是什麼意思呢？就是賢能登用主義，沒有中西教授之分別，外國人來我歡迎，中國人來我也歡迎，主要的是看他的道德學問，同時我還主張同工同值，不論那一邊的人願來教書，薪水該多少都是一律，沒有中外之分別，在此情形之下，我們可以簡單說，對於學生是有教無類，對於教授是賢能主義，……。」[46]

在這種宗教信仰自由的氣氛中，有一些學生在很自然的情形下，願意接受天主教信仰。一九六四年十二月八日，輔大校慶時，一位家政系的女生，由于斌付洗；她是第一位在輔大受洗的學生。[47]日後不斷有輔仁大學學生都在這樣的氣氛中自由領洗。

---

46 同註42。

47 *Chronicle of Fu Jen University—College of Science and Modern Languages*, June 28, 1964-November 18,1967.

二、合作與分治

輔仁大學既由三個單位合辦，當初復言明財務及人事獨立，彼此的關係非常微妙複雜。要如何界定互相負責的範疇，是很需要智慧的。

一九六四年九月召開董事會時，首先談到各單位預算。教廷公使高理耀曾詢問：既然三個單位都有人負責審查預算，有必要再將預算送往董事會審核嗎？于斌答稱：「根據法規，董事會必須每年將全部大學的預算簽署後送教育部。」於是議決：將三個預算合併為一，由董事會認可後送教育部。[48]

校長辦公室的錢如何支付也成為討論的問題。從于斌的立場看來，這應是屬於大學中公共的部分，所以應是由三單位聯合支付；但從修會的立場看，原先預料不到會有這方面的經費，臨時要其支付費用，有其困難。[49] 當時議決可向傳信部要求增加這方面的補助，若傳信部有困難時，則由下次董事會再討論。

由宿舍的分配使用，更可看出合作的困難；由於中國神職單位蓋的宿舍由全校三單位的女生共同使用，在宿舍收入的分配上就必須有所協議。決議是：

「文學院宿舍供全校女生使用，學生付的費用交給文學院，文學院因此招致的損失由聖言會

---

48 "Minutes of the Tenth Meeting of the Board of Trustees of Fu Jen Catholic University, September 2, 1964."

49 耶穌會負責人費濟時（Eugene E. Fahy）主張輪流由三單位支付，聖言會負責人蔣百鍊則建議由傳信部負責。

> 負責。至於原本希望住在文學院的男生，則改住聖言會宿舍。中國教區神職的住房問題，則由聖言會及耶穌會共同負責。」[50]

類似這樣為了釐清彼此界線的問題，在財務、人事上反覆出現。不但在董事會中討論，也在學校的行政會議中討論。一九六四年五月七日的行政會議中，也討論了制度、待遇問題。在其記事本中載：「統一與分立；三個處應改為三個組。」[51]

財務統編由董事會報教育部，是比較容易協商以符合政府教育法規的。但既然有分治權，則各項行政事務，其實很難有一些統一的規定。當時最為人所詬病者為三單位均各自有自己的教務、訓導、總務處，所謂教務長、訓導長、總務長等的行政權無法及於各單位。一九六五年六月九日，記事本中載：「午飯在法學院，各單位負責人均參加，乃開學來第一次為校長慶主保。三單位之教務、訓導、總務主任辦公文交換手續，告以分工合作，以處對內，以三長對外，三召集人非三長。」八月十四的記事本載：「八時四十五分去校，九時十五分與蔣、費談話，講高度自治之意義與界限。」究竟此界限何在？當時任于斌輔仁大學秘書的龔士榮稱，意即人與錢可以自治，但在學制方面應該統一，並且不與政府法律相背。[52] 這和蔣百鍊所載於《輔仁》的文字相符，該文只說人事經費自治，行政則不涉及。[53]

---

50 同註48。
51 于斌一九六四年記事本，五月七日。
52 同註28。
53 Dr. Richard Arens, "Report on Fu Jen University of Foreign Languages and Natural Sciences Conducted by the S.V.D. Fathers,"《輔仁》，第四期，頁二五～二八。

在海外的募款上，不同的團體間也會產生競爭關係。當輔大開始籌備之後，為募集經費，于斌派李奠然往芝加哥成立輔仁大學基金會。之所以前往芝加哥，據聖言會的說法是因為輔大前校務長芮格尼（Harold Regney）在芝加哥已有類似辦公室，負責募款事宜。[54] 而李奠然選擇的辦公室地址，與芮格尼以前的辦公室，竟位在同一條街上。不過中國教區神職方面，也不覺得自己有錯，毛振翔從前也在芝加哥做過傳教工作，老教友還在；而且李奠然並不是在教會系統中發展募款工作，支持他所主持輔仁基金會的，社會各界都有。當然聖言會的想法，是認為于斌超過了界線，想要爭取原屬於聖言會的資源。解決的方式是日後經過協議，美東屬中國教區神職的募款範圍，美中為聖言會，美西則屬耶穌會。[55] 從這個基金會的帳目觀察，在創辦初期以及校長室的經費，均頗為依賴它經費的挹注。

這種合作又分治的模式，其實是史無前例的，這也是會遇到如此多問題的原因之一。但在于斌的耐心及寬容之下，雖然存有扞格，但輔仁大學仍能平順運作。高理耀大使在一九六七年輔仁大學首屆大學部畢業典禮的致詞，含蓄的指出其中的困難度。他說：

「在過去，傳教團體間聯合管理的例子固然有，但是大部分都是暫時性的，或是個人性的。而輔仁大學的這項計劃，要教區聖職人士和修會團體，開頭就在惟一校政之下，通力合作地，聯合管理一個龐大的學府，據我個人所知，還是教會史上的第一實例。

54 Letter of Fr. Ralph to His Superior General, August 9, 1960.
55 同註28。

於一九六三年十月二十一日，輔仁大學恢復了它的教育活動——可以說：是一個『聯合企業』。這個『聯合企業』行得通嗎？這個『聯合企業』會成功嗎？答案是肯定的。今天我們看到的畢業大典——首屆畢業大典——就是證明；比井井有條的校園和冠冕堂皇的校舍，證明力還強。

當然，沒有一個人敢說：事事盡善盡美；也沒有一個人敢說：事事遂心如意。困難是有的，問題是有的，辛苦也是有的。在某些時期，某些階段，彷彿要實現這個崇高理想，是近乎不可能的。

然而這個理想終於實現了：這一點，我們要深謝于斌總主教的熱心。于總主教過去所遇到的難題，舉其犖犖大者，有籌劃大學物資方面，學術方面以及經濟方面種種需求的解決，尋找一塊適宜的校址，計劃並興建一連串的校舍等等。好在有費濟時主教和蔣百鍊神父協助，于總主教終於把這些問題，全部找到答案。由於他們幾位堅持到底的精神，問題解決了，阻撓化除了，困難也克服了。

這種合作的精神，正像第二屆梵蒂岡會議所說：『越來越重要，也越來越有效……尤其在教育工作方面，更屬必要。』這種合作精神，既然是過去幾年所以成功的條件，既然也是過去幾年成功程度的指數，那麼我可以斷言：在未來的歲月裏，這種合作精神，足以保證輔仁學術活動的調諧進展，也足以保證輔仁在發揚人間日益諒解方面，大有貢獻於中國社會。就我個人代表宗座而言，我也負有責任指出：中國政府，以及臺灣省政府和臺北市政府等，都給輔仁大學幫忙很大；沒有他們的幫忙，輔仁大學最初遇到的種種問題，便無法解決。政府方面的幫忙之大，甚至叫我們有時認為：輔仁大學並非僅是一座私立學府，而且在某種意義下，也是一個政府事業。教會在教育事業方面，總是願意與人合作的。」[56]

三、董事長問題

輔大開始籌設之時，田耕莘即回國擔任台北教區署理總主教。前已述及，因其位高，自然是擔任輔仁大學董事長的適當人選。不過田耕莘基本上並不過問太多輔大校務，可能因其身體狀況並不理想，也有可能因其聖言會士的尷尬身分。大致來說教廷駐華公使（大使）、于斌、費濟時、蔣百鍊才是真正有權決定校務行政的人。

因田耕莘身體狀況不佳，一九六五年即至虎尾聖若瑟醫院療養，後至嘉義聖言會處休息。為台北教務發展，一九六六年教廷任命羅光為台北教區總主教。一九六七年七月二十日，靜養中的田耕莘突感不適，二十一日病情加重，二十二日聖言會方面將消息通知高理耀、于斌、羅光等人。于斌當日即乘觀光號火車南下探視病情。見田耕莘病情嚴重，特電請空軍總部派遣專機，於二十三日送榮總心臟科專家丁農及腸胃科李丞密醫師至嘉義馬爾定醫院會診。[57] 診斷為肺炎引發舊疾。雖有名醫相助，但田的身體功能已近枯竭。二十四日清晨，田耕莘走完了他陪伴苦難中國教會的一生。對輔大來說，需要選新的董事長了。

56 高理耀，〈輔大的合作精神，大有貢獻於社會〉，《輔仁》，第六期，頁一六。
57 〈田耕莘樞機主教安息主懷側記〉（同註56），頁一一三。

這時在中國神職方面而言，按照慣例，屬教區的神父，是應該要受到主教的管理；過去田耕莘時代這方面的干涉不多，但羅光組織能力強，企圖心高，他當然希望能在某些方面管理他教區內輔仁大學的神職人員。[58]但另一方面，羅光資歷在于斌等人之下，也不是適合繼田耕莘之後任董事長的人。

在于斌的構想中，最好是找社會名流任輔大校長，著眼點在於增加輔大的社會資源。他首先想到的是謝冠生，謝是上海震旦大學的校友，對教會有相當了解；任司法院院長，有社會聲望；同時在教會體制中，應該不會對校務行政有太多干涉。人選已定，適值公務員不能任私立學校董事長之法令公布，謝院長婉辭，其事遂寢。[59]

另外在一九六七年六月二十九日，輔大復校首屆畢業典禮時，蔣宋美齡即已接受出任輔大名譽董事長。現謝冠生礙於法令既無法出任，何不讓蔣宋美齡名副其實出任董事長。于斌此議既出，聖言會與耶穌會方面都不反對，於是乃商請蔣宋美齡同意。基於對于斌長期的尊重，蔣宋美齡同意了于斌的邀請。在董事會討論時，高雄主教鄭天祥擔心蔣宋美齡是否有可能干涉學校運作，于斌稱絕對不會，然後就正式通過提議。於是一位基督教教徒成了天主教輔仁大學董事長，與大公會議合一的精神頗為相合。

58 蔣百鍊神父與羅光總主教會談紀錄，一九六六年八月二十六日。當時的建議是制定一個神職人員的共同守則，並選擇一位神父任羅光在輔仁大學的代表，不過並未付諸實施。

59 同註28。

第三節　辭職風波

一、未成的計劃

一九六七年耶穌會神學院自菲律賓遷來，並定位為輔仁大學神學院。此事三單位意見無大分歧，因天主教大學原本即需神學院，在教會法的問題解決後，聖言會與中國教區神職皆表示同意。[60]神學院設立最主要的問題來自於政府，按照當時政府的法規，大學中不准設立神學院。因此耶穌會的作法是在輔仁大學外面緊臨處買地，設立神學院，並定名為輔仁神學院（Faculty of Theology, Fu-Jen Catholic University）。[61]

另外一件大事是中美堂的興建。由於各個學院各自獨立，沒有一個共同集會的場所，每個團體各自的基金又不足以支應，於是在一九六五年，于斌決定為建館事特別籌款；在李莫然的協助下，將建中美堂所需的三十萬美元款項籌到。[62]一九七〇年初，中美堂完工，于斌在三月向全校師生講話：

「今天大家聚會這個地方，叫『中美堂』。教育是文化事業，不能閉門造車，要互相比較、互相激發、推陳出新，所以『中美堂』的第一個意義就是中美文化、中西文化交流、溫故知

---

60 輔仁大學董事會第十三次會議記錄，一九六七年八月二十五日。當時郭若石表示，神學院要在大學中成立，應經過主教團認可，艾可儀大使（Luigi Accogli）則稱係附設而非在大學內，故無聖統管轄的問題。

61 耶穌會遠東省省長蒲敏道致于斌函，日期不詳。

62 據稱李莫然的一位美國朋友，係工會理事長，大部分款項是此理事長向工會成員聚沙成塔捐來的。同註31。于斌在美國的最主要機構為中美聯誼會，于斌未提，不過「中美」之意，或亦含中美聯誼會在內。

新，使中華文化現代化，表現其創造力。第二，大家知道，我們的董事長是蔣宋美齡，『美』代表董事長，我們的　總統蔣公中正——『中正美齡堂』——這就是所以取名『中美堂』的用意。

所以溝通中西文化，擁護我們的總統和擁護我們的董事長就是中美堂的意義。

提起中美堂的修建，倒是很有歷史，三年了，當中許多的研究、考證，惟恐不夠堅實。三年來物價的上漲，由最初九萬美金的預算，開展到十萬、廿萬、廿五萬，到了今天卅萬。經濟上受了不少損失。晚點再建，更貴，所以還算便宜！

……

當年商建中美堂時覺得，我們學校精神太散漫，各學院似乎各自獨立，不像一個學校的樣子，外邊有這樣的批評，同學也有這樣的感覺。各院負責人都認為這是不對的。現在，我們有了共同聚會的地方，大家生活在一起，活動在一起，『合一爐而冶之』！這樣，有團體的生活，有集體的感覺，使我們的精神，一天比一天壯旺，過去在北平時，我們學校就是一個精神、一體的、一心一德，這就是當時商建的主要動機、理想。現在成功了，中美堂是絕對有意義的。」[63]

神學院和中美堂的問題順利進行，不過在彼此認知不同的情況下，許多于斌的計劃都胎死腹中。首先是聖心修女會想要加入輔仁大學辦美術學院。關於此點，聖言會及耶穌會都表示了歡迎的

63〈中美堂正式啓用〉，《輔大新聞》，一九七○年三月十六日。

態度。但接下來聖心會的修女們想要在台北八里她們自己的校園中，辦所謂的推廣課程；因為範圍觸及各團體原先的辦學內容，立即受到聖言會及耶穌會的反對。[64] 經過協調，于斌授權將中文及歷史的推廣課程，在本部的美術學院開設一年後，交由聖心會修女在其八里校園中開設，但同時必須讓耶穌會士也到八里校園教授社會學課程。聖心會修女拒絕了這項建議，於是聖心會修女和輔仁大學的合作計劃即不再進行，修女們在未得教育部同意的情形下，在八里校區開始了所謂的聖心學院，于斌也對外聲明有關聖心學院的一切事項，皆與輔仁大學無涉。[65]

第二件計劃為海洋學院。大約在一九六七年左右，有關海洋學院的計劃逐漸成型。一九六八年一月十一日，于斌記事本中載：「三點去小港視察建地，在鳳鳴村覓得台糖蔗地數十甲頗可用。六點應陳啓川、王玉雲邀宴，市府土地科李科長告澄清湖之地仍可用，席上組輔仁大學海洋學院高雄地區建地籌置委員會。」然後于斌將海洋學院籌備工作，交給由海軍借調的關世傑中將負責。

海洋學院和地方交涉的過程還算順利，主要阻力在輔仁大學校內，兩修會覺得增設學院事，按照復校時的合約，應該事先與兩修會商議，同時他們也懷疑要如何籌募到足夠的經費，[66] 在他們的質疑下，董事會一直沒有同意海洋學院設立的申請，一九六九年八月董事會決議：

「這個計劃（海洋學院）需要繼續討論以及獲得更多可接受的資訊；當所有的資訊都得到

---

64 Letter of Fr. Arens to Archbishop Paul Yu-Pin, August 30, 1966.

65 同註60。

66 校舍的硬體設施在一九六九年估價需一億二千萬台幣，即約四百萬美元。

後，校長可將計劃送來董事會為作最後的決定。」[67]

然後是農學院問題。一九六八年十一月八日，「Rev. Friedbert Marx O.F.M.及高神父來談建農學院事。」十二月三日「苗神父偕高校長來，決定以下事項。1.黎明中學全部產業獻給中國主教團，由主教團委託苗、高主持農學院總務。2.苗應聘為輔大顧問，擔任在西德聯絡及募捐工作。」方濟會的苗神父和高神父當然也不是無原由的獻地，主因是當時政府計劃要把私立中學收歸公有，這兩位神父心想若能成為輔大分部，則至少能保住部分產業。[68]

農學院籌建最大的問題來自方濟會本身，因為苗神父和高神父在進行其事時，並未得到其修會方面充分的授權。因此董事會方面準備靜觀其變。[69] 他們的態度是認為方濟會不會同意苗、高二神父的計劃，果然最後其事未成。

二、夜間部問題

按照費濟時的說法，一九六八年九月二十四日，于斌向他及蔣百鍊說將開辦夜間部；而夜間部將是一個獨立的單位，與日間部分開，而于斌將自己來運作。蔣、費二人對此堅決反對，認為依照羅馬方面及董事會組織的原則，應該像日間部一樣由三單位共同管理。一九六九年二月，立法委員

67 Eugene E. Fahy, "*A Report on Jesuit Participation in Fu-Jen University*," September 14, 1969.
68 同註28。
69 "*Meeting of the Standing Committee*," January, 1970.

林棟被于斌任命為教務長，以及夜間部籌備處的主任；然後七月七日，于斌即任命林棟為夜間部主任。[70]

從費濟時的說法可以得知，他認為學校要增加任何部門時，應該要先經過三單位的共同協商。于斌則認為，夜間部並非當時與耶穌會及聖言會契約的部分，這兩單位是來辦日間部的，他是一校之長，有權利就非協議部分自行考量。更何況當初已就夜間部問題與蔣、費二人商議，當時蔣、費二人不願意興辦，現在于斌自行籌設，其他二單位也無置喙餘地。[71]

夜間部的組織是一個問題，而林棟這個人是另一個問題。早在一九三九年第二次訪美時，于斌即認識林棟；長期交往，于斌對他有一定的認識。不過林棟當時涉入一件中央民意代表藉進口黃豆牟利的案子，雖然宣判無罪，但以當時的司法狀況，還是有不少人認為林棟與被判刑的其他立委、監委一樣有貪污嫌疑。費濟時說：

「他（林棟）牽涉進黃豆貪污案，在這個案中許多政府高官被判刑，但他因為夠聰明而能避開。……許多有名的天主教教友表示，他們對於輔大進用這樣的人感覺很羞愧。教育部的一些官員也表示不悅，因為輔仁經由立法委員可給他們施加政治壓力。」[72]

於是費濟時與耶穌會的相關神父，以及蔣百鍊和聖言會的相關神父，決定一起寫一封信給于

70 同註67。
71 同註28。
72 同註67。

斌，建議以一個神父來管理夜間部，以取代林棟的位置。于斌的答覆是他會寫信去問教育部意見。當然教育部不會管夜間部主任是否神父，按照政府法規，只看其資格是否符合。費濟時繼續寫道：

「總結一句話，我們覺得今天發生在夜間部的事情，明天也會發生在日間部。……公平地說過去任何分享的權力，已從我們手上流向一些僅僅向他效忠及負責的俗人。而這並非外國人對抗中國人，亦非修會對抗中國神職。只是我們對現況憂慮，並對未來感到恐懼。聖言會的神父們比我們更傾向於一個折衷方案，即在羅馬為樞機（按：于斌）找一個位置，從而使他離開輔大。」[73]

顯然在辦夜間部的問題上，中國教區神職方面和兩個修會是處於各說各話的狀態，于斌認為修會方面無權干涉其辦理夜間部，但修會方面則認為按照當初合作的原則，夜間部的管理必須經三單位協商；在種種不愉快的氣氛及事件中，設法將于斌換下台已成了兩修會的共同想法。

三、「蔣匪」事件與輔仁改組

一九六九年十一月二十六日，一位在輔大附設國語中心念書的美國籍學生史恩德，在下午一點四十五分，在外語學院教室的黑板下寫下「蔣匪」二字。因為有德語系四年級的學生走進來，並在看到後感到震驚，他隨即將該二字擦去。這些學生立即將此事報告教官，教官向戒嚴時期的治安機

73 同註67。

關呈報後，有安全局的人來審訊這個學生，審訊完後，隨即釋回。

因為事情發生在外語學院，因此負責處理這件事的是聖言會的蔣百鍊。一九六九年十二月十三日，校本部要求蔣百鍊慎重處理此事，並將處理經過報告校長室，蔣百鍊即召見史恩德。史恩德向蔣百鍊陳述他無意污蔑中華民國元首，只是學了「匪」字後，寫著好玩，他並在蔣百鍊前表示悔意。於是蔣百鍊將其從輕發落，仍讓他學習中文，但不准他繼續住在宿舍中。

蔣百鍊事後解釋他為何當時不堅持讓史恩德離開國語中心，反而從輕發落；他說：

「因為我不想讓這件事公眾皆知，只有少數人知道此事；此外安全警察已經審問過這個案子，而我不知道他們希望如何處理此事。」[74]

他沒想到戒嚴時代的政府對此類事情是看得如此嚴重，而更大的風波等在後面。

在當時如果蔣百鍊將處理經過報告校長室，則問題可能不再引發。不過在事發後一、兩個星期，總教官天天問校長室如何處理，校長室以無消息相告。於是有人向安全局舉發，認為外國籍的院務長有袒護外籍學生嫌疑；並且認為就是因為三個單位各行其是，校長權力根本不達另兩單位。[75]

其實關於輔大的行政組織，教育部已注意很久。不過前兩任教長黃季陸、閻振興皆與于斌熟識，了解其辦學理念，因此雖然知道校內組織不完全符合部令，亦曾發函糾正，但只要財務確是經

---

74 A Memorandum of Fr. Arens to Whom it may Concern, March 24, 1970.

75 同註28。

董事會報部，人員聘用亦係由校長蓋印，其他部分多半就不深究了。而此次安全局下令嚴辦，教育部於是史無前例的於一九七〇年三月十日發了一封措詞嚴厲的命令予輔仁大學董事會。

「一、『據報（一）輔仁大學美籍聽講生史恩德乙名於去（五八）年十一月廿六日中午一點四十五分在該校外語大樓一〇四教室黑板上書寫『蔣匪』二字反動文字，雖由該校張總教官報請校方研究處理，該校校長室並曾書面通知理學院院長蔣百鍊神父促請注意糾正，而蔣院長則認為此事並不嚴重，遂予擱置不再追究。（二）輔大現設有三所學院除文學院（建築物外牆為紅色）由校長于斌直接領導外，理學院（建築物外牆為灰色）由蔣百鍊神父主持，另法商學院（建築物外牆為綠藍色）由美國方面出資興辦，各學院各自為政，均設有教務處及訓導單位，故校總部教務處與訓導處權責甚輕，而校長于斌亦不過問理學院與法學院內部業務。（三）該校現聘有外籍教授數十名，分隸十二個國籍，由於校方以崇高學術自由為口號，各外籍教授授課時均可以自由發言，甚至討論我國國策批評我政府行政措施，形成我國教育界一種反常現象。（四）該校外籍聽講生不受訓導處約束，已成慣例，又該校引用大陸時代大學法，自行招收旁聽生，此類學生大都畢業於美國學校，由於我政府不承認其學歷，乃赴輔大旁聽，四年期滿後，由該校發給英文成績單即可向外國研究所申請入學與正式大學畢業生無異，此種情形，實有故意破壞我國學制之嫌。』等情。

二、關於該校美籍旁聽生史恩德於教室內書寫污辱我國元首之字樣校長室曾函知該校德籍理學院院長蔣百鍊糾正，竟不予追究一節，查外國學生污辱一國元首世界各國均所不許，為維護優良學風，希即予以嚴重處分，該德籍院長應一併嚴予糾正。
三、關於該校行政體制問題，查本部五十四年十一月廿三日台（54）高字第一八〇五二號令曾飭該校應遵照教育法令辦理，不得違背在案，茲該校仍於校長及教務、訓導、總務三長外，設有院務長，於該校法學院辦公室門上懸『院務長』字樣之名牌，各院亦復設有教務、訓導、總務各處，顯與法令牴觸，前因有人檢舉，迭以台（54）高字第一一三八〇號及台（57）高字第二二二四一號令飭該校知照改正，現仍故違，殊屬非是，該校應即遵照大學法及有關法令辦理，現設院務長及各學院中分設之教務、訓導、總務等處應立即撤銷，該校教務、訓導、總務三處應與校長合署辦公，由該校校長統一指揮，以專權責，教授授課及訓導活動應遵守國家政策及政府法令，不得違背。再查該校為天主教會所創辦，其協助辦理學校之各修會，目的在以德智教育青年，不應各據一院，破壞我國學制及法令，應嚴予糾正責由該校長迅即商同董事會負責辦理，限本年五月底以前將處理情形具報，如遭遇困難，應報請本部經由外交途徑轉知教廷，請予糾正，以維我國法令之尊嚴。
四、至該校外籍教授批評我政府行政措施，校長應注意妥為疏導。
五、該校招收外籍聽講生一節今後應依照規定報請本部核辦，該校不得逕行招收。至招收旁聽生發給英文成績單一節應一併糾正並不承認其學資。」[76]

---

76 教育部致輔仁大學董事會令，一九七〇年三月十日。此令中內容由檢舉函來，由其描述，檢舉者可能係負責全校訓導工作人員，應與林棟無關。

在上述教育部命令中有「如遭遇困難，應報請本部經由外交途徑轉知教廷」等語，由於已扯上與教廷外交關係，于斌立即於三月十六日請見教廷駐華大使艾可儀。記事本中僅載：「宗座大使談case of Uni.」，雖然不知會談內容，但可想見事情的嚴重性。

耶穌會對這意外事件的看法是：

> 「看起來會使校長丟臉，但事情的結果會實現校長的最大願望，就是完全控制。」

費濟時並直指林棟可能是這些事情的幕後黑手。77 針對這些發展，費濟時也建議在羅馬由兩個修會的總會長和教廷教育部以及于斌共同開會，以解決問題。78

于斌於四月七日抵達羅馬，四月八日的記事本載：「往訪 Cinedoli，對契約允必要時取消，大公會後之重訂契約者甚多，況換部後另訂。」與兩團體另訂新的合作協定，可能是于斌設想解決輔大改組問題的方法。四月十三日，入覲教宗。談了香港主教徐誠斌任輔大代校長一事，記事本中載：「Hsu 牧事應由 P.F.（按：傳信部）及教部（教廷教育部）共商。」當日他心血來潮寫了「生日雜感」詩四首，第四首為：

> 「難得今早謁聖座，頒我遐福誨諄諄；
> 松柏梅竹歲寒友，風雨雞鳴振斯文。」79

---

77 Report of Eugene E. Fahy, "Agenda of Report of September 14, 1969," March 22, 1970.

78 同註77。

79 于斌一九七〇年記事本，四月前 Note 部分。

由此詩看，于斌內心的感受是很多的，他已建議由徐誠斌代理輔大校長，但結果如何他尚不知曉。

學校改組問題，定於一九七〇年五月二十六日開董事會。在開會前，台北教區總主教羅光和耶穌會遠東省省會長朱勵德交換意見。然後朱勵德將他的想法告訴費濟時：

「昨天羅光主教說教廷大使在董事會的態度很重要，因此我建議你和蔣百鍊在董事會召開前去看大使。1.給他看你們的兩本陳情書。告訴他羅光主教的建議，如果這兩本陳情書不能被接受，你將建議在羅馬由兩個總會長召開高峰會。……2.應該由院務長（或常務董事）為中國教區神職（或俗人）的學院負責，因此羅光應是文學院的院務長。」80

這個內容可看作是兩修會與羅光達成的默契。

五月二十六日董事會在主教團秘書處召開。教育部高教司周司長列席，桌上置有錄音機。會議開始，周司長致詞抨擊輔大組織，要求按照法令修改輔大組織法。于斌一一詢問董事們意見，據羅光回憶：

「大家都客氣說當然接受教育部指示，一切按照大學法辦理。……討論如何改革輔大組織法，周司長催促即日進行修改。董事們的意見不大一致，我乃提議以修改組織章程事交由校長及三位單位負責人辦理。全體投票贊成。」81

---

80 Letter of Michael Chu to Fahy, Taipei May 24, 1970.

81 羅光，〈輔大內部改組問題日記〉，《台北七年述往》，台北：學生書局，一九七九年十一月，頁一四八。

第二日于斌即往榮總住院檢查身體，在院中致函給主任秘書龔士榮：

「……為集思廣益，面面俱到，請神父邀費、蔣二神父，林東木與遐民密商如何進行，將來校務由秘書主任、三長及會計長代予協商推進，既可群策群力，又可統一校務，如何希研究具體方案速報。」82

所堪注意者，並未提到夜間部歸屬；顯見于斌認為已直屬校長管轄，此係不需討論之問題。另外提出由三長、主秘及會計長共商校務，似乎于斌的改組方案是由分治改為合議制，他則將權力下放給他們。

經由協商，五月三十日輔仁大學發函予教育部：

「董事會出席董事全體一致無異議舉手通過決議案如下：

『本董事會接受教育部有關輔仁大學行政體制之命令並交于校長與有關單位執行之』

本校於接奉董事會之決議案後即決定

甲、取消院務長之設置

乙、取消各院分設之教務訓導總務各處……交由校長統一指揮

丙、下學年度起各分處合併於統一處辦公」

82 于斌致龔士榮函，一九七〇年五月二十八日。

改組的具體原則載於改組方案中：

「1.本校依照教育部之指示，有關法令，及本校董事會決議，改組現有組織。

2.除依法校務應由校長直接指揮監督及就教、訓、總三方面予以統一外，各修會仍保持其原有獨立性。

3.各單位，現有之財產與經濟，除有關全校性者及公共費用外，仍保持其原有狀況。

4.由各單位所募集有關發展各院之款項，仍由各院依照原募款目標自行動用。

5.凡法令所不允許之名義，在本校各組織中不得繼續存在。在各組織中僅有合格人員之任用，無各單位代表之派遣。

6.各院教職員統由各系主任或有關單位主管分別向各院院長推薦，經資格審議委員會審議合格或經主管核定後送請校長核聘。

7.對於全校校務之進行，除有法令慣例可以依據者外，應以會議方式進行之。」

四、辭職

一九七〇年六月八日，教廷傳信部發了一函給于斌，對于斌推薦香港主教徐誠斌任輔大代校長一事，表示不可能達成，因為香港教區需要徐誠斌繼續領導；然後希望于斌在中國教區神職合資格的人中，任命一人為代校長。這個人選應和台灣的教務會議、輔大董事會、及三單位的校務長協商。[83]

---

83 Letter de Propaganda Fide an Paul Cardinal Yu-Pin, 8 juin 1970.

由這封信中可以看出，至遲在一九七○年三、四月份，于斌已和教廷商量校長接替人選的問題。

據羅光的回憶，六月二十八日教廷有關輔大改組的命令寄到，二十九日，于斌即將羅光找去

「見面，于樞機就說收到艾大使的信，關於輔大改組事，信很長，內容最重要者有兩點：（一）改組董事會。（二）校長可請辭職。樞機頗憤慨。把艾大使的信交給我，囑我研究。他說：『辭校長一事，早已有心，而且也向教宗說過，這次決心辭職。艾大使請推薦繼任人，但繼任人應是主教。中國主教中可以任校長者只有兩人，就是你和香港徐主教。徐主教不願放棄香港，所以請你考慮是否可以出長輔大。』

我沒有表示意見，只說將好好考慮，于樞機對改組董事會，堅決反對。教廷要他任『最高監督』（Magnus Cancellarius），這個職位等於董事長，他不敢奪蔣夫人的位。

于樞機又說：『艾大使信內，說到任用教友，須選人品高尚，信教虔誠的人。我任用了林委員，許多神父反對，但是在盜豆案中，他宣判無罪。一年內，他替輔大做了很多的事，別人辦不到的，他都能夠辦好。』

談話一小時許，我辭出，攜艾大使函回天母研究。大使信係轉達教廷教育部的訓令，為改組董事會。應讓輔大三單位多有幾位董事，原則上每一單位三名，共九名，主教團保持六名。對於校長辭職，因樞機地位尊高，不必任校長，應任大學監督，這是教會大學的制度。」[84]

84 同註81，頁一五○。

對於這封信的內容，遺憾的是沒有原件；但由羅光的敘述可了解艾可儀採用了耶穌會和聖言會的見解，對海洋學院、夜間部、林棟及董事會組織，對于斌多所指責。時于斌不良於行，腿上石膏，身體狀況復又不佳，住耕莘醫院休養。七月七日，輔大中國神父派代表送來全體簽名信，信件內容是要求于斌辭職。于斌對部分中國神職的作法很傷心，他憤怒的和羅光說：「這是受外國神父之蠱惑。」[85]

艾可儀原本不希望羅光接任輔大校長；于斌亦有意請新竹教區的主教杜寶縉任副校長，暫代其職。但于斌這樣的安排，傳信部方面並不接受，命艾可儀再詢羅光意見。[86] 傳信部之所以有此堅持，很可能係在羅馬對於接長輔大人選，已與耶穌會及聖言會有所商議。於是七月十七日，羅光表態願意接受輔大校長。

七月十八日，于斌透過羅光，將他設想的輔大改組方案，交予艾可儀。七月二十五日，教廷以羅光代于斌的命令送達，艾可儀即邀于斌至使館相談。于斌記事本中載：「與Nuncio Ap.（按：宗座大使）談兩小時，對校務交換意見。」[87] 于斌說得含蓄，實則兩人話不投機；艾可儀出示教廷函件，以樞機位尊，不宜擔任大學校長，只宜任總監督或董事長。于斌則稱輔大正在改組，現在更換校長將予人不良印象。艾可儀認為教育部的要求只需應付，于斌應保持耶穌會與聖言會的既有權

85 同註81，頁一五一。龔士榮拒簽，並稱此事係耶穌會省會長透過耶穌會中國神父進行的。不過中國神父肯簽名，也代表他們對于斌任用林棟，或多或少有不同意見。

86 同註81，頁一五一～一五二。

87 于斌一九七〇年記事本，七月二十五日。

力。于斌則堅持無法請教育部收回成命。[88] 據龔士榮回憶，當日于斌與艾可儀不歡而散，並於深夜打電話給龔士榮；這個反常的舉動，可以表現出他內心的激動。他在電話中痛苦的說：

「神父，艾可儀問我是教會的樞機，還是國民黨的樞機？」[89]

這話對于斌是很大的傷害，他愛國，是為了愛教會，且為遵教宗命，曾幽居美國十年；他結交當局，但言行自有分寸，且為教會爭取便利傳教，如何能稱他是國民黨的樞機！

在此必須為于斌的情形做一說明；于斌雖貴為總主教，一九六九年並被任為樞機，但在中國苦難教會的特殊狀況下，他和其他大多數的主教不同。他自一九四九年後，就成了沒有教區的主教。他能回到台灣，即是因為他擔任輔大校長的工作；這個職位是他所有工作的基礎；若成了位尊但不負實際責任的總監督，他就成了準退休狀態的樞機主教了。若說位尊不宜擔任實務，那幾乎所有陞任樞機主教者，仍然繼續管理教區，那又怎麼說呢？所以在于斌看來，此絕非教會體制問題，實係逼退。

七月二十六日于斌致函艾可儀，稱願遵聖座意，立即無條件辭職，

「只是有一個主觀的想法，就是任命新人選的時機。匆忙行事可能會引起教育部的誤會。不要忘了我們才收到要求更換運作組織的命令。……」[90]

---

88 綜合羅光《台北七年述往》，頁一五四及龔士榮口述。
89 同註28。
90 Letter de Paul Cardinal Yu-Pin a Mgr. Accogli, 26 juillet, 1970.

七月二十八日，記事本中載：「賈主教偕狄剛來談。」時賈彥文任董事會代理秘書，來談之事主要為辭職相關事宜。然後賈彥文即電告羅光，稱于斌願與羅光見面談話。羅光回憶稱：

「晚，九點鐘許，于樞機來天母，坐談到十一點鐘。樞機願意立刻辭職，並願向蔣夫人和教育部疏通，免有誤會。對輔大內部，樞機說林委員已辭教務長職，龔士榮神父也辭秘書長職。林委員辭職，不必挽留，否則多添麻煩。龔神父雖辭職，必協助幾個月。教務長不宜任命神父，因在教育部辦事辦不通。海洋學院已不能辦，因教育部來函，說私立學校不能設分校，海洋學院雖只一院，然遠在高雄，形同分校，故不能設。樞機說這樣他可以把這件事放下，很適當地下臺，鬆了一口氣，只是籌備人員花了高雄市所贈一百萬元臺幣，若是高雄市政府因不設校而要追回，則只好將來由校方補還，校董會曾經通過籌備海洋學院的議草。再者，他又因康寧醫院購地事借用輔大四萬多元美金，現在只能還利息。為辭職，大使該辦兩件事：第一應有教宗准許辭職的電報。第二應召開董事會。于樞機請我轉告艾大使。于樞機辭出後，時已夜深十一點餘，我仍舊向艾大使通電話，以于樞機所講的兩件事相告。大使答應立刻照辦並決定於七月三十一日召開董事會，以長途電話通知在外市縣的董事。」[91]

但另一方面，教育部在此時已風聞輔大校長改選事，他們的訊息指出于斌辭輔大校長，應與改組案有關。於是邀請輔大董事會的常務董事與會。當時艾可儀亦以宗座大使身分任常務董事，於是

91 同註81，頁一五四。

也在受邀之列。艾可儀認為以其外交官身分，只和外交部發生關係，不願理會教育部。其他常務董事亦託詞不去，僅費濟時一人出席。七月三十一日，于斌記事本中載：

「輔大臨時董事會，改為談話會，教宗電報任予為輔大 Grand Chancellor，遂辭校長職。」

羅光的記載中則有教育部對這整件事的反應：

「上午，十點，輔大董事會在主教團秘書處舉行非正式會議，開會後，艾大使以教廷國務卿來電送與于樞機，樞機請我宣讀，電文云教宗接受于樞機辭輔仁大學校長職，稱揚于樞機十年來對輔大的貢獻，希望以後以最高監督名義仍協助校務。費濟時蒙席報告昨天午後在教育部談話的經過，因常務董事僅他一人出席。教育部長，次長和高教司長以艾大使未能到會甚表不滿。教育部長說明輔大應按教育法令改組，改組時不宜換校長。我乃起立在這種情形下我不接受出任校長。董事等都說請于樞機向教育部解釋。」[92]

現在對董事會言，改組事已如箭在弦上，必須在最短期限內，在符合教育部法令的原則下，將改組方案擬定後，送交教育部。而于斌辭職與否，也從教會及輔大的內部事務，變成與政治及外交相關的敏感事件。

八月二日，輔大改組方案定稿，但于斌辭職的部分已在國內外發酵；七月三十一日，教育部請

92 同註81，頁一五六。

外交部致電駐教廷大使陳之邁，請其將我政府要求輔大改組及不准于斌辭職之說，轉告教廷國務卿。[93] 同時輔大校友會，以及以蔡培火為首的中央民意代表，開始發動慰留于斌。自士林官邸也有話傳出，稱若于斌不任校長，則蔣夫人亦將不再任董事長。[94]

八月六日輔大董事會再度召開，由於社會反應不佳，中國主教們決定支持于斌續任校長。在表決羅光所提慰留案時六票贊成，四票反對，一票棄權，通過慰留。整個情勢急轉直下，然後董事會決定推成世光、蔡文興兩位主教前往向于斌提出慰留。于斌記事本載：「6p.m.台中蔡主教、台南成主教來 Angel Hotel 代董會慰留，因董事長亦挽留，故答謝並接受。」[95]

七月三十一日教宗已接受于斌辭呈，現在接受慰留，則相反教宗命令，於是于斌於八月八日即致函教廷國務卿及教育部長，說明接受慰留情形，並請其向教宗報告，尋找合適的解決之道。教廷解決的方法很簡單——教宗的命令不能更改，但可以推遲。[96] 於是辭職風波至此漸告平息。

艾可儀對事情的發展極不滿意，但他也必須轉達教廷的指示。他在一九七〇年八月二十四日以冷淡且嚴厲的語氣致函于斌：

「……我很榮幸的告訴你，教廷教育部在從大使館得到董事會充分的資訊後，允許這個由相

---

93 輔仁大學董事會第三屆第三次會議：周廣周司長致詞全文，一九七〇年八月六日。時任教廷大使的陳之邁以此係教會內部事務，並未交涉。

94 同註81，頁一五七。

95 于斌一九七〇年記事本，八月六日。

96 Letter of Paul Cardinal Yu-Pin to John Cardinal Villot, August 8, 1970 & August 31, 1970.

同聖部給予的命令，推遲直至閣下曾向董事會建議的日期。因此直到那時為止，閣下仍是輔大校長。

……閣下曾說過這些情況是外國神職反對中國神職的陰謀，我們能這樣說嗎？」[97]

于斌於八月二十六日回信給艾可儀：

「我不記得如你信中說的，曾向董事會提過一個離開的日期；在任何情況下，我已準備在董事會及教育部認為合適時，無論何時都可離開。不論我喜歡與否，現在我是在他們權下。從你在中國這些時間的經驗，你了解教會不能做對抗政府意願的事。 這完全是一種最低級的流言或是錯誤的耳語，說我曾講過有外國神職反對中國神職的陰謀。這一定是一種誤會或誤解，你真的相信我會以教會樞機的身分說這種事嗎？」[98]

九月十二日蔣中正接見于斌，談了許多問題，其中亦提及輔大辭職事件；蔣稱輔大已有規模，勿再萌退志。于答稱「將慎重服務。」[99] 十月十七日于斌到羅馬晉見教宗，

「教宗表示對輔大事已完全明瞭，並告對予之成就非常敬佩，所發命令乃推崇之表示，亦為使大學因予之督導更入佳境，而樞機之健康亦為大家所掛慮，故校務繁雜似非所宜。此次處

---

97 Letter of Apostolic Pro-Nuncio Accogli to Paul Cardinal Yu-Pin, August 24, 1970.

98 Letter of Paul Cardinal Yu-Pin to Apostolic Pro-Nuncio Accogli, August 26, 1970.

99 于斌一九七〇年記事本，九月十二日。

置似嫌操切，徐圖之可也。」[100]

整件辭職風波至此算是告一段落。雖然仍有人計劃在一個短時間的推遲後讓于斌離職，[101]但要再加以推動已不容易了。

100 于斌一九七〇年記事本，十月十七日。

101 The Report of Meeting of Pro-Nuncio Accogli, Fr. Heras, Fr. Yüan, Fr, Tsien and Fr. Atens, September 10, 1970.

第八章　宗教與文化活動

第一節　教會生活

一、大公會議

若望二十三世於一九五八年膺選教宗，雖以高齡即位，但思想新穎，不畏改革，即位未久，即宣佈召開大公會議，邀請世界各地主教共同集會，商議面對現代世界問題的原則與方法，並從事教會革新的工作。

于斌是懷著相當慎重的心情去參加大公會議的，因為他了解若沒有重大的問題需要面對，教宗不會輕易召開大公會議。而許多不同的意見，也可以藉著大公會議的召開，得到整合的機會。距上一次大公會議召開，此次已是九十餘年後。自一九六〇年五月籌備開始，至一九六二年十月十一日，梵蒂岡第二屆大公會議正式召開。于斌於記事本中載：

「予以六八三票被選為第十委會委員，僅多於智利樞機。」[1]

1 于斌一九六二年記事本，十月二十日。

于斌在大公會議中最關心的是宗教與文化融合的問題。他在回到台灣後，於一九六三年元月，向沒有聽過大公會議的中國人介紹大公會議的意義和經過。他說：

「會議中各抒所見，意見不少，美國報紙誤會說，大公會議中主教們發生衝突，其實沒有其事，討論時大體上像我國所謂『三公論道』，大家得經一段質疑辯難，引經據典，暢述主張，真理愈辯愈真，將來自然會順遂，討論範圍無所不包，意見自然較多。

其中有關文化問題，各方均極注意。我國是老文化國家，大家對我國文化雖表推崇，但是沒有大研究，更要多作介紹。關於中國文化方面，大家也尊重中國主教，我們也可以提出文化交流議案，大家都可以闡揚他監牧地區的文化，可見沒有人控制會場，也沒有人受誰支配，更沒有文化上一枝獨秀的現象，各種文化平均發展，大家儘量發言。但是文化的傳播和發揮，是靠自己的努力，不能自動的把我國文化移到巴黎，也不是單靠幾位主教的努力，必須有心人共同奮鬥，依人不得。

大體上大家共同看重的問題，是耶穌福音的宣傳和實踐，也就是如何介紹基督真理，及如何實踐基督規範，並非無內容的問題。在討論時各有經驗，各抒己見，我以為可，人家以為不可，各主教交換的意見只是技術方面的不同，並非實質上的衝突，各有了不起的閱歷，各主教思想總是高尚，各有見地可作參考。所以無論任何問題，以基督為中心，自然不會相差太遠。」[2]

2 于斌，〈大公會議的意義和經過〉，《新動力》，第十五卷第六期，頁三。

在大公會議期間，他兼充當《教友生活週刊》及《恆毅月刊》的通訊員。一九六三年三月四日至十日，他在羅馬參加大眾傳播委員會的會議，他寫信給《恆毅月刊》的主編神父：

「我們這幾天討論的題目有兩個，第一是『大眾傳播工具』，新聞紙、廣播、電視和電影。去年大會曾討論過，我們這次只審查各主教所發表的意見，擇優編入正文，當然我們如有新意見，亦可加入。這工作只一天半就完成，最困心衡慮的題目是『教友傳教』。這也是新問題，各方意見甚多而且紛歧，如何歸納眾議組成體系，實非易事！我們討論的草案已七易其稿，文詞和內容方面尚難令人滿意，所幸委員雖少，協助之專家尚多，四天半的熱烈論辯和周密研究，總算理出頭緒。全草案分總論、各論，內容充實，理論與實施均面面顧到。尤其各論部分，對教友社會活動之間接傳教方式，指示頗詳，一旦實現，其造福國家與世界將難可限量！」[3]

一九六三年九月二十九日，第二期大會召開，十月一日討論聖教會草案，于斌說：

「予曾為六品制發言，此亦東亞四十位主教的共同意見。」[4]

有一篇有關他此次發言的報導：

---

3 于斌，〈大公會議第十屆委員會工作週簡報〉，《恆毅月刊》，第十二卷第九期，頁一。

4 〈于斌總主教由羅馬來鴻之一〉，《恆毅月刊》，第十三卷第四期，頁四。

「于斌總主教用他洪亮的聲音，代表東亞數億尚待歸化的同胞，向大會陳詞，整個會場屏息靜聽，他是今天十七位發言的最後第二人。在他以前有非洲主教發言，採取同樣的立場。在前數天，有德國德輔諾，比國徐恩思，南美等數位樞機，從神學及傳教觀點，要求大會不要封閉了這一道傳教門路。他們一致主張，恢復終身六品制是因地制宜，不需要的地區，可以不設立六品。于總主教以為終身六品制為東亞是絕對需要的。他的理由如下：東亞人口眾多，司鐸絕不敷用；東亞大部陷於鐵幕之中，司鐸聖召已大受摧殘；六品將是司鐸及教友的中間人，可以深入民間；六品職務非一般傳教員所能代替；終身六品和將要升司鐸的修生，將分別訓練，而且從成人中錄取，決不會損及司鐸聖召；有支持傳教員的經費，就不應說沒有支持六品的經費。」[5]

另外于斌既然關心文化問題，他對基督信仰在傳教區所遭遇的文化衝突，也表現了他合理而適切的關心。據時在羅馬的孫靜潛回憶：

「一般以為沒有領洗的教外人，在教會外沒法得救。我們的祖先們大都沒有領洗，便都下了地獄，我們都不願相信。于斌總主教便在大會宣讀一篇報告，闡述這個思想，得到很好的結果。

5 〈于總主教代表東亞陳述六品之急需〉（同註4）。所謂六品在初期教會是一介於教友及司鐸中之聖職。近代教會則六品只是晉陞司鐸前的階段而已。

在最後通過的『教會憲章』的十六節，即有下列言詞：『那些在幽暗和偶像中尋找未識之神的人們，天主離他們也不遠，因為賞給眾人生命、呼吸和一切的仍是天主，（參閱宗：十七・25-28）而且救世者願意人人都得救。（參閱弟前：二4）原來那些非因自己的過失，而不知基督的福音及其教會的人，都誠心尋求天主，並按照良心的指示，在天主聖寵的感召下，實行天主的聖意，他們是可以得到永生的。』」[6]

一九六五年四月大公會議接近尾聲時，仍為「教會在現代世界牧職憲章」意見紛紛，孫靜潛說：

「在當時梵二的教長們的要求之下，好幾次的起草都被全部換掉。所以小組起草，大費周章，一直到大會快結束之時，才得完成。于總主教被大會安置在一擴大混合小組之內，負責起草工作。內容包括人格尊嚴、婚姻家庭、社會文化、經濟政治、國際和平等問題。小組委員會的主教們，上午參加大會，下午參加起草，可謂費盡心力。有一次，王尚德蒙席以轎車送于總主教赴小組開會，下車時他竟由車門摔出車外。幸好，沒有受傷。」[7]

對于斌而言，大公會議各項憲章的制定，是對他從前許多先知性見解的肯定，也是對現代共產主義的抨擊。他曾敘述他參加大公會議的感想：

6 孫靜潛，〈于斌總主教在梵二大公會議二三事〉，《中國天主教文化協進會年刊》，二〇〇一年二月，頁三七。

7 同註6。

「今年春季，我曾將大會決議案向大陸教胞報導，不擬重複，只希望大家為該大會所做各種決議之實施，多多祈禱。為政不貴多言，應重力行，傳道何獨不然。決而不行，行而不力，均非敬事愛人之道也。大公會對共產黨所崇拜之唯物無神主義深惡痛絕，各種決議案雖未直指其名，然項莊舞劍，志在沛公，天主教教義及精神與共產主義之邪說僻行，無處不矛盾，隨時相水火，固人所共知，不言而喻者。尤其大公會最引人注意的文獻裡——聖教會在現代世界——所有各問題之解決，如婚姻、家庭、社會、經濟、政治、文化、國際和平與戰爭，均與共產主義大相逕庭，格格不入，且嚴加斥責，提出理想對案。故大公會議決議案之實施，大之可以為萬世開太平，小之亦可以救人救國，翊贊我民族之復興，其意義非常重大，予雖孤陋，仍得參加起草，誠百年不遇之良機，終身感奮之盛舉也。」8

在大公會議召開時，方濟會的雷永明神父領導的思高聖經學會也完成了聖經中文翻譯的工作。先在台北主教座堂有三天的聖經展覽，然後再往中央圖書館展覽。聖經對梵蒂岡第二次大公會議前的教友不是必需品，因為天主教教會歷經分裂之苦，認為隨意解釋聖經乃原因之一，於是不鼓勵譯經，教友們以背要理問答，誦念日課、經文為主要宗教活動。但大公會議徹底打破了這種過時觀念，而于斌也出席了中央圖書館聖經展覽的開幕，表示他對閱讀聖經的支持。9

8 于斌，〈祝聖三十年述感〉，《恆毅月刊》，第十六卷第三期，頁五二。
9 于斌，〈聖經的重要性〉，《恆毅月刊》，第十二卷第八期，頁一〇。

而台灣的中國主教團也在大公會議時組成，孫靜潛說：

「大公會議開幕之次日下午四時，在聖言總會院，舉行中國主教團第一次會議，選田樞機為團長、于斌為副團長，羅光為秘書長。……

中國主教團第二次聚會是在十一月三日，田樞機主持會議，發言後即因身體不適退席，並交由羅光主教主持。以後大會四年期間，中國主教團共舉行十餘次會議。以後，在第二期大會田樞機未到羅馬出席，中國主教團即由于斌總主教出任主席，一直到梵二終了。」[10]

一九六七年台灣的中國主教團正式成立，退休的總主教郭若石當選團長。一九七一年四月十三日生日當天，于斌以樞機身分，當選團長。五月二日記事本中載：

「主教團常務委員會議(1)決定秘書處人選(2)確定主教團工作方針：人事、財務及進行方法——遠中近程。(3)其他提議(A)亞洲主教團秘書處來函(B)主教團經濟問題(C)天主教大眾傳播從業員進修會(D)大陸與教計劃：遠中近。」

六月四日開秘書處的聯合會報，他首先致詞訓勉主教團的工作人員。記事本中載：

「告以(1)以集體的努力，參加集體活動，以促成實體為先。(2)大陸與台灣教會一體，應居安不忘危（在危險中掙扎之教胞與教會），在台灣傳教勿忘大陸聖教之重整。」

10 同註6。

二、晉陞樞機

一九六九年三月二十八日，教廷駐華大使艾可儀打電話給輔仁大學校長于斌，請他往使館一晤，教廷有電報傳來。于斌以為是他向教廷所申請有關輔大的津貼准了。到了使館後，艾可儀告訴他，比津貼的事更重要，中國時報的記者報導說：

「他已開始有了警覺，認為可能是被任命為樞機主教。因為他去年害過一陣心臟病，艾可儀怕這件消息很突然地向他宣佈，會使他過度興奮，而引起心臟病復發，所以繞了好幾個彎才說出這件事，但，他已有心理準備，所以，聽到了後很是平靜。

他說，當時，艾可儀大使還稱他樞機大人，他要艾可儀不須那麼客氣，要艾可儀以後只叫他樞機就行了。

于總主教說，他曾自覺年紀已大，同時，擔任樞機主教以後，國際間的工作很多，常常旅行，怕耽誤事情，所以，當時曾和艾可儀大使商量，希望打電報到教廷去表示懇辭。艾可儀認為時間已遲，教廷已將這項任命發表，不必懇辭，他才作罷。」[11]

為何會任命于斌為樞機主教，衆說紛紜。與教宗保祿六世交情匪淺的錢志純在晉見保祿六世時，教宗問他，對任命于斌為樞機是否滿意。錢志純答：「十分滿意！」並且告訴教宗：「于斌

---

11 〈于斌樞機談晉封感想〉，《中國時報》，一九六九年四月二日。

樞機是教會最聽命的孩子。」[12] 其實所有外在原因都不是重點，只要回想于斌為教會所做過的事，在他六十九歲時晉陞他為樞機主教，也算是一種肯定。

而就外在因素言，不管是對中華民國政府，或是對台灣的天主教會，教宗的任命都是一大鼓勵。高雄的天主教報紙《善導報》的社論稱：

「溯自前年我中華民國唯一的樞機主教田公聘三的病逝，有心人多曾測臆：短期內羅馬教廷似乎不可能再在國人中任命一位的樞機主教；因為我們自由中國地區所有的教友人數祇不過三十萬人，為數箋箋。在大陸國土未光復以前，希冀任命國籍新的樞機，實屬奢望。

……

于總主教於獲悉他榮陞樞機主教的消息後，曾向記者表示：『教宗並不是為我個人，而是為了中國，才給這份光榮。』他又強調：『教宗對中國為正義所作的艱苦奮鬥，以及中國天主教會，在大陸上前仆後繼的精神極為敬佩！』」[13]

一九六九年四月二十八日，于斌在傳信大學與其他十位新樞機，等候冊封喜報。代表教宗來頒發樞機委任狀的是 Ferretto 樞機主教。在頒發委任狀後，于斌代表在場的十一位準樞機主教致答謝詞。他說：

---

12 錢志純，〈我所認識的于斌樞機〉（同註6），頁一一二。

13 《善導報》，一九六九年四月六日。

「至聖聖父之所以提選我們加入神聖樞機團，並非是他聖父論功勳對我們卑微人施以仁慈，而是表示他（教宗）對整個教會的懸念及彰顯對整個民眾的愛，因為我們以不同名義代表教會及不同種族。我敢說至聖聖父今日為了他的慈惠及寬仁，託付我們為他更親密和更忠信的合作者，蓋我們以特別方式分擔他（聖父）對教會的關注及煩慮。故此，我們以更大的責任感自願和自由地許諾給他（教宗）以我們最大的努力滿全他對我們的託付。藉天主助佑，直到流盡血汗。我們忠誠地保證在所有事上，般勤服務。」14

四月三十日，教宗保祿六世在梵蒂岡城「祝福大廳」，為三十三位準樞機行加冠禮。代表三十三位新樞機向教宗致謝詞的，仍是于斌。他的謝詞如下：

「聖父：本人非常榮幸能在這充滿喜樂和光榮的一刻，代表各位新樞機向聖座致意，並衷誠感謝聖父的特別眷顧，親自提拔並冊封為教會的樞機。雖然現時代的教會職位，特別著重為天主子民服務，而吾人也深明在教宗身上，在人類大家庭中服務教會的道德；無論那一國，教友或多或少，都會因著樞機的榮位而感到欣躍的。

流血殉道目前雖不需要，但不流血之殉道教會卻向我們要求，這便是忠於基督和忠於教會之見證。我們認為這個見證是天主子民之基礎和模範。在教會遭受紛擾之今天，我們決無條件的接受教宗之訓導，服從教會之指示。

14 答詞原為拉丁文，翻譯為中文。

教宗今日最高訓導之焦點，著重教義教規之純潔和完整，天主教教友之和諧，基督徒之合一，世界各民族之和平及進步。我們謹向教宗保證，決與教宗忠誠合作。最後，謹代表吾人的民族、國家、教區的司鐸和教民，向聖座致以衷誠的謝意，並求賜特別宗座的祝福。」[15]

五月一日，在聖伯多祿大殿，教宗與所有新樞機共祭，並頒發權戒。在一連串忙碌的慶祝、拜會行程後，于斌於五月七日離開羅馬，轉赴美洲。[16]

于斌於六月七日回到台北，在松山機場歡迎他的有以嚴家淦副總統為首的政府官員，以台北總主教羅光為首的教會人士，以及三千名歡迎的隊伍。他在記者訪問時，對記者提示的重點是教宗對大陸同胞的關懷，而這也是于斌內心最關切的事務。晉陞樞機其實並沒有帶給于斌什麼改變，樞機主教的榮譽也只屬於世俗。當然從世俗人的眼光看，于斌的地位更崇高了。

不過樞機主教在教會中的崇高地位，也使他更能直言無諱。一九七〇年年底，亞洲主教會議在菲律賓召開，教宗保祿六世為表示對亞洲教會的重視，也將親臨與會。原本台灣的中國主教團方面，積極的希望促成保祿六世能在此次亞洲之行訪問台灣，不過在十月份，否定的消息傳出。為輔仁大學事，于斌此時在羅馬有各項拜會活動，十月二十日，羅光來訪，「談教宗訪台事，希望甚

15 〈于斌樞機代表卅三位新樞機致詞〉，《恆毅月刊》，第十八卷第十二期，頁二。
16 〈羅馬中華神職聯誼會通告〉，油印單張。

小。」[17]在此為期一星期主教會議的最後一天，于斌提出反共的提案。雷震遠回憶說：

「記得上次教宗到菲律賓馬尼拉召開亞洲主教會議歷時一星期，在最後一天閉幕之前一次會議，于樞機提出：『我們這一些天所討論的問題很多，但最重要的問題，我們天主教對共產黨的態度未曾討論，我們應該知道共產黨是人類維護自由的公敵，我們對這個邪惡集團必須採嚴厲制裁的立場，絕對不能有任何姑息。』與會主教一致通過其提案，教宗來遠東之前已擬好一篇宣言，可能為一對共黨情形不了解之人起草，並無對共黨態度之內容，臨時增加後再發表，廊清天主教不堅決反對共產黨之謠傳。」[18]

在此次保祿六世亞洲行程中，有短暫的香港之行。教宗既不願訪台，于斌於是退而求其次，建議教宗在香港時，能發表言論，關切中共統治下的所有中國人。由於事涉敏感，或保祿六世覺得他願在香港短暫停留就是一種表示，教宗拒絕了于斌的建議。針對此事，于斌在《紐約時報》訪問他時說：

「當中國大陸六億人民正在被共黨壓迫得透不過氣來的時候，如果我們不去護衛這些正在水深火熱中受苦受難的羔羊，那我們還能以牧羊人自居嗎？」[19]

---

17 于斌一九七〇年記事本，十月二十日。
18 雷震遠，〈我的良師諍友—于斌樞機主教〉，《于斌樞機紀念文集》，頁五九。
19 李慕白，〈憶于樞機——敬悼一位偉大的哲人〉（同註18），頁一四六。

三、宗教生活

于斌從來不曾忘記他的第一身分——神職，他的首要工作是傳教。抗戰結束後，一九四七年在上海召開公教教育會議，在會議上他說：

「今天中國，沒有人反對我們天主教了。……也有人很想知道我們天主教的道理了，所以我們在今天，應該大膽的講，公開的講，勇敢的講，不必猶豫，不必客氣，不必畏怯，今天已到我們宣講天主道理的時候。」[20]

而在他的演講中，隨時都可看到他宣講天主的道理。

許多教內外人士，因為于斌繁忙的政治、社會活動，而認為他有追求世俗榮華的傾向；房志榮在蕪湖的回憶，曾提及許多人當時的想法。他說：

「這次談話他曾說及個人靈修經驗，即抗戰時期在大後方非常忙碌，每天日程排的很滿，能有十分鐘靜下祈禱已很不錯了。但他也透露，和他接觸的許多政要發現他不是毫無目標地為政府走遍天下，他一有機會就給人講天主教的道理。他的答話總是：對呀，這也是為你們的好處。那次談話後，神父們對于斌的靈修和超性精神不再有任何懷疑。」[21]

---

20 〈現代使徒于斌樞機〉，《聖體軍月刊》，一九六九年六月，頁五五四。

21 房志榮，〈二次戰後初識于斌及其後〉（同註6），頁一八。

不過對于斌宗教生活質疑的人，從來就沒停過，反對他的人稱他為政治和尚，認為他是「利用宗教勢力來達到其個人政治慾望的。」[22] 其實了解于斌的人知道，他參與政治、外交，不過是盡國民天職；在此同時他也善盡他的神職，在宗教生活上于斌是無可指謫的。

在日常的功課上，由於于斌的工作太過忙碌，作息時間不正常，因此教廷豁免了他日課的義務。但他其他的功課總不間斷，姚宗鑑回憶說：

「很多人衹知道于樞機是偉大的人物，但很少人知道他是一位靈修工夫很有深度的主教，他最親近的秘書周長耀先生告訴我：于樞機不論如何忙碌，每天早上必作默想和祈禱，然後再作彌撒，早上晚間之祈禱總不間斷，于樞機在辦告解神工時，在像我這個年少神父面前，他卻一定要跪下來，我卻說：總主教，你跪下不便，你坐吧！他仍然堅持要跪下來。」[23]

而從記事本中也可看到，每年在百忙中，于斌至少會安排一次五天的避靜（退省）；有時一年還會有兩次。不過這些只是外表的形式，從他所寫的一些格律不算工整的詩文中，可以看出他的靈修深度。一九六〇年他生日時，在祈禱中度過，他也不諱言，忙亂的事務使他的祈禱不易專注。他寫道：

「心為形役放難收，靜定安慮得所求；

---

22 心園，〈于斌是政治和尚〉，香港《正午報》，一九六四年元月二十四日。

23 姚宗鑑，〈感恩心、景仰情〉（同註6），頁一七。

伏求聖神降臨佑，靈地重新上層樓。」[24]

但收心後的祈禱則內容豐富，他寫道：

「百憂萬事付東流，丹心一片主旨搜；
過去種種昨日死，今后種種新生求。
檢討已往增愧怍，策勵將來偕主遊；
天命為性率性道，修道邀寵學而優。」[25]

一九六一年三月二十九日，他在陽明山主徒會的修院避靜，其時正是四旬期內的聖週，是要紀念耶穌的死亡與復活。他寫道：

「主徒修院陽明山，默思主難避此間；
無玷慈母道旁立，如鏡明月天際懸。
萬籟無聲靜致遠，舉世多難痛失眠；
苦盡甘來否極泰，因主復活幸福全。」[26]

---

24 于斌，〈收心難〉，一九六〇年記事本，四月十三日。
25 于斌，〈默禱〉，一九六〇年記事本，四月十三日。
26 于斌，〈主徒會避靜七律〉，一九六一年記事本，三月二十九日至四月一日。

一九六二年四月十日至十七日，他在彰化靜山耶穌會的地方退省，其時正是輔大校地尚未覓得，諸事煩瑣不順之時，他寫道：

「1動極思靜退彰山　造物神遊伴綠眠
2好鳥枝頭大合鳴　鮮花耀眼美大千
3東邱登臨忘多難　靜園漫步喜悠閒
4六旬晉一默然過　歲月蹉跎愧對天
5老當益壯興教國　蔚起多士後繼前
6博大精微天道邇　燦爛文化五千年
7困知篤行效天健　中華歸主職攸關
8群策群力邀主寵　克己復禮踵聖賢
9基督同在何所懼　風濤險惡終濟川
10仁心仁術應萬變　天地一新度永安」27

一九六四年七月十九日，他在海外旅行途中寫了首詩：

「歐美浪跡今稍休　行愛揚真別無求
鼎沸要在抽底火　澄清還須無全牛

27 于斌，〈彰化靜山退省誌感〉，一九六二年記事本，四月十三日。

萬變不如人心變　千方莫比聖寵流
以簡馭繁本有道　順天親民夫何憂」[28]

在這首詩中可以很清楚的看出，他時刻不忘把一切加諸於他的，都歸之於神的恩賜。

一九六九年四月二十一日，他輕車簡從自臺北往羅馬接受樞機主教的祝聖，他在詩中仍是貶抑自己，將一切歸之於至上神。在飛機上他寫道：

「四點三十騰長空　夕陽斜照藍天宏
頭艙靜坐瞰雲浪　樂文頻讚美無窮
去臘晉鐸四十載　主園工作鮮奇功
樞機位尊責任重　老朽愚頑愧此榮
宗座寬仁不我棄　戰慄惶恐感恩隆
弼教救人視唯為　虔祈毋佑主寵豐」[29]

一九七二年九月二十日，是他晉陞主教三十六年紀念，他寫道：

「三六晉牧三六年　歲月蹉跎真汗顏

---

28 于斌，〈抒懷〉，一九六二年記事本，四月十三日。
29 于斌，〈中華機上〉，一九六九年記事本，四月二十一日。下午自臺北出發，只偕同葛慈秘書于樂文臨時護士。

撫今追昔主恩重　有虧職守心難安
老當益壯雖無窮　任主馳驅意尚堅
險難益知愛情小　增我信愛主矜憐！」[30]

這些詩都淺顯易懂，不用多解釋什麼，可以很容易體會到他靈修的深度。

第二節　社會與文化活動

一、人際往來

有的人批評于斌結交權貴，從他往來對象看這也是事實。不過換個角度看，所謂權貴為何願和于斌結交？理由很簡單，于斌是以道義和人交，所謂權貴在得知其人品、操守、無私的企圖後，無論如何對他都是絕對尊重的，長時間的累積，自然使得于斌擁有了廣大的人脈資源。

蔣介石及蔣宋美齡對于斌都非常尊重，公開的大型宴會不計，每年至少一至兩次，會邀請于斌到官邸內共進午晚餐。而于斌若有事欲覲見蔣介石，通常都不難安排。一九六一年二月二十日記事本中載：「9:45a.m.赴士林官邸晉見，10 a.m.總統談話。」三月十八日，「$7\frac{1}{2}$p.m.蔣總統宴，士林官邸。」十月三日赴美前夕，「10 a.m.，赴總統邀會，辭行談話15分。」類似這樣的記載，在

30 于斌，〈晉牧卅六誌感〉，一九七二年記事本，九月二十日。

記事本中至少可以找到幾十處。蔣宋美齡願意擔任輔仁大學董事長，主要還是因為于斌擔任校長。

于斌對於蔣介石的信仰狀態有相當深入的了解，他深信蔣介石是一個真正的基督徒，因為他親眼目睹吳經熊翻譯聖經聖詠時蔣介石反覆修改的眉批。在筆者以為蔣介石與于斌類似的信仰歷程，是使兩人似有默契相合的原因。在于斌一九六八年的記事本中，在起首的空白處，于斌放上了兩句現在看似八股的話：

> 「生活的目的，在增進人類全體的生活；
> 生命的意義，在創造宇宙繼起的生命。」

于斌一定是極為讚賞這兩句話才寫上去的。

蔣家第二代的蔣經國、蔣緯國也與于斌關係良好；蔣緯國稱他多次登門向于斌請益，他說：

> 「我自幼除飫聆庭訓和奉命研讀線裝之古經書外，使我受益最大者，實來自三位長者：義父戴故院長傳賢先生，陳資政立夫先生與于世伯野聲樞機主教，所受後者鼓勵尤大。……」[31]

蔣經國與于斌雖少私交，但于斌晚年臺北的寓所，則係蔣經國為其安排。[32] 而蔣家第三代蔣孝文，也曾在于斌的記事本中出現。[33]

---

31 蔣緯國，〈哲人日遠，追慕益殷〉，《于斌樞機逝世十週年紀念文集》，頁三六。
32 金克明，〈對于樞機逝世週年的追思〉（同註20），頁一五九。
33 于斌一九六一年記事本，三月十一日、五月十日。

自抗戰時期開始，陳誠與于斌的關係就相當良好；陳誠經常會和于斌談論國際大事、國內政治。在陳誠去世時，于斌曾致悼詞稱：

> 「我們談話的主題，多為國際形勢之檢討和國際關係之促進，辭修先生眼光遠大，其觀點之正確，常使我內心敬佩。我們也常常談起反共實質問題，他也認為總而言之，統而言之，這是個思想戰，文化戰，對總統之三分軍事七分政治之主張頗有發揮和引申。有時也談起宗教問題，……他認為天主教中守死善道的決心和毅力，是共產主義之最大敵人。對我大陸教胞不屈不撓的殉道精神，亦時有稱讚。……在他行政院長任內，為表示對教廷之尊重，破格擢升我駐教廷使節為大使。其他鼓勵和便利我們傳教、辦學及創立慈善機構的種種恩惠，更指不勝屈，一言難盡。」[34]

他沒提到一九五四年，他能返臺一行，陳誠曾極力促成其事。

除了國民黨的政治人物外，青年黨的曾琦、余家菊與于斌也都很有交情。兩人雖在世絕大多數時間與信仰絕緣，但都在去世前，精神清醒時領洗成了教友，而這當中絕大多數是于斌潛移默化的影響。[35] 由於與青年黨關係夠深，甚至有資格可以調解青年黨的紛爭。一九六四年二月十日的記事本載：

34 〈哀悼陳故副總統談話〉，《輔大新聞》，一九六五年三月十五日。

35 于斌，〈慕韓先生與天主教的一段因緣〉，《傳記文學》，第二十九卷第二期，頁二六～二九。

「4p.m.國民黨招待所為調解青年黨中國、整委、臨全三派紛爭茶會：于斌、王雲五、阮毅成。」

經常在他記事本中出現的政學界名人有張群、莫德惠、謝冠生、谷正綱、陳立夫、王潤生、陶希聖、沈之岳、張寶樹、孔德成、黃少谷、王雲五、余紀忠……幾乎所有檯面上下的人物都敬重他，因此也使他在政治上確實有一定的影響力，同時因其不具派系色彩，因此在某次國民大會選舉總統、副總統期間，要求他出來選副總統的故事又再度上演。國大代表王藍回憶說：

「國民大會代表中，有數十位文學家、詩人、藝術家、著作家、政論家，都對野聲先生衷心敬愛，因而在某次大會期間，這些懷有『文化報國』理想的國會議員，聯袂專程前往輔仁大學拜見校長野聲先生。他問我們何事勞步？我們的回答，出乎他意料，當時使他不禁吃驚，原來我們這一群人是來請他考慮競選副總統。我們誠摯地向他陳述：我們大都是國民黨員，也有幾位是無黨無派的『社會賢達』，國民黨尚未提出副總統候選人之前我們可以自由表示意見，也可以向黨中央反映，我們覺得憑野聲先生在國內與國際間的貢獻與聲望，應是理想人選。

野聲先生當即『勸阻』，堅稱他不能膺此重任，為國為民服務他則義不容辭，雙方都談得赤忱，回憶那一幕，真是感人至深的。雖然我們的『書生幻想』未能如願，但大家對野聲先生的推崇，在此一『行動』中，充分表露。」[36]

36 王藍，〈美哉！偉哉！野聲先生〉，《青年日報》，一九九八年十月八日。最有可能的時間是一九六六年，其次為一九七二年。

二、海外遊說

就國際現實來考量，世界各國不可能無視於龐大中共控制的中國於不顧，而一直承認名義上代表中國的台灣中華民國政府。在此日益艱難的外交情勢中，于斌常主動出擊，希望能挽頹勢於未倒。大致來說，他的活動分歐洲與美國兩部分。

就歐洲來說，西班牙是他國民外交的重點之一，他自一九五九年回國後，幾乎每年的海外行程都不會漏掉西國，特別是馬德里的行程。而馬德里的中國學生也一直奉于斌為他們的精神領袖。一九六四年三月，在馬德里的中國留學生成立的「中國天主教大專學生進修會」，成為馬德里教區內的正式天主教團體。[37] 然後在鮑克俊的籌劃下，在馬德里大學內以此進修會為基礎，籌設曉星書院。于斌對此也非常關心，一九六七年他參觀正在建築中的曉星書院，欣慰的看到它已蓋到八層。[38] 教廷則是于斌歐洲活動最主要的地方，除了商討教務問題，最主要的期望是教廷能在歐美國家中，發揮道德影響力，讓這些國家繼續支持台灣的中華民國。而隨著國際局勢的日益惡化，梵蒂岡的重要性即日增。

歐美行程中最重要的地方是美國，因為實質上中華民國的國際地位是和美國直接相關的。而在美國他也早已有了異於一般政治人物的關係網路，另外有中美聯誼會則是他推動國民外交的基地。一般說來，他自己不喜歡公開談論這些活動的經過，在記事本中多半也只有行程與人名，不過從一

---

37 鮑克俊致于斌函，一九六四年四月二十五日。
38 于斌一九六七年記事本，十月十七日。

些報導中仍可看出蛛絲馬跡。

在一九六九年，美國國務卿季辛吉（Kissinger）已在尼克森支持下，進行與中共關係正常化的工作，這是影響中華民國與美國關係的重大事件，也是于斌極欲阻止之事。當他自羅馬接受樞機尊位，返回台灣前，還先繞道美、加一行，此行當然不只是宣慰僑胞而已。

「于斌說：『我這次到美國，本來沒有準備去見新任美國總統尼克森，雖然我與他認識多年，在許多場合中也曾交換過不少意見。後承美國第三位要人，眾議院議長麥考邁克（J.W. McCormarck）的安排，有機會與尼克森總統在一個下午的『下午茶』時間，一邊吃點心、咖啡，作了一次愉快的交談。』

于斌說，他與尼克森總統的會面，談得很實在。他向尼克森總統曾提出兩點希望，他說：

『1.希望美洲人在決定關係世界問題中心的亞洲問題時，不應抱著姑息、妥協的態度，應該站在人道立場，堅決反共到底，決不可使世界問題關鍵的亞洲問題陷入絕境。

2.關於越戰，在美國全民希望儘早結束，我也認為越戰也應儘早結束，但不可在會議桌上抹殺了戰場上的勝利。而且美國要從越南撤兵，也應作光榮撤兵，不是代表投降。』」[39]

一九七〇年更嚴峻的考驗接踵而來，中共進入聯合國即將實現，而關鍵仍在美國的態度，因此在他公私兩煩、內外交困的情形下，仍赴美國一行。九月十二日離華前向蔣介石報告其赴美之計

39〈于斌訪問美加時提忠告〉，《中央日報》，一九六九年六月八日。

劃，並告其相交多年的麥考邁克議長即將退休，蔣介石則稱可授其勳章，以表彰其多年支持中華民國的貢獻。[40]

一九七一年中共入聯合國即將實現，于斌的行程更為忙碌，八月二十三日飛美國，九月十二日，記事本載：

「飛 D.C.偕陸增禮入白宮參加祈禱，而公教之交通部長夫婦，適坐於予之右邊，禮畢與 Nixon 握手，告以周氏（按：周恩來）陰險非常，應提高警惕，Nixon 點首笑曰：我知道。白宮記者問及中共入聯合國，予曰：『It will be the beginning of the end of U.N.』」

九月二十五日他到羅馬覲見教宗，記事本載：

「11:25 晉謁聖父，先與千餘人聆聽聖父教訓。……禮畢出堂邀予隨行，接見於另一大廳。談二十分始贈聖牌、念珠而別。1.因關懷中國甚願與我一見。2.甚希我國在 U.N.保住應有地位。3.將盡力支持自由中國。4.為解救大陸教友願盡力而為。5.衛青心之主張毫無根據。6.既係教友，當知無言，有意見請訪問 Villot 及 Casaroli。7.予告將盡力追隨以應大難。」[41]

十月六日于斌再自羅馬赴美為聯合國席位事作最後努力，在飛機上他賦詩一首中有兩句「教宗

---

40 于斌一九七〇年記事本，九月十二日。

41 衛青心於一九三三年徒步赴羅馬，得于斌之助在法求學，並工作於駐法使館，後修道晉鐸，此時發表言論，認教廷應與中共建交。

勞苦主會議，危機渡過道廣傳」[42] 可表其心情。到美國後雖然多方努力，但大局已定，十月二十六日記事本載：

「國恥紀念，U.N.大會以七六對三五票逐我出聯合國，予主盡人事，聽天命，塞翁失馬，焉知非福。」

下一步要面對的是中美斷交的問題，一九七二年九月他再度赴美，時在美國有雷震遠主持的《雙圈》（*Twin Circle*）雜誌及「亞洲問題演講團」（Asian Speakers ureau），仍以于斌為精神領袖，持續宣傳反共。九月十日記事本載：「世光（周）及震遠來談工作計劃。（將注意中西文化發展及團結，天主教學人共赴國難）」

一九七三年于斌三度赴美，第一次僅簡單過境，第二次行程中，於十月十一日「以輔仁大學校長身分，頒授政治學榮譽博士學位給美國業已退休的衆議院議長麥考邁克，以酬謝他在衆議院院長任期中，對增進中美人民了解所作的努力。」[43] 返台後旋即於十一月再度赴美，這次是為了代表教宗贈勳予美國勞工領袖高爾曼（Patrick E. Gorman），[44] 高爾曼是中美堂募款建成的關鍵人物。

一九七七年，了解國際政治的人已在推測美與中共建交的時日了，于斌在此時組織了「中國宗教徒聯誼會美國友好訪問團」，繼續其道德勸說的努力。時任駐美使館武官的公孫嫿說：

---

42 于斌一九七一年記事本，十月六日。

43 于斌一九七三年記事本，十月十二日剪報。

44 于斌一九七三年記事本，十一月二十五日

「這個宗教訪問團，除了于樞機是天主教徒，還包括了佛教、基督教、回教、理教……各種宗派的領袖。于樞機被各派宗教首領推選為領隊，即此一點，便可看出他在國內外人望之重。

……

看吧！沈大使陪著于樞機一面走，一面談話。幾乎有一半以上的來賓，都隨著往大廳移動。在人群中不時的跑出一位教友，屈膝跪在于樞機的身前，他微微伸出手，任那些虔誠的教友吻他的權戒。

當于樞機慢慢走到大廳的靠牆沙發坐下時，各國的教友知道他來了，立刻自各角落，甚至於自夜色籠罩的庭園中，都向他的座位方向集中。那些信徒，外國人比中國人更多，男女老幼都有，搶著屈膝跪在他的身前，以親吻他手上的權戒為光榮，為滿足。一下子就擁有那麼多人，好像雙橡園的酒會是為迎接他而開的，有了于樞機撐起了中華民國的大旗，彷彿就能風雨不透。再看吧！那些衣冠楚楚的紳士，和珠光寶氣的淑女，都像膜拜神祇似的，一個個趨前給于樞機下跪。

于樞機的助理，『亞洲演講團』的雷震遠神父，看看四面八方的客人，如潮水一樣的湧向于樞機，急得一身是汗，他囑告大家不可爭先恐後。于樞機端坐在沙發上，是因為他的腿傷不便太多行走，點頭微笑，一任信徒們親權戒。最後為了酒會的秩序，雷神父請那些信徒們排好隊，一個挨一個的過來。

……

夜加深了，十月間的夜寒自門外襲入，酒會結束的時間也快到了。因為還有別處的宴會，為國奔勞辛苦的于樞機，不得不拖著疲憊的身子，再率領著這個宗教團匆匆離去。

……

雙橡園歸屬中國以後的幾十年，歷經滄桑，華府的老僑領心中最有數，每年十月十日雙十節，舉行大酒會以慶祝國慶，從來沒有過像民國六十六年那次，既熱鬧又風光。當然凡參加過那次酒會的人都沾到了于斌樞機的光，……。」45

三、中華文化復興運動與敬天祭祖

一九六六年所謂的文化大革命開始在中國大陸發動，雖然其本質上是政治鬥爭，但他們是利用破除傳統文化的形式，來達到打擊異己的目的。在其形式上，已使中國文化受到極大的破壞。於是在海峽的對岸，面對中共瘋狂的文化破壞運動，也就展開了文化復興運動，要在思想上與之對抗。

就文化發展的觀點來看，歷史中的傳統是不可能依樣畫葫蘆，重搬於不同的時空。因此中華文化復興運動中所提示的綱目「倫理、民主、科學」中，只有倫理一項是真正傳統文化的內容。而所謂的倫理，主要就是儒家思想，這與于斌欲融合天主教信仰與傳統中國文化的思想，是完全不衝突的；若能積極的發展，他可使參與中國文化復興者，有機會接受基督信仰。若不能如此發展他至少也可藉著參與這項運動，在教會內加強融合信仰與儒家思想；而在教外人士方面，也因共同參與，

45 公孫嬿，〈雙橡園的一段往事〉，《典型常在》，頁三〇九～三一一。

而不排斥天主教，結為盟友。

于斌一直聲言天主教信仰與中國文化絕不衝突；他說：

「天主教對各民族文化無不重視，如有不真實不道德的因素則設法加以糾正、揚棄；其合乎真善美條件者，則欣賞之，保存之，且發揚光大之。我中國文化以仁愛為中心，正吻合天主教的全心全意全靈全力愛天主在萬有之上及愛人如己之博愛精神。韓文公所肯定之『博愛之謂仁』，國父中山先生常題『博愛』兩字贈人，均能把握我國仁愛哲學之本質，惟我國人對天主雖不很了解，而敬天、畏天、尊天、順天等語句則時時處處隨口而出。」[46]

他對文化復興運動的看法，也絕對不是保守的。

「一、復興文化並非純復古，古之良法美制應復之興之自不待言，而溫故知新，承前啓後之『故』與『前』，亦不應輕之忽之。

二、文化復興亦不能閉門造車，外國人之科技固應迎頭趕上，外國之形上學、道德、美術，亦非絕無是處。

三、國人亦應有所主張，文化因時間進步，因空間擴張，故當知此地如何適應，仍應慎思明辨，幸勿徒讀古書或一味盲從。」[47]

46 于斌，〈創刊詞〉，《中國天主教文化雜誌》，第一期，頁九。

47 同註46，頁一〇。

而在復興中華文化方面，是否有什麼具體的作法？于斌在一九六八年就曾作過建議：

「一、恢復祭天典禮。中國歷代帝王，皆行郊祀大典。漢書郊祀志曰：『古者天子夏親郊，祀上帝於郊，故曰郊祀。』後世每以正月立春以後舉行郊天大祭，北平南郊築有天壇，便是皇帝祭天的地方。現今是民主時代，民權出於天賦，故為國民者，應該祭天。應由內政部制定儀式，設立天壇，定日期召集民眾團體代表舉行祭天大典，每年一次。以昭莊敬肅穆之儀容。至於民眾私人家庭，每年春節履端之晨，皆應行祭天儀式。祭天僅用玄酒（清水）香花，茶果。不可用犧牲血腥之物。僅焚茅柴，使火光上透，不可用錫箔冥錢。男女青年，每天清晨，須對天作五分鐘祈禱。使心地上大放光明，袪除自私、卑鄙、貪污、仇恨、妒嫉、陰險、荒淫、悲愁、消極等不正心理。而養成積極向善的人生觀。此為國民德育之最有效方法。

二、於各大都市建立明德堂。……。聘請品端學正之教師，定期講解修身進德之道。對於民眾道德，當大有裨益。教師可沿清代學官之制，分教授、教諭、訓導三等。其講解內容，以四書五經三民主義為高級教材，以講忠孝節義之故事及先賢格言為中級教材；以講生活常識立身處世禮節等國民生活規範為初級教材，由各市縣教育機關主持其事。其他，各電視台，廣播電台，也應規定每週有一次作宣揚明德的講演。使家喻戶曉，而民德歸厚。」[48]

---

48 于斌，〈復興中華文化與敬天〉，《于樞機最近言論集》，頁三三～三五。

到了一九七一年，他更將他的理想付諸實現，他借了師大附中的大禮堂，在一月二十六日除夕晚上先佈置起來，到了一月二十七日上午十一時，「親友團拜於師大附中中興堂，祭祖後拜年。」49他一年後回憶說：

「去年的農曆春節，在『師大附中』的大禮堂內，有一千多人參加祭祖典禮，把師大附中的大禮堂，擠得滿滿的，使我十分感動。因為前來參加祭祖典禮的人，有自板橋、三重、新莊等地趕來，情形非常熱烈。」50

不但向社會推廣，也在天主教內宣傳，於是一九七二年選擇在台北的主教座堂中舉行。並將敬天祭祖的儀式合一，這個活動對於天主教教內有相當大的影響。潘明富回憶說：

「記得民國六十一年暑假，于樞機來高雄道明中學耕莘館做一場演講，講題是：『談天人合一』，這是我第一次見到他，也是第一次聽他演講。他高大的身材，穿著一襲黑袍，胸前配掛著一個十字架，站在講台上，神彩煥發，特別是黑框眼鏡後面的雙眼，炯炯有光，不時觀照著全場聽眾，泰然的容顏流露出令人有『望之也嚴，即之也溫』的溫馨感覺。他的聲音溫和宏大，鏗鏘有力。他的演講內容，重點在於說明天主教的教義跟我國文化是互相融合的，他指出天主十誡第一誡就是要我們信奉天主，就是信『天』，而中國人歷代祖先都有『敬天

49 于斌一九七一年元月二十六日、二十七日記事本。
50 于斌，〈我為什麼提倡敬天祭祖〉（同註48），頁一四七。

祭祖』的文化活動，他說：『敬天祭祖就是信天。』所以倡導『敬天祭祖』，從民國六十年起，每年元旦以清香、水果，在中華民族列祖列宗牌位前，敬拜上天，祭祀祖先。我聽完這場演講，內心震撼不已，給我啓示很大。于樞機把基督教義與中華文化融合成一體，這是一項創新，也是一種卓見。因為在我的腦海中，教會本來就禁止祭祀祖先，認為以清香、水果等實物祭祖便是異端。但是于樞機破禁忌為禮儀，化異端為正道，消除了中國人信仰基督的障礙，……。」[51]

個人認為，于斌對敬天祭祖的推廣，一方面是使基督信仰融入中華文化，另一方面則可使中國社會接受基督信徒；「敬天讚」是放置於于斌案頭的詩句，是其敬天祭祖思想最好的代表。

「　敬天讚

明明在上　垂象下土
無競惟人　受天之祜
作善降祥　上帝臨汝
依仁為規　蹈義為矩
耕耘心田　遨遊靈府
靖恭爾位　祇念真主」

51 潘明富，〈一代偉人于斌樞機〉（同註6），頁六三。

一九七四年元月二十四日，他到新竹主持敬天祭祖典禮，曾賦詩記其事：

「新竹祭祖北門街　中式教堂格調諧
縣城首長無不到　政通人和喜緣結
杜牧祭祖彌撒先　以祖配天理當然
悠揚肅穆崇天禮　萬代子孫福綿綿」[52]

一九七五年二月十日除夕，于斌南下台南，二月十一日在延平郡王祠祭天祭祖，「禮節簡單隆重，不到一時即畢。」[53]他以天主教樞機主教身分，在各地推廣敬天祭祖，可說已引起社會大衆的重視。

由於其推展中華文化確有貢獻，因此在蔣中正去世，嚴家淦繼任總統後；六月三日，文復會開臨時全體委員會議，于斌記：

「公推嚴總統為會長，新會長選我為副會長，以補孫哲生之缺。他說于樞機野聲，德高望重，人所尊重，對我國文化亦有相當貢獻，擬請任副會長。」[54]

所以以總統為會長的文復會，于斌又多了副會長的頭銜，而這也確是名實相符的頭銜。

52 于斌，〈新竹祭祖典禮〉，一九七四年記事本，元月二十四日。
53 于斌一九七五年記事本，二月十日、十一日。
54 于斌一九七五年記事本，六月三日。

第三節　互助事業

一、互助運動

一九六〇年以後的台灣社會，經濟逐漸發展，但社會安全體系尚未建立。由於薪資不高，大部分人儲蓄有限，當生活所迫，或遇到緊急危難，往往求助無門。西式的醫療系統也在逐步建立，但醫療費用高昂，若非重大病症，一般人多不願往醫院求診；但急重症的必須費用，往往遠高於一般家庭的收入。因此社會保險事業，有其明顯的需要；但以當時政府的財政狀況，施政規模，不可能從政府方面主動興辦，而私人興辦之保險業，又是以牟利為主，不能敷民衆之需要。

天主教與基督教在此時期台灣社會中，扮演了非常重要的社會救濟功能；當時主要依賴國外教會的支援經費，在台灣興辦了非常多的慈善事業，如醫院、養老院、孤兒院等。但此等事業救濟性質多，而其中醫院縱不以牟利為目的，但為求收支平衡，永續經營，急重症病人所收費用亦往往非民衆一時所能負擔。

一九六四年，「中國互助運動協會」創立，推于斌為理事長。[55] 這個協會的成立，對於教會其他慈善事業的不足有所補充。方式是以小規模的互助儲蓄為主。于斌說：

「一個儲蓄互助社之組成以一百人左右為宜。可由同一機關的職員，同一教堂的信友，同一工會的會員，同一工廠的員工，同一社區的居民，各自分別組成。儲蓄互助社由社員所共有

---

55 汪德明，〈中國互助運動協會對中華民國儲蓄互助社之貢獻〉，一九七七年七月二十九日，油印稿。

共享，社員的權利義務均互惠而平等。」[56]

「社員向儲蓄互助社儲蓄，沒有存款利息，社員交來儲蓄，即係該社員的股金，此股金即係一社的資金，此項資金全部存入公立銀行中，如有社員需要借錢，臨時向銀行取出，在銀行存款之孳息，可為儲蓄互助社之收益，按比例發還社員，又社員借款，向儲蓄互助社按借款結餘每月一分付息，此項利息亦為儲蓄互助社的收益，在結算時攤還社員。」[57]

這些借款都是小額的，以應付學費、醫藥費、婚喪費用、緊急事故及修補房屋、購買生產工具等，而由於係由同一團體中成員組成，故不需抵押保證，為解決一般民眾的日常需要，此類互助社有一定的功能。[58] 雖然于斌為理事長，不過實際上推動工作的是耶穌會的傳教士，他們特別在山地原住民的村落，得到相當良好的成果。

二、中國大眾康寧互助會

于斌在百忙中，願意擔任並不實際負責的中國互助運動協會理事長，代表他贊成這種社會互助事業。但中國互助運動以社區團體方式興辦，規模太小，他也不便干涉耶穌會士的社會事業，因此何不按照自己的想法加以組織！這個想法在他心中已經醞釀許久，一九六五年他將他的想法付諸實

56 于斌，〈什麼是互助運動？三〉，《互助月刊》，第三十期，頁二。
57 于斌，〈什麼是互助運動？四〉，《互助月刊》，第三十一期，頁三。
58 同註57。

施。嚴格說來此非教會事業，因為他所尋找的合作對象，絕大多數是他教外的人際關係。

一九六五年八月十日康寧互助會籌備會召開，九月一日再度召開籌備會，隨後于斌赴羅馬參加大公會議，十二月十一日返台，十二月二十一日三度召開籌備會，然後在一九六六年一月十日，中國大衆康寧互助會正式成立。[59]除了發起人外，到場的來賓有行政院長嚴家淦、考試院長莫德惠、司法院長謝冠生、監察院長……，發起人中有連震東、張寶樹、關吉玉、谷正鼎、黃季陸、黃鎮球、蔣復璁等。一時冠蓋雲集，也可見出康寧互助會成立的規模。于斌致詞時說：

「關於本會的宗旨，我願意提出以下幾點予以說明：

一、目前我們的政府正在極力提倡社會福利事業，在一般人民的立場都希望各種福利的舉辦，能對個人有很多利益，同時，希望所辦的福利，對苦難大衆有更好的績效，我們響應這運動，展開一切互助工作。

二、現在是『愛』與『恨』大衝突的時代，共產黨以『恨』的哲學，集體鬥爭的作風，造成很多壁壘，延禍世界，而我們的傳統精神哲學，以博愛精神，實現禮運大同社會為目的，所以在這方面，我們不能再孰視無睹，必須在實際行動上表示出我們相親相愛的互助精神，現在本會的工作，就是表示對社會的熱愛，……

三、……本會的目的，主要能給貧苦大衆多多服務。換句話說，參加康寧互助會每人每年捐助六十元，由互助會用合理的、科學的方法去照顧社會病患，表示助人助己的精神，作為

59 于斌一九六五年記事本，八月十日、九月一日、十二月二十一日；一九六六年記事本，元月十日。

定期定額給貧苦大眾的幫助；另一方面在社會教育的意義上則比一般捐獻更重要得多，因捐獻和救濟，多少對自尊心有影響，幫助他人，就是幫助自己，這樣自尊心沒有損失，所以，互助與救濟事業大有不同，除了社會教育與自我教育的意義外，也可以培養每一個人愛的心理，這是每一個人都需要的。我覺得現在成立互助會的時機業已成熟，希望本會的發起人、會員和互助人從今天開始切實負責，研究互助辦法和一切的章則，積極展開我們服務的工作。」[60]

而康寧互助會如何互助？據其「互助辦法」稱：

「（三）參加互助者每人每月僅繳互助費新臺幣五元，無性別、年齡、職業之限制，完全平等互惠，且具普遍性，……因負擔輕微，參加互助者不致增加其經濟負擔問題。

（四）參加互助者如發生死亡，可得互助金一萬元，傷殘者按其等級分類可得互助金三千元不等，疾病者如合於規定亦可依章申請互助金。」[61]

于斌身為理事長，有領導之權；但實際執行者，是總幹事金克明。據他稱一九六五年新年，他向于斌拜年，于斌向他表示：

60〈自由中國首創的康寧互助事業——中國大衆康寧互助會〉，《康寧雜誌》，第一期，頁三～四。
61 同註60，頁五。

「我來台以後，心裡想做的幾件大事，僅完成輔仁大學在台復校一件。其次的兩件，迄無頭緒，真是遺憾，一是益世報準備在台復刊，曾蒙先總統　蔣公允予考慮，未能積極著手去做，到現在未能復刊，令人悵惘！其次，是想辦一所規模龐大而完善的醫院，倘能辦出一點成績來，然後再向社會各界勸募支持，促其日益壯大，這是我生平的第三個願望，不知何日才能實現呢？你看我要目前去辦一所醫院，能不能做？金克明說：『目前台灣醫院病床的數字，與人口需要的數字，相差百分之六十有奇，現行公保勞保，甚至國家將實施全民醫療保險，實係一項很大的負荷！如過去英國實行全公醫制度，在第一次世界大戰以後因國家負荷太重，降為半公醫制度。日本這時也實行半公醫制度，經第二次世界大戰以後，上述兩個公醫制度國家，均因無法支持，而告停頓。今後我們應提倡以互助方式，集中大家的力量。由政府來監督，來完成社會服務的醫務福利制度。』」[62]

和中國互助運動協會不同，康寧互助會雖有類似保險的互助項目，但實際上自一開始，于斌想要辦的是一所可提供貧病照顧的平民醫院，於是必須尋找合作對象及資金來源。

一九六七年開始，有凱氏基金會加入支援。凱氏（Kaiser）父子在美國辦有類似的組織，其辦法為：

「凡是參加該協會的人，一次繳納入會費若干圓，即可在該協會附設的醫療機構中，終身享

62 金克明，〈對于樞機逝世週年的追思〉（同註18），頁一五五。

受免費醫療及健康檢查。」[63]

其實此即美國的私人醫療保險機構，他們在一九六七年三月，派專家來協助康寧互助會制定所謂互助醫療的方式。方式如下：

「一、參加互助醫療的人，一次繳交新臺幣二萬二千元，以記賬方式，享受新臺幣五萬元的醫療服務。

二、一次繳交新臺幣一萬二千元，享受十五年醫療的五折優待。

三、已參加公保或勞保的，前往康寧總醫院門診或住院，所需的醫藥費用，由康寧總醫院向公保或勞保領取，然後記入病人的賬內，……。」[64]

由此內容可看出，凱氏基金會的計劃，將原本過於理想的互助方式，朝較實際的方面做了修正。可能開始時康寧互助會即以此方向作為募集建設醫院資金的來源，在其「康寧總醫院籌建計劃」中，即有徵求贊助人計劃，有第一級的榮譽贊助會員及第二級的基本贊助人，其方式與金額係同於凱氏基金會的計劃。按原定計劃，每種各徵求一萬人，若能足額，則可有三億五千萬元的收入，建設醫院的基本費就該足夠了，不過在台灣其時經濟尚未充分開發，這個募捐計劃差不多只是紙上作業而已。

63《康寧雜誌》，頁八。

64 同註63，頁九。

土地也是一大問題，大概在一九六六年康寧互助會即已看中內湖大湖旁共八萬餘坪之土地。若資金募足，衆多地主願意賣地之價格約二千萬元，但此筆款項一直無法籌足。在金克明的計劃下，先與亞記益華營造廠簽定合約，由營造廠負責買地，然後將興建合約交予營造廠；但該營造廠因資金調度問題，無力履行。[65] 之後有土地掮客介紹林茂生等代為墊款購地，此等人願意墊款之原因，主要是在金克明與其簽訂之合約中答應付與高利，而金克明所思者則可能為土地取得後，可憑以向銀行辦抵押貸款，一方面償還林茂生等墊款本利，然後待醫院工程動土後，他可能樂觀的認為，互助基金將會源源不絕湧入。

三、糾紛

在康寧醫院的整體計劃中，于斌將護理學校亦包括在內，並列為優先興建項目。一九六八年三月林茂生等墊款取得土地後，于斌即開始積極準備土地興建事宜，並邀教廷駐華大使艾可儀巡視工地，五月二十七日，康寧醫院在艾可儀主持下破土。[66]

於此同時康寧互助會要求林茂生等交出土地權狀，但林茂生等竟不願交出。按照金克明說法，係因內湖區劃入台北市，土地價格飛漲，林茂生等不願只賺支付價款利息。[67] 於是雙方開始洽談。在于斌記事本中，七月二十八日「午飯於金董家，涂經理、陳文忠來談，提出調停案。」九月十六

65 〈中國大衆康寧互助會因購置內湖土地發生訴訟案始末真相〉，單張打字稿。
66 于斌一九六八年記事本，五月二十五日、二十七日。
67 同註65。

日，「陳文忠偕林茂生來，擬使其與我方律師劉瑞禾談。」十一月二十五日，「今日下午中國銀行正式函告，如土地所有權狀（康寧醫院用地八萬坪）辦妥，當代付三千萬台幣無誤。蓋所以使林茂生等人安心與我和解耳。」

在一份不贊成金克明的文件中則稱當初契約載明，六個月應歸還墊款二分之一，但是土地買賣完成後，金克明並未依約付款，此為林茂生等不願轉移土地所有權的原因。[68] 此或能提供康寧互助會需與林茂生等人合解之另一種可能性。

雙方經洽商無法解決，在金克明主持下，以于斌名義向林茂生提出訴訟。[69] 而於此同時，許多與于斌親近者，將事件如此發展的原因指向金克明。在一份未署名之「中國大衆康寧互助會解決土地工程債務糾紛改革方案」中，提出了幾種可能解決糾紛的方式，而認為最好的方法，應是將金克明撤換，另以「富有行政經驗與社會聲望較高者接替」；在這篇報告結尾稱：

> 「雖表面看來問題之徵結在於錢，然而事實本身並不僅是錢，而人的因素成分較多。如果從基本上尋求問題解決方法，勢必先從人事問題著手。」[70]

不過于斌並未撤換金克明。

---

68 〈康寧總醫院籌建工作遲滯原因檢討報告〉，。

69 〈于斌總主教昨提自訟狀〉，一九六八年八月九日。

70 「中國大衆康寧互助會解決土地工程債務糾紛改革方案」。該方案應係於一九六九年四月前提出。因其中稱于斌為總主教，類似的還有雷震遠在一九六九年九月二十九日寫給于斌的信。

為解決問題，康寧互助會於一九六九年在內湖舊地之旁另買了二萬餘坪土地，準備動工興建。[71] 對方見康寧互助會態度堅定，持有土地不能使用亦有利息壓力。一九七一年三月，在多方人士關心下，終於達成最後和解。「三月十日，國賓飯店茶會，簽和解預約，到陶希聖、吳三連、林茂生。……」[72] 三月三十日，當于斌在羅馬時，最後和解簽字。金克明致函于斌稱：

「各項手續歷時兩小時，陶、吳、關諸先生均在場，中信局攜持土地款項支票，……幾經週折，耗時三年之糾紛，至此終告順利解決。」[73]

中信局所持之付款支票，是和解成立的最重要原由，土地款也已增至五千萬台幣。

四、利息

這五千萬台幣是在總統府的指示下，「政策性」貸放的，[74] 于斌身為康寧互助會的理事長，有責任要為償付本利來籌措費用。即算以最低利率百分之六計算，每月光是利息就是二十五萬。可是這五千萬已拿去支付土地款，現在為蓋醫院，于斌又是兩手空空。為醫院建築之用，經金克明接洽，商得日本三井財團四百萬美金貸款，按照當時的法規，欲向國外借款，必須由中央信託局擔

71 〈互助互持助人助己〉，《大衆日報》，一九七〇年一月三十日。
72 于斌一九七一年記事本，三月十日。
73 金克明致于斌函，一九七一年三月三十日。
74 關吉玉致于斌函，一九七一年六月八日。

保，中央信託局乃委託中華徵信所，對康寧醫院所有土地價值及未來營運計劃，進行評估。結果中華徵信所的報告並不樂觀。關吉玉致函于斌稱：

「本會申請中信局保證三井貸款事，中華徵信所對於本會所擬『還債準備』，已向中信局提出『徵信調查報告』。其大意略謂『第一項徵求榮譽贊助人及團體贊助人捐助辦法，及第三項醫療互助人交費辦法，不切實際不能列為還款準備。第二項醫院業務盈餘所列收入偏多，支出偏少，實際每年盈餘僅可列為八百萬元，第四項海外募捐可以作為還債來源，惟須募足美金五百萬元，可以改觀。因此該所向中信局建議：（一）不予保證。（二）如政府對於中請保證案件予以支持，必須修正原案償還債款期限改為二十年授權中信局保證，按專案處理。其還債準備並須⑴以海外募捐為主。⑵以業務收入為輔，海外募捐款數，並須提出具體保證。』」[75]

按照關吉玉的意見，此事亦須層峰關切，中央信託局才有可能核准放款；按照金克明說法，係因中日斷交，此一貸款因而告吹，[76]不過另一種可能是總統府方面根本不願做此種關切。

康寧護校的興建也是問題。一九七二年康寧護校開始興建，但至一九七四年八月底仍未完工，[77]于斌以理事長身分支付工程款一千五、六百萬元，以他的財務狀況，絕對必須向他人借款支應。借

75 關吉玉致于斌函，一九七一年。
76 同註62，頁一五七。
77 張乃旦，〈康寧護校建校工程仲裁事宜〉，一九七七年四月二十七日。

款則需支付利息，每月亦有近十萬之譜，此對于斌而言也是不小的負擔。其記事本載：

> 「文學院院長及總務主任，借款二五〇萬元，以建築護理學校（康寧），月息按銀行成規至一九七五年一月底本利金還滿，須賠損失五萬元。」[78]

康寧護校於一九七四年八月底仍未完工，建商要求隨進度繼續支付工程款，護校方面要求按合約於工程完成後再付尾款。而護校早在一九六八年即已開始招生，但初期借用方濟中學校舍，然後借用新店開明高職校舍，內湖文德女中校舍……由於一直沒有自己的校地，學校不可能穩定招生，也不可能達到收支平衡，於是至一九七七年決定暫時停止，但仍設辦事處於輔仁大學吉林路辦事處內。[79]可是康寧護校以于斌為名義借的錢怎麼辦呢？大概還是要于斌自行設法解決。

康寧醫院的建築計劃繼續進行，自一九七〇年來曾數度向西德、日本的基金會或財團尋求支援，皆無所成。一九七六年只得向民間投資公司借款，共借得一億圓台幣，按照金克明的說法，先扣利息實付八千萬。大概用於還債已差不多，還談不到用於動工興建醫院。

此時的于斌為債務問題非常傷腦筋，一九七五年記事本中有一段：「今日借到二十六萬（齊）、十萬（姚）」，[80]從語氣判斷，他很有可能經常得向朋友周轉金錢，他一生不為自己積蓄錢財，老年卻要為這似乎永不能實現的夢想，揹上龐大的債務，實在是難為這位隱貧的樞機主教了。當然他

---

78 于斌一九七三年記事本，十二月十四日。

79 吳宗文，〈我與康寧護校〉，《述之文存》，台北：輔大出版社，一九八七年，頁四六七。

80 于斌一九七五年記事本，五月十五日。

的健康也會為此一再受到傷害。

直到于斌去世為止，康寧的債務仍然沒有解決；不過隨著台灣經濟的發展，土地的價格飛漲，實際上康寧互助會所擁有的財富是遠高於負債的。于斌不是不知道此點，但他一直不願意賣土地來解決債務，可能的原因是不希望他的理想夭折，也可能是不願別人說他藉機牟利。他在一九七八年的元旦，曾和康寧互助會的理事李荷說到他創辦這個組織的理想。他說：

「你知道我為什麼創辦這個會，這個會給我的煩惱，屈指難數，而我仍然要堅持下去？記得我創辦這個會的時候，正是中華民國在聯合國的地位處於風雨飄搖之中，隨時有退出的可能，聯合國現在已經不能發生什麼作用，當時對我國卻關係重大，一旦被迫退出，其對人心之震撼，實在無法估計，所幸先總統　蔣公事前提出處變不驚、莊敬自強的正確指示，使全國軍民心理上，先有準備，迨事情發生，沒有手足無措、不知所從的現象，我在這時創辦大眾康寧互助會，購置九萬多坪土地，要建設一座大規模的康寧總醫院，就是要以實際行動，響應　蔣公的號召，告訴大眾，我于某要在這美麗寶島，作長治久安之計，我的目的，仍然是在振奮人心，鼓舞士氣，以確保復興基地的安全。我個人獻身天主，已五十多年，在過去的歲月中，從來沒有為自己的切身事故，作過打算，而今我身為梵蒂岡教廷樞機主教，我持有教廷護照，美國護照，中華民國護照，除了共產國家，我隨時可以申請到任何國家去旅行或定居，世界上凡有天主教教友的國家，都會給我以隆重的禮遇，說句不客氣的話，我根本沒有私人問題，更沒有私人慾望，然而我不願做一個自了漢，只圖一己的輕鬆，不顧群眾的疾苦，這就是我許願要建設一所夠水準的綜合醫院的主要因素之一。」[81]

理想雖然遠大，但是在于斌去世後，康寧互助會還是以處理土地的方式，解決了龐大的債務問題。[82]

81 李荷，〈我與野聲先生〉（同註18），頁一六八。

82《一代完人于斌樞機》，野聲文化事業籌備處印行，頁三三三。

這些土地價格相當高，是否有人從中獲利就不得而知了。

第九章　思　想

基本上于斌並不認為自己是哲學家、神學家或是某種思想的提倡者，他認為自己是實踐思想的行動者。不過換一個角度來看，他也必須要對行動背後的思想，有明晰而透徹的理會，才能在他無數的行動時，都有足夠的動機和能量，在不斷的挫折和困難中，去推動和實現他的理想。因此在前面八章敘述了他的行動，為一位不自以為是思想家的實踐者，仍然有必要說明他的動力來源。以下即分節敘述之。

第一節　宗教與文化

一、初期

如何使天主教信仰，與其自幼所接受的傳統儒家思想整合，是于斌在思想上的首要挑戰。他在一九五四年回憶他在傳信大學教書時的學思歷程。他說：

「我研究思想畢業以後，在外國教書，一週上兩點鐘課，所以有時間在梵蒂岡中文部（按：

圖書館）研究十三經，研究中國倫理思想史，發覺儒家的學說與天主教是相得益彰的。」[1]

回到中國任公教進行會總監督，推動公教進行運動時，他對融合儒家思想與天主教信仰也曾提出呼籲他說：

「中國現代的哲學，大部分是錯誤；公教哲學尚未發展。……所以公教要以真正的哲學，駁斥和修正外教人的錯誤哲學。因此哲學公教化，在中國能成立，一宜介紹發揚士林哲學，二宜整理中國的古代哲學。

我們的哲學，不與其他哲學立在平等線上，但駕乎其上，超越地存在著。所以我對於介紹士林哲學和整理中國古代哲學的運動，大有希望，因中國中庸思想，最相合於士林哲學，我們為何不以此中庸思想發展我們的士林哲學呢？」[2]

在這個階段，雖然于斌已將儒家思想與天主教信仰結合的原則提出來，但他並未提出具體的內容。

二、真、善、美、聖

一九四一年于斌成立「中國天主教文化協進會」，顧名思義就可以知道，他對如何融合中西兩種思想，已經有了具體的答案；因為他必須在這個協會的行動上，予以思想的指導。在一九四二

---

1 于斌，〈文化戰——一九五四年三月二十七日〉，《于斌總主教言論集》，頁一八〇～一八一。

2 于斌，〈公教進行的使命〉，《于斌主教公進言論集》，頁二一三～二一四。

年中國天主教文化協進會成立週年的年會上，于斌正式的將他的構想提出：

「世人對文化之見解，議論紛紛，人各一見，今試就簡單方法，解釋文化，個人以為文化包括人與世界各方面所發生關係，即人與自然之關係，人與人之關係，人與神之關係三者。人與自然之關係發展，即科學昌明，哲學豁達；人與人之關係進步，則道德建立，禮教盛行；人與神之關係溝通則人神合一，永福獲得。此三種關係全具，文化之對象，始燦爛大備，缺一即殘缺不完，故文化非僅控制自然，乃民族加強或改善人與自然，人與人，及人與神之關係之努力及成就，此即文化。質言之，物質文化與精神文化全備，乃文化整體，只有便利衣食住行之物質文化，而無科學，哲學，道德及宗教精神，可謂文化之一部，而非全體，然所謂宗教屬於精神文化者，乃指自然宗教，而非由天主默啓之超性宗教，本會於文化之努力，係求對全盤文化，竭盡棉薄，而非一部。

茲願提出三點，以作建設整個文化之標準。

一、崇真的文化——在人與自然之關係上，吾人要有崇拜真理之習慣，不只求知，以了解宇宙之繼，且崇敬真理，為真理犧牲，歐西之蘇格拉底，我國的文天祥、史可法，及羅馬之殉教三千萬教友，為遵從真理而捨命，更係吾人崇拜真理之芳表，特提出以資則效。

二、樂善的文化——在人與人間，吾人不祇要行善避惡，且要以為善至樂，以言古國之文化，羅馬之法律，希臘之哲學，中國之倫理道德，實各臻上乘，而成為此三大古國之文化典型，惜知之者多，行之者少，如能以樂善相標榜，以行善相期許，則吾國文化前途，必更可觀。

三、希聖之文化——人神之間，吾人必以求聖為最高目標，有宗教信仰，成為天主兒女，而獲超性之生命，並遵從吾主耶穌之教訓，使生活盡量提高，以至聖界，斯則人神合一，文化始生新價值新生命。

總之，吾人必有崇真，樂善，希聖之標準的文化，人與自然間，人與人間，人與神間之關係，始克加強，始克改善，天主教文化建設的前途，始克燦爛光明。」[3]

由上述的內容，于斌提出「崇真」、「樂善」、「希聖」三點，對應人與自然、人與人、人與神的關係，這樣的關係是要落實在文化中的。在于斌的解釋中，天主教是永恆的，文化則是可變的，兩者有高下、階層的差別。

「自一般的或廣義的來說，天主教是文化，但是自天主教的立場來說，天主教不是文化，文化是人創造的，天主教是神創造的。天主教不衹要使人變成更好的人，是要使人聖化，使人天主化，這個理想非常偉大，不是人所能想像的，是天主的意思，只有天主才能立這個教。才能啟示這樣一個玄奧人神合一的道理，人類也因此才能享受天主的榮光。文化是什麼？是人類理智或意志的結晶，是一個集團一個民族的生活方式或積累的成績，所以文化有長成，有消滅，我們打開歷史，看見好多種的文化的長成和湮沒，故文化是可變化的，隨時間空間的不同而各異的。天主教則不然，無中外古今之分，中國的天主教、美國的天主教、法國的

3 于斌，〈天主教的文化運動—一九四二年十二月二十五日〉，《于斌總主教宗教言論集》，頁一二～一三。

天主教是一個天主教，一千年的天主教和一千年以後的天主教，也是同一的天主教。故廣義的說，由信徒所表現之生活方式說，他是文化；但狹義的說，他不是文化，是天主立的宗教，最高的目的是永生，不是現世的幸福。中國天主教文化協進會的任務是在保存和發揚中國文化，同時要透過天主教的觀點，把它下一番整理的功夫，換句話說，就是要把天主的精神充實他和發揚他，……」4

所以崇真、樂善、希聖是將天主教落實在中國文化中的方法。他在一九四五年對於如何落實，有了更清楚的界定。他說：

「今天我們來看中國社會，有六大病症，一是貧，不論內地或沿海，甚至上海同胞大多都很貧窮。二是弱，我們同胞疾病之多，大概可以執世界的牛耳。在我們的青年中，要挑選空軍學生至為困難，學生百分之六十是有肺病的。三是愚，一般科學知識公民知識都非常缺乏，算卦看風水，與現代國家風馬牛不相及的各種怪現象充滿於我們的社會。四是私，這本來是不成問題而可以克復的，但迄至今日，我們許多好的計劃好的理想和好的辦法，都在私的淵藪中消失了。以上是中國社會改造運動家指出的通病，我個人認為還有兩病。五是醜，不講求整齊清潔，美觀，不講藝術，不講音樂，我們民族已經沒有一點美感了。六是凡，我們民族太現實，都困擾在衣食住行的打算中，沒有一點理想生活。所以中國歷史上沒有出現過一

4 于斌，〈中國天主教文化協進會之使命──一九四五年十一月二十四日講〉，《于斌總主教宗教言論集》，頁三五～三六。原書中日期為一九四六年，據于斌記事本修改。

位超現實而又不想入非非的理想家，連佛教都是從印度搬過來的。因此凡也是病象之一。這六種病，是我對我國社會的一種診斷，一種看法。我們以什麼藥來醫治呢？就是以富強真善美聖六種藥方。即以富醫貧，以強醫弱，真以醫愚，善以治私，美以醫醜，聖以醫凡。富是增加生產力，提高生活水準。強包括生活水準。強包括衛生和體育。真講求科學智識。善以提倡道德。美是藝術。聖即是正確宗教生活。達到這六種生活標準，就是理想的社會。」5

與前一篇相較，富強二字是針對中國社會現實而說的；就天主教信仰進入中國文化的內涵而言，這裏多增加了「美」字。最早提到「富強真善美聖」，是在一九四一年二月，新生活運動七週年時的講話；為何時隔一年多卻獨漏「美」，只提出崇真、樂善、希聖三點？可能的原因是美學屬情感的範疇，當時于斌不認為是建立中國天主教文化的最必要項目。

一九五二年九月，于斌在中美聯誼會給留學生講話，談精神價值，即以「真、善、美、聖」四點來說。首先僅簡略提到「美」，此可作為上述推論于斌其時思想的一點證明。他說：

「精神價值有四種：即真、美、善、聖。諸同學於欣賞音樂、文學、戲劇、繪畫等時，對美已有相當了解。但美的本質必須真實而不虛幻，且使人接觸後有一種純潔崇高奮發向上之感應，才是大美。此種大美，僅真、善、聖三種精神價值中始具有之。……」6

---

5 同註4，頁三六～三七。

6 于斌，〈談精神價值〉，《于斌總主教對留美同學講演集》，頁九～一二。

在真善美聖四點中，最重要者為「聖」。在一九五三年一月，于斌在給留學生講有關聖誕節意義的另一篇〈新生命與新生活〉中，對於「聖」這一點，有更詳盡精采的說明，他說：

「『聖』的價值，超過真、美、善無數倍，簡直不是這三者所能比擬。求聖是最根本的精神生活。每一個天主教徒不可不在這一方面用心修鍊。這種精神生活的目的，是想超越我們本性，修鍊成為聖者，得到永生，與天主同住一處。……我們能夠認識天主，改過遷善，都是由於耶穌降世啓示，並犧牲他自己的生命來救贖我們。所以我說聖誕節只是我們新生命的開始，新精神生活的起點。

我們在得到新生命以後，好自修持下去，便是求聖的精神生活，這可以分三點解釋：

第一，我們和天主恢復了父子關係，在精神上能相感通，在生活上能蒙他護持。天主是愛，是全知全能，他將他自己的生命賦予我們，和我們本是精神相通、息息相關的。我們如果犯了罪不願滌除，便是與天主背道而馳，無緣對面不相識，一切連繫都割斷了，一旦誠心悔改，發願為新人，天主的慈愛便自然又復加在我們身上，仍看待我們為他的兒女。

第二，進一步，我們和天主恢復了天人合一的關係，我們對天主愈信，望，愛，便愈能接近他，愈近似他，最後便將感到天主實在就住在我們的心靈內，我們的身體便是天主的宮殿。人性軟弱，又缺乏修養，就是連自己身體的生長都不能感覺到，何況心靈深處的活動。但是道行高深的人自能覺識天主永恆的生命在他身體內，如同我們能夠感覺痛癢一般，因此一心要想使他那座天主的宮殿一天一天更美麗，更真善，更神聖。

第三，更進一步，我們便能在這可愛的人間建立理想的天國。凡天主所在之處，便是天堂。任何處所，如無天主，便是地獄。一個虔誠信仰、切實踐履的教友，隨時隨地，會總是十分愉快恬靜的。他那美善的靈魂，發出燦爛的光輝，籠罩著他周圍的人物，充滿說不盡的意味和情趣，這樣便造成了一個小小的天國。所以天國不必遠求，就在此時此地，你起一善念，發一個宏願，便馬上實現了。

……

上面所說求聖的精神生活，只有在我們已經覺悟懺悔、洗除罪惡、得到新生命以後才能達成。最重要的是我們自己必須隨時徹底覺悟、懺悔，發願做一新人。這自然要自己努力。但是聖的生活，實在就是天主的生活，內容很深廣，境界極奧秘，不是人類的理智所能完全了解，僅憑自己的力量也決不能修鍊成功，必得依靠天主的聖寵。……」[7]

對於美的問題，應該也時常縈繞於于斌腦際；理性的哲學、科學固然是文化中的堅實架構，但情感的藝術也是構成文化結構中不可或缺的要素。一九五四年，他在〈有關文藝的幾個基本問題〉中，對有關美的問題，有了更進一步的說明。他認為美不是目的，而是手段。既然情感是決定藝術的主要因素，理性的科學問題與美的關係就不大。因此以「美」為手段所要達到的目的，主要是與「道德」及「宗教」有關。他說：

---

7 于斌，〈新生命與新生活〉（同註6），頁二〇～二四。

「歐洲一部分藝術家主張為藝術而藝術，不接受道德的立場，現在就這一點，作一個解釋。藝術本身不是目的，是一種高尚的手段。為改善人生，充實人生，使人生更優美，更高尚。他有工具的價值。所以藝術是手段，人生才是目的。為藝術而藝術，人生不管，是以手段當目的。這個錯誤是很大的。

……

子民先生有一篇文章，題為〈美育代宗教〉。子民先生在德國研究哲學美學。我也研究過美學，但沒有成就。美學的原則，是一個哲學的思想。美的欣賞，別有一個心理。溶於美的環境裡，使人飄飄然，如醉如痴。在這一個境況裡，沒有利害思想，貪欲思想。如看晚霞，行雲無限的。又如置身海洋，心中浮現著無窮的愉快。在這個時候，沒有患得患失的心理，高尚的情操，為占有慾所影響。面對良辰美景，誘人入勝。美感，不獨把人的情操提高，所有自私自利，爭權奪利的思想，也一筆勾消。心境裡一片清朗，天真爛縵，無怪乎蔡先生說：美育可以代替宗教。

……

但經驗，不是一般化的，是一個人一時的感覺。有因人不同，因時因地不同。同樣良辰美景，蔡先生感到羽化而登仙。趕牛車的呢？他看到你如醉如痴的態度，說你發瘋，趕著牛車走了。你的情感，他沒有。所以同一美景因人而感想不一。又這種美感，偶一而已。暫時的，不是永久的。……可是宗教的情形不同了。敬天愛人的觀念，……就是說與天主的關係，非常密切，無論什麼時候，都不能分開。所謂：『道也者，不可須臾離也，可離非道也。』一天二十四小時，再一天二十四小時，一直下去，到死為止。死了，不過把肉體埋在地下。……這個說明我們同神，即人同造物主，是每天整個二十四小時都發生關係。……宗教沒有時間的問題。又宗教沒有空間的問題。美感呢？不會那樣繼續存在，普遍存在。偶感，怎能代替宗教？

……

美術與宗教，怎麼樣呢？相得益彰。你看羅馬大教堂，有偉大的建築，精緻的雕刻。堂宇宏大，佈置莊嚴。主教輝煌燦爛的禮服與音樂配合，置身其間，心境清爽得無一點塵埃。有著身在此間『羽化而登仙』的感覺。許多不信教的朋友參加大典感覺身在人間，彷彿不是人間，別有天地，別有心思在心頭。在這個時候，感覺宇宙偉大，人生微小，宇宙協合人生的美。這種聖境，是藝術感覺加上宗教的情操。

……

藝術家發揚藝術，需要許多的鼓勵、幫助，所以藝術家也需要宗教。互相需要，互相配合，藝術進步，宗教輝煌，相得益彰，結果皆大歡喜。

以藝術的天才發揮宗教的情操，美化人生，絕對有把握。將來光復大陸，我一定在南京建築一個大教堂。那時需要建築家、雕刻家、繪畫家、音樂家、文學家，不只是需要詩歌，散文更好。總之要大家幫忙。大家相輔相成，共同為宗教努力，為真善聖發揮。崇拜天主，發揚宗教情緒，表現愛人，愛造物主。

一言以蔽之，美育雖然不能代替宗教，但美育可以使宗教崇拜美化。美育雖然不能代替宗教，但可以使宗教合乎人的需要。所以美育與宗教絕對不能分家，要互相尊重，互相輔助，互相合作。」8

此真、善、美、聖四字乃于斌建立中國天主教文化的實質內涵，當輔仁大學在台復校時，即以此四字為輔仁大學之校訓。一九七三年，于斌以〈聖與靈〉一文贈輔大師生，其中闡述或可作此段之小結。

「『真』所以求真理，所謂求知，然不知天，何以知人？我國文化以人文知識較優，正以其知天也。『善』指敦品勵行，明明德以止於至善，至善其天乎。『美』所以存心養性，提高情操。涵泳於天人合一，萬物同源的愛海中，以致中和，尤非尊天、敬天、行天道、達天德不為功，故希聖等於敬天，我國文化本質乃敬天愛人，校訓淵源有自，特以『聖』字代『天』字，亦所以以天德之聖，代造物之天耳，文化復興時代尤應注意及之！

『靈育』乃智德體群四育之補充。校訓既標榜『聖』字，則希聖，希天，靈魂之修養尚焉，草木有生魂，禽獸有覺魂，人類則有靈魂，同為生原——生存之原理或本源——而作用各異，草木只生長而無感覺，禽獸能生長有感覺，唯人能生長有感覺，而又有理智，足以辨別是非抉擇善惡，我國所謂『人為萬物之靈』。士林哲學對人之界說『人乃理性動物』。『靈』與『理性』既為人之特質，而此生原又永生不朽，有始無終，應如何珍惜之，培養

---

8 于斌，〈有關文藝的幾個基本問題〉（同註1），頁一五四～一六一。

之，使之充實光輝，發揮人之所以為人，力爭上游，不與草木禽獸同朽腐。學問、道德、情操求進步，則『真』『善』『美』之校訓可逐步實現，然距靈修之理想尚遠。靈修的項目，是認識敬愛及奉事天主。生則力求與之契合無間，死則偕之永享榮福。故不止善生，且應福終。天人合一就是聖，也就是靈育的目的。」9

三、三知論

所謂三知者乃知人、知物、知天，其內涵即真善美聖。所不同者，三知論重在關係。于斌在建立真善美聖的內容後，其實即不斷提示這些內容是建立在人與人、人與物、人與神的關係上。據他自己說，首先將這些關係提出，是在一九四八年十月的訪星之旅。他說：

「到了新加坡，學術界的許多朋友，尤其是各中學，要我作幾次講演。於是，我在工作之餘，把祖國抗戰的問題與青年講了幾次。有一次我與大家來討論人生的問題，要我講一個比較各方都有一點關係的題目。由於他們的提示，使我想起來應該講一個『關係論』。因為從實際上講起來，人在各方面都有關係，人對神，人對物，人對人都有關係，將這三者都弄好了就是一個完人，如弄不好就算失敗。所謂人與神就是宗教，人與物就是科學，人與人就是道德。這三個名詞可以說今天在世界上是文化最高的代表。一個民族的文化在相當高的時候，這三方面才可以發展到最高的地步，否則，不是偏於此，就是偏於彼，在文化上就有遺

9 于斌，〈聖與靈〉，《輔大新聞》，一九七三年十二月十七日。

憾。所以，每個人如不能把這三方面的關係講通，生活上總是不滿足的。」10

至於三知論這個名詞，則是大約在一九五七年左右，他給在美留學生演講時所提出的。11 一九五九年，他給監察院演講〈三知論〉，他說：

「所謂『三知論』，實際上就是三知配合論。三知在我們中國古書上是有根據的，所謂知人、知物、知天。『一物不知，儒者之恥』，『欲知人不可以不知天』。所以三知論，實際上是中國古來傳統的知識論。所謂知人知物知天，天地人，三才者，不是偏於一隅，也不是有一種好像畸輕畸重的現象，而是一種平衡的發展，調和的發展。對於人、物、神，都有一種平衡的理論，而且可說到今天作為人性指導的原則，在這三方面都相當準確和偉大。

……

三知者，第一是『知物』，對物的知識，這叫科學，科學對於物質世界，要用觀察、試驗的方法求得一種定理來應用，這在今天科學的發明與進步，已經到了太空時代，今天科學的進步，我們也不必宣揚，大家對科學很尊重，這是不成問題的，不需要在這裡替科學寫一篇功德頌。事實上今天科學的進步，大家都看得見，沒有一個人否認對科學的重視。就是因為大家對科學很尊重，而對於過去科學萬能的觀念反到打倒了。在起初，科學不太進步，有的人

10 于斌，〈關係論——一九六二年六月二十三日在人生哲學研究會基隆支會三週年講〉（同註4），頁二〇五。
11 同註10。

對科學只是一知半解，稍為有一點發明，即認為科學有神祕的力量，認為科學可以解決一切問題，所以科學萬能，在過去的確瘋狂了一個時期，受人歡迎，現在已是原子時代，尤其已到太空時代，大家才了解，科學並不是萬能，科學並不能解決一切問題。

……

主要問題是今天人的問題解決不了，是文明世界大家感到恐慌的一個主要理由，所以致知格物，不能說登峰造極，那個階段沒有達到，進步不會停止，宇宙間的奧妙和偉大，人類雖到世界末日，也發揮不了最高成績。所以『知物』很是重要，大家不能忽視今天科學的進步，對科學應當鼓勵，無論任何方面對於科學發明，應該加以讚美，不應該滲著任何不大光明的情緒在裡面，就是我們的敵人有科學發明我們也應當說：好就是好，不好就是不好，無論從那方面來的。可是儘管對科學本身的進步有一種恭敬和羨慕的態度，而對於科學的後果，和科學的應用方面，大家感到非常擔心，今天世界的問題，實際就是如何應用科學威脅問題，對於科學的進步，主要希望能用在和平用途方面，假使今天對於科學發明用在和平方面，人類的幸福和進步，不是當前可以想像的，因為這些發明，都沒有用在和平用途上，都等著毀滅人類，所以今天人類就岌岌不可終日，就惶恐非常。」12

同年他在國防部演講〈三知論〉時，對人與人關係此點有更明確的陳述：

12 于斌，〈三知論—一九五九年三月五日講〉，《于斌總主教哲學言論集》，頁八六。

「到現在對西洋文化取捨的標準，還是沒有發現，這個理由也可以說是由於對哲學的研究不夠徹底，哲學的重要作用，在我們中國沒有能夠盡量的發揮，我們中國一提哲學就是人生哲學，宇宙的哲學——宇宙論，已經是不受大家歡迎了，更提不到形而上學那種本體論，對認識論呢？大家也認為是學者做把戲，哲學方面唯一的在我們中國人心目中佔點地位的，就是人生哲學，也可以說就是倫理學，這是我們對於哲學一般說起來不太注意的情況，可是最重要的還是本體論，就是我們中國所說的形而上學，形而上學所廣泛包含的不只是本體論，而本體論是形而上學最艱難最高深的一部分，所以對本體論方面我們忽略了，在學術方面我們就很難得到一個整理的系統，在過去我們的本體論，曾造成陰陽五行之說，弄得莫名其妙，越弄越遠，後來造成許多迷信的後果，在學術界看起來，也只有一笑而已。

……

所以，所謂全盤西化，中國本位文化，這都是意氣的話，這個問題不是中西問題，也不是古今問題，這有其永恆不變的價值在裡頭，就是真善美，在宗教上再加一個『聖』字，這四個標準，是一切文化評價最高的標準。任何國家的文化，不合這個標準，或在這方面的成分太少，都是落後的文化，這然後才有文化高低的評價，否則，我們只有囫圇吞棗，漆黑一團，不分善惡，不分是非，這是不應當有的現象。

所以，我們感覺因為哲學本體論的不發達，對真善美的了解不夠透澈，不夠具體，不夠普遍，因此大家對中西文化交流的標準上，始終找不到定點，彼一是非，此一是非。須知這真理是用理智，是用客觀的合理性來建立的，並不是用民族思想或是媚外思想所能奠定的，這是我今天因為知人這方面也並不簡單，尤其知人這個社會科學最高的指導原則就是哲學，就是形而上學方面的影響太大的，假使我們對形而上學有相當的研究，我相信我們中華民族不至於走到今天這個悲慘的環境裡頭。所以柏拉圖當年講『國家需要有哲人』，這是不假的。故國的喬木雖然很重要，重臣也相當重要的，就是既明且哲的哲人。一個民族的復興，需要有大思想家，一個民族的衰亡，也與不合理的思想影響有關係。因此，我們講知物之後，要講知人，知人不可不從本體論這方面注意的，就是哲學的重要。這是我講知人方面一點補充的材料。」13

至於人與神的關係，以于斌天主教神職的身分，自然是他思想中最重要的部分，在這個部分他相當肯定的說，在傳統中國文化思想中，同樣有適合人神關係的說法。他說：

「最後我講知天……

實際上，神就是中國古來的所謂天，那是文化最重要的因素，『仁愛』的哲學，大家不要以為這是原因，其實是效果。中國古人為什麼主張『仁愛』哲學。因為是敬天，所謂『天生烝民，有物有則』，『天降下民，作之君，作之師』，所謂『天子』在政治上是替天行道。根據這個理想，才主張『仁愛』，『四海之內，皆兄弟也』，『天無不覆，地無不載』，『人之大本出於天』，這都是敬天愛人的意思。愛人是後果，敬天是原因，可是後來因為受

13 于斌，〈三知論（二）——一九五九年四月二十一日講〉（同註11），頁一〇四～一〇六。

西洋唯物思想的影響，我們把敬天扔掉了，專講愛人，這是無根之學。今天天主教如果是講愛人如己，不講愛天主在萬有之上，我才不去愛人呢！因為人的缺點太多了，不值得我去愛，可是在天主臺前，天主是我們的父親，人是兄弟姊妹，同胞愛是非常神聖的，就是人不對的，我也不看人，還要看與天的關係，這樣的愛才永恆，才真實，才不計利害，才有結果，才可以發揮犧牲的精神。否則，怎能為人犧牲。說句實話，兩夫妻的感情最好，有時還要離婚，有什麼了不起的感情。所以在這方面看來，假設把『仁愛』完全建築在人上，這個基礎太薄弱了，在中國古來的文化上，對仁愛很有所發揮，主要的因為是敬天。

……

我們從畏天到愛天，在古來本不敢說愛上帝，到耶穌基督降凡以後，表示上帝最偉大的一個德性，就是『愛』。所以我們稱上帝叫父親，同時我們才知道這個『愛』是宗教上一個最基本的生活方式，一種心理狀態，一種意識形態，這才了解中國古來這個『仁愛』哲學的偉大，就是因為敬天愛人。

天主教教人上愛天主下愛人，也就是這個道理。最難得的是中國古人沒有經過啓示，有這樣一個結論，這是我們民族可以自豪的。」[14]

14 同註13，頁一〇六～一〇八。

四、敬天愛人

中國自新文化運動後，教育的趨勢基本上是反宗教的。這種觀念長期發展後，容易在知識分子中產生一種論調，認為沒有宗教，道德一樣可以發展。于斌在此點有所闡發，在三知論的基礎上，提出「敬天愛人」四字。

「道德的一般含義，是指人與人的關係而言，為人謀而不忠乎，與朋友交而不信乎，這都是道德問題；但這『人與人』之間的一般尺度，並不概括『人與物之間也有關係』，譬如吃喝是人之所需，若吃喝過度，朱門酒肉臭，便發生道德問題了。金錢是為人使用的，若揮金如土，或視財如命，便也發生道德問題，那都是不道德的。中國是人道國家，是最注重道德的，而最大的道德，莫過於一個孝，孝字可以說是中國人道的核心，一個忤逆不孝的人，便根本談不上其他的道德行為了；而『大孝尊天』，最大的孝道不僅是對人、不僅是對父母，尤其是要對天的，要敬天尊天，要孝敬創造天地人類萬物的天父，是人道重孝，宗教也不過一個孝字、一個大孝而已！中國的道德文化傳統既是『大孝尊天』，若有人不孝不敬，無法無天，不能說是道德！所以道德是包括對物對人對天講的，必須完備對此三者之道，才能達成聖人、至人，是道德顯然不能離開宗教，理由是因為道德以宗教為基礎，宗教是道德的最高指導。從良心上說，若沒有宗教信仰，良心之說缺乏保證，因為人人均能口裡仁義道德，背地男盜女娼，良心必以天為依歸，故稱天良，或天理良心，唯其以天為依歸，才能敬謹乎於冥冥之中，不求人知，只求天知，『知我者其天乎』，於是朝乾夕惕，敬天尊天，無疚於內，心安理得。這種良心的制裁感，或默許的道德感，沒有宗教信仰便喪失其基礎，沒有敬天尊天的理念，則仁義禮智有時而窮，無補於道德的實質。這是站在道德的立場，說明宗教與道德的重要關係。

……

『大孝尊天』是中國文化的固有傳統；……中國對小孝即很重視，對於大孝當更無問題，正如一位不懂科學的人很崇信天地造物主，大科學家當更能敬信宇宙大造物主宰。我們中國在信天知天方面，有其得天獨厚的悠久傳統，在中國固有文化精神中，到處可以發現有造物主宰的存在的證明，中國文化實是有神信仰的文化，不過一般不叫神，也不稱造物主，而尊稱之為天。孔子就是最知天命的人，『五十而知天命』，天命的解釋是很清楚的，『天命之謂性，率性之謂道，修道之謂教』，所以人道的極致就是孝天，亦即前面所講『大孝尊天』。由知天命，而發展有『畏天命』，『配天德』，『希天』，『法天』的固有文化傳統，這無非宗教的虔誠。若說中國人道文化是天道文化，並不為過，『天生烝民，有物有則』，『天降下民，作之君，作之師』，『道之大本出於天』，處處證明中國是信仰天道、相信造物主的國家，而並不是無神文化的民族。英文無神叫做 atheism，就是無天無法的意思，在外國人心目中的 atheism 及 pagan，就是中國所謂『無法無天』的人，是『異端邪說』者；所以歐美間接稱共產主義就是邪端異說；在中國文化系統中，若有人是無法無天，邪說惑眾，那還了得！由此可見中國不是無法無天的民族，她的文化不是邪說橫行的文化，而是講求人道並且天道的國家。尤有進者，中國古時的天道，當時不僅是個人良心問題，而且也是最高的革命理論，是政治革命的圭臬，所謂『代天伐罪』，『天命有德……天討有罪』，『今予惟恭行天之罰』，『天命殛之』，或者說弔民罰罪，『致天之罰』，這種對天命負責的革命理論，正所以說明中國文化是有其基礎的，這正是有其宗教信仰的後果，人人相信『作善降之百祥，作不善降之百殃』。至於後來從『聽天由命』，而發展為在某一方面的宿命論，那是另一回事，也不是不可以改正的。孔子在天道方面有明顯的發揮，但他並沒有做宿命論者，他說『丘之禱也久矣』，這不是聽天由命的宿命論調，而是積極的表現，不僅是知天命，而且有所求於天，正是『天人合一』的具體表現，是人道以天道為依歸的一種表現。不過中國古時對最高神的敬信，不叫神，而叫天罷了。

總括說來，道德必須以宗教為基礎，人道必須以天道為依歸，中國不僅是人道國家，而且是講究天道的國家，唯其信守天道，所以人道才有基礎；若用四個字來概括表達中國固有文化的精華，那便是『敬天愛人』，敬天愛人才是中國文化的真正精神。敬天愛人可以說明宗教與道德、人道與天道；宗教的道理雖然博大精深，但一言以蔽之，也不過敬天愛人而已，即：『愛天主在萬有之上及愛人如己』。唯其敬天，才更能愛人。敬天自然包括畏天、法天、希天、愛天；愛人包括孝愛、慈愛、恩愛、友愛、自愛以及仁民愛物。而『大孝尊天，汎愛親仁』八字，則可以概括『敬天愛人』的主旨。」[15]

15 于斌，〈光大敬天愛人固有傳統——一九六四月二十二日講〉（同註3），頁一九九～二〇三。

在于斌的晚年，他用簡單的幾句話說明了他所以強調敬天愛人的原因。他寫道：

「中華文化的最高理想是『敬天愛人』，天主教的精華與指歸也是『愛天主在萬有之上而愛人如己』。我是中國人，又是天主教敬仰者，所以我人生的最高理想也不外敬愛上主，汎愛眾人。換言之，敬天愛人之大道乃任何宗教之基礎。有之則宗教存，無之則宗教亡。敬天以誠，愛人以德。天學博大精深，人學亦範圍廣闊，要在『知行合一』，始克止於至善。」16

第二節 愛國與反共

一、愛國

五四運動時，于斌領導學生遊行示威，此時他豐富的愛國心當不容質疑。經過天主教哲學、神學的訓練，他從宗教信仰的角度，再去思考天主教信徒愛國的合理性及界限。其中雷鳴遠愛國的主張及第一次世界大戰時歐洲各國天主教領袖的愛國表現，對他也都有正面的示範作用。因此當對日抗戰爆發時，他立即號召所屬南京代牧區的教友們起而抗戰；17 接著他也不忘從信仰的態度，勉勵教友們效法基督犧牲的精神。他說：

「在這千鈞一髮的生死關頭，我們要想想耶穌基督在人世間所完成的神聖功業，他來是為

16 于斌，〈簡述我的人生最高理想〉，一九七八年五月五日應《中國時報》副刊而寫。
17 于斌，〈為蘆溝橋事件告南京區所屬教胞書〉，《于斌主教抗戰言論集》，頁一～二。

『救大眾而犧牲的』（瑪爾谷福音第十章第四十五節）。如今正是我們遵效基督聖範的時候了，應該知道『為我們所愛的人貢獻自己的生命，沒有比這個愛更偉大的。』（若望福音第十五章第十三節）吾主曾自動的以無辜之身作了十字架上的犧牲品，他自動地進了耶路撒冷城，自動地在聖殿裏講道，為真理而辯護，他甘心情願而死，為完成救世贖人的功業，死而復活，又給我們遣來聖神，使我們由彼而得生，且知死於自己，以求從此而復生。這樣，我們的公民責任，個人及公教的責任，共同聯合起來在一條路線上進行；即上承天主聖意，下為群眾的幸福而犧牲自己，如此好能補償過去，準備將來。」[18]

在抗戰時期，外國傳教士是中國教會的主角，他們對中國的態度，或多或少都不會和國籍教士一樣，甚至不相信中國有抗戰的能力和真實性；在這種原則下，他們有時會持隔岸觀火的態度，當然也會要求其轄下的教友們，保持不左不右的原則。在他們看來，于斌愛國的主張會刺激日本人，會對中國天主教有不良的影響。面對這些謬論，于斌的答覆是：

「公教的愛國觀念，不只是良心的驅策，也是天主的誡命。原來在『天條十誡』裏的第四條『孝敬父母』的條文中，就包有愛國的命令，所以我們看耶穌的言行，以及宗徒們對教友們的訓令，都可以看出公教愛國的觀念是很清晰的。我們可以大膽的說一句，教友不愛國，不能救其靈魂，為什麼？因為他沒有遵天主的誡命。拿教宗諄諄誥誡教友的話，去和聖經上的

---

18 于斌，〈公教愛國論〉（同註17），頁三五～三六。

道理相印證，是絲毫沒有二致的。可是公教無論在什麼問題上，只要認為是人們應做的事，絕對不只做口頭禪式的好聽話，而是要現諸實際的。耶穌是先行而後言，這也是公教傳統的辨法，不許任何人任意更改的，所以『教宗希望中華公教教眾，對於中華之和平發達與進步，皆有所貢獻。』貢獻的表示的成績，絕不是空口而能幸致的，必須有切實的工作而後可。那麼，一個公教教友對於愛國，在消極方面講，應該沒有漢奸賣國的行為，這當然是全國的教友完全做得到的，可是但只此不夠，必須在積極方面有所活動，有所工作，才配得起一個教友的美名。」[19]

十誡第四條「孝敬父母」和愛國有所關聯？一定會有人以這種說法來質疑于斌，他的答覆是：

「我公教愛國的理論，更進一層，因為是有天主的誡命。天條十誡的第四條，要人孝敬父母，所謂父母，不只生身之父母，凡代表天主統治國家政務者，都概括在內。如果我們打開聖經去找理證，有許多處可作我這話的註腳。保祿宗徒說：『你們要服從一切主權，因為沒有一樣主權不是來自天主的。』自然，所謂主權，是合法，正當的主權。我們當服從正當的合法主權，這其中就包括著愛國的真義，因為哪有一個國家不命令國民愛國的呢？所以我們公教的愛國觀念，是較普通的人更進一步的；而我們愛國責任，是雙層的：良心的驅使，天主的誡命。公教的愛國觀，不是純抽象的，而是具體的，實行的。公教對教友所有的訓令，

19 于斌，〈教宗八一通電十週年紀念告全國教胞—一九三八年講〉（同註17），頁六五。

絕不是公文式的，而是令出必行的。公教既命教友愛國，所以也絕不是教我們只喊幾句口號，就算盡了愛國的能事。反之，須要本著公教的超性精神犧牲主義，把愛國的理論，一一見諸實行。」[20]

不過絕對不要認為于斌是極端的國家主義者，既然宗教信仰是核心，從信仰的態度看，國家的權力也是有其限度的，國家充其量不過是一個現世的權力，而基督信仰所追尋的是永恆的天國。因此和天國相較，現世國家的局限性是顯而易見的。他在一九四一年演講〈國家至上〉，他說：

「在中國抗戰階段中，於精神總動員綱領提出『國家至上』，這一句話，……我們所下的界說是：『國家儘管至上，民族儘管高於一切，但是絕對不超越真理與道德的範圍。』國際主義，世界主義對於這個題目，是了解程度不足，帝國主義，種族主義，侵略主義，他們了解的程度過強，他們是超越真理，違背正義，他們的國家是否有前途，是否可以富強康樂呢？我們可以下一斷語說：富強或許可以，康樂則不能得，他們那樣講國家至上，實非國家前途之福，而是為國家前途，埋下無數的暗礁。」[21]

一九五二年于斌在美時，曾向留學生做〈天主教的國家觀〉演講，對國家權力的界限有更明確的闡述。他說：

20 于斌，〈抗戰期中教友應有的工作──一九三八年八月十二日講〉（同註17），頁七七～七八。
21 于斌，〈國家至上──一九四一年五月四日講〉，《中國天主教文化協進會八十七年年刊》，頁二五。

「依天主教之觀點，國家之目的在促進全民現世的公共福利。究其要旨，不外乎二：一為消極，一為積極。消極目的在乎充分利用政府之立法、司法、國防、外交等各種機能，克盡其保障全民之權利。積極目的在乎多方推動經濟、道德、文化、風尚等各種作用，俾能助長人民物質與精神之進步。國家之目的，既在促進公益，則消極的保障權利，當較積極的協進繁榮，更為重要。是以國家為保障全民權利起見，不妨強而行之。惟為促進公共福利關係，國家僅能居於指導、扶助、合作地位，斷不能置私人企業於不顧，更不能越俎代庖。蓋國家旨在服務人民，如揚言促進公益而將私有之企業自由，一筆抹煞，概歸國家包辦，自不但喧賓奪主，抑且本末倒置矣。

抑有進者，國家所促進之公益，既屬現世性，則國家宜如何造成各種優良有利之條件，以便利人民之靈修生活，克盡國家應有之最後使命，當不言而自明。雖然，自天主聖子降生以來，政教分明。物歸凱撒者歸凱撒，物歸上主者歸上主。國家之目的，固限於促進現時之公益，但其最終目的，仍應以助成永世恆久之幸福為依歸；一若聖教之最後目的，固在乎求達永世之天堂神樂，而於一般現實生活之補救，仍力事兼顧，不稍偏廢。

……

國家權力之起源，天主教最為重視，余不能無一言。天主教認為國家一切權力，來自天主。聖保祿致羅馬人書有曰：『人人皆有服從官長之義務。蓋一切權位，莫不淵源天主，而在位者，乃受命於天主者也。』（吳譯新經四〇三頁）是以人民之服從國家也，為天從而非為國從，故其服從，已經超性；國家之治理人民也，為天治而非為人治，故其治理，已經聖化。

世之倡國權高於一切者，無論為天賦君權之說，或國權無限之論，非惟捨本逐末，抑且流弊無窮。蓋君權既認為天賦，所以苛政能甚於猛虎；國權既視為無限，所以極權能造禍人民。」22

二、反共

隨著中國教會體質的改變，愛國這個思想自抗戰階段，在教友中已成共識，抗戰以後另外一個大問題已經超越了愛國思想，成為中國天主教迄今為止之大敵，即共產主義。早在一九三五年于斌任公教總監督期間，于斌即從社會觀點批判過共產主義，不過當時是把共產主義和資本主義放在一起批判，而以天主教的社會思想，作為糾正兩者的良方。他說：

「現代社會問題裏有三種不同的主義。
一、保守黨或自由主義，亦稱右派，只顧自己賺錢和積蓄，不顧工人之疾苦與擔負。
二、共產黨，亦稱左派，一切要共，一切要公，人人有同樣的權利與義務。
三、天主教，居於二者之間，而高出其上，勸告右派之不及，使之兼善民眾；矯正左派之過激，勸其尊重人權。」23

22 于斌，〈天主教的國家觀〉，《于斌總主教言論集》，頁九六～九七。
23 于斌，〈公教進行的使命——一九三五年講〉（同註2），頁二四～二五。

抗戰初期由於國共合作，一致抗日，為避免刺激中共，于斌在這個時期沒有太多反共的言論，不過從一些文章中還是可以看出他對共產主義間接的批評。在〈國家至上〉的演講中，于斌說：

「國際主義者，他們認為國際間只有階級，沒有國家，要打破國家的界限，擁護階級的利益，才獲致世界的和平；抱世界主義的猶太人，也是沒有祖國觀念的，如果同他講國家至上，無異於說夢話，大多數猶太人的腦筋裏，只有財富，只有逸樂。今日這地方舒服，他就是這個地方的國民，而要反對旁的地方；明日那個地方舒服，馬上跑到那個地方去，又成為那地方的國民，而反對這個地方了，他們以為世界就是他們的祖國何必再要什麼國家。……」24

這裏雖然講的是猶太人的國際主義，但誰都知道共產思想也是講國際主義的。他在一九五二年對國際主義做過一些評價，其中也提及共產主義。他說：

「如國際主義所提倡者，使國與國間，講信修睦，通商惠工，溝通文化，促進友愛，則天主教正唯贊助之不暇，絕無反對之理由。良以近代科學昌明，交通可朝發而夕至，閉關已不復能自守。所謂孤立主義，早成明日黃花。是以國際主義應運而生，使國與國間，建立互助兼善之關係，此正合天主匡時濟世之達道，吾人唯有力事推進，多方助成。雖然，當今之世，邪說橫行。一般掛羊頭賣狗肉者流，假國際主義之名，行亡國滅種之實。如所謂赤色第三國際者，不論其實際組織，已否存在，或已改組為所謂國際情報局，綜其實在，無非偷天換

24 同註21，頁二二。

日，假貌為善。」25

他也檢討了過去共產主義在中國施行的情形，希望能從中得到一些教訓。他說：

「如在過去大陸上，共產主義信徒說他們反貪污，反暴政，反封建，反資本主義。只聽他的口號，不透視他的動機，以為他很前進，便會受他的欺騙。抗日戰爭爆發以前，表示擁護政府，奉行三民主義。政府聽信了他的謊言，給他取得政治合作，軍事合作。當時政府抱著君子與人為善的心理。希望他放棄共產革命的主張，革面洗心，共同抗日救國，同時以人看待他們。那知他們是反人性的人，因此吃了一個大虧。戰勝的局面，弄到失敗的下場。使得八年抗戰，軍民重大犧牲換來的果實，沒有享受得到，被共產主義信徒摧毀了。過去的過去了，並不後悔，不過受了這個慘痛的經驗，應該堅定徹底反共。」26

當然中共在控制中國大陸後，對於宗教的迫害，也是使得于斌必須積極與之對抗的原因。他在一九五九年說明共產主義的基本理論及其反對宗教的理由。他說：

「第一點：共產主義標榜『無神論』『非神論』『反神論』，我們自由世界，大多數主張『有神論』，中國數千年來傳統上都是認為有神的。

第二點：共產主義主張『唯物論』，而我們數千年來的文化，都建落在精神上，共產主義，

25 于斌，〈天主教的世界觀〉，《于斌總主教言論集》，頁九九～一〇〇。

26 于斌，〈自由世界應有三反運動—一九五四年四月三日講〉，《于斌總主教言論集》，頁二二二。

我們只能說他是野化，不能承認它是文化。基上兩點而論，（第一）持無神論的共產主義實在是我們人類三分之二的敵人，在共產主義之下，信仰任何宗教，都要遭受迫害。

……

因此我們可以明白共產主義的無神、非神、反神是與自由主義最大的衝突點。第二、共產主義，對人的看法：指人為物，不承認人為萬物之靈，因之人格，變為物格，從而自由不被尊重。我們說它反人性、無人性。其實他們有他們的理論基礎，他們是信仰唯物論的，我們認為天賦人權，自由應予保障，縱使有人主張唯物論，但也是相對的，不是絕對的，因此他們認為我們落後，封建、反動。因為這個理念不同，使我們和共產主義壁壘分明，水火不容，恍同隔世，我們和共產主義不能共存共榮的。」[27]

要如何對抗唯物的共產主義，他說：

「反唯物論，要提出精神第一，物質第二的正確理論。共產黨思想的基礎，是唯物論。我們從基本上講，反唯物論。各位都知道哲學上有唯物，唯心的名詞。今天反唯物論，是不是主張唯心論呢？不是的。我們反唯物論，也反唯心論。因唯心論與唯物論，都是走極端，結果是差不多的。

---

27 于斌，〈共產主義與自由世界理念上的區別──一九五九年四月三日講〉，《于斌總主教宗教言論集》，頁一四三～一四五。

唯物論者，認為宇宙間，只有物質價值。唯心論者，則認為只有精神。物，不過是主觀形成的一種現象。這兩大派，幾千年來糾纏不清。我們以實用科學的頭腦來研究事實，擺在我們眼前的事實，物質有，精神也存在的。」28

從精神第一，物質第二的觀念出發，如果要找尋文化的根源，自然是以精神為要。一九七一年七月美國總統尼克森（Richard M. Nixon）宣佈訪問中國大陸，消息傳來，台灣立即為之震動，八月份于斌即演講其著名的〈無形勝有形〉，他說：

「我個人當時也曾為之震動（按：指尼克森訪中國大陸事），但我把桌上的〈正氣歌〉念了兩遍，心裏也就平服了。因為道德上的浩然正氣是只計是非，不計成敗的。今天我們大不了失敗，但古人早有指示，孔曰『成仁』——『有殺身以成仁，無求生以害仁』，孟曰『取義』——『捨身而取義』。須知活一百歲也不過是活著，三十幾歲為國家犧牲豈不更光榮了！有了這種浩氣，還有什麼好怕的？……所以我們不必怕世界上姑息主義的加多，因為無形勝有形，道德上的仁慈、正義，必可戰勝反道德的殘酷與邪惡。這也正是我們未來致勝的因素。」29

---

28 于斌，〈建設性的反共理論—一九五四年四月五日講〉，《于斌總主教言論集》，頁一三六～一三七。

29 于斌，〈無形勝有形—一九七一年八月十五日〉，《于樞機最近言論集》，台北：輔仁大學出版社，一九七二年六月，頁三八二～三八四。

當世界的潮流逐漸轉變，不管在政治上及思想上，西方世界都與共產主義握手言和時，于斌仍然堅定的保持其反共產的理念和行動。在一九七八年三月，他寫給「閔增諦樞機基金會」（The Cardinal Mindszenty Foundation）一篇著名的文章〈不要屈服於共產主義〉。此即同年八月他參加教宗選舉時，分送給各國樞機的同一篇文章。現將全文引述於後。

「在紀念閔增諦樞機基金會二十週年之際，寄上我的祈禱與祝福。你們二十年來忠貞地服務教會和全世界，為反對無神共產主義的邪惡威脅而戰。你們是上主勇敢的僕人，面對那些因受騙而協助共產主義擴張或對其邪惡本質盲目無知的人，你們的見證非常珍貴。

你們在年會中，紀念一位教會偉大的僕人閔增諦樞機，他的英勇有如黑暗中的明燈，是反抗共產主義虛偽之真理的力量。你們向群眾指出，那些危害教會和自由的觀念仍在嚴重的腐蝕人心，此即對閔增諦樞機表示崇敬的最好方式。

每天的新聞報導都指出共產主義仍在快速傳播，繼續進行其控制和奴役人民的目標。全世界的共產政權從未中止其征服整個人類的工作。蘇俄和中共都擁有核子武器，一旦他們有了足夠強大的武力，就會強迫其他國家屈服於共產主義獨裁的統治之下。這已不再是幻想，而是隨時可以出現的事實。照目前情況的發展，誰也不能保證，美國不會受到共產主義的控制。共產主義的滲透日益增加，盲目協助共產主義的人仍不在少數。

世界面對的是歷史的轉捩點，而人類的命運在搖擺不定，與共產黨國家妥協，在物質和精神方面支持他們，只能促成一個基本事實：即加強共產主義的力量，使全世界投向它的奴役。

我們已到最後關頭，如果再不試圖改變歷史的方向，發出緊急的警報，就來不及了！共產主義是自由最危險的敵人。所有共黨國家都控制刊物、廣播、電視。利用一切傳播工具，來推行無神的理想，以鞏固其絕對的極權統治。散佈謊言，掩飾那些違反人權的事實。共產主義本身就是邪惡的，它的邪惡性藉暴力、恐怖、破壞與奴役來表露無遺。全世界的共產黨，一致接受馬克斯哲學，永不會放棄其統治世界的野心。

共產主義夢想實現一個未來的、烏托邦的社會，而支持此一夢想的基本哲學理論，不能不排斥天主的信仰，以及來自宗教的任何倫理原則。共產主義公開地向天主，向天主教，向自由與人權挑戰。共產黨所到之處，都可看到殘無人道的暴行。

為什麼共產主義仍會不斷的發展？在許多國家的大選中，共產黨的勢力不斷擴張。他們的統戰策略頗能說服人民，使人相信共產主義會尊重自由，教會也不會受到迫害，這是一個天大的謊言：如果他們暫時把共產主義的正統理論放在一邊，那只是一時的措施，目的是便於奪取政權。一旦奪得政權後，他們的哲學即不能不要求毀滅教會，不能不要求教會與人民的完全屈服。他們當然會迫使青年人接受無神的唯物主義，他們宣傳的目標是使國家完全變成無神的。

今日共產主義設法在宗教內，尋求協助它統治全世界的助手。他們要將教會變成共產主義爭取勝利的工具，若非我們發現擺在眼前的事實，誰也不會信以為真。有些宗教人士同情馬克斯主義，但是這種姑息的策略只能協助共黨推行其對付宗教的陰謀。某些人士甚至把耶穌描寫成納匪助的顛覆分子，他們參加左派組織，協助共黨奪取政權。共黨國際運動正在不斷擴張其影響力，以達到其欺騙和控制世界的野心。

共產國家逐漸獲得軍事上的優勢，他們更精於藉宣傳控制思想和獲取新的支持，以爭取權力，統治世界。如果對其行動和聲明所得的效果加以分析，就可發現他們成功地製造了動亂和意志的消沉，目的在於打擊教會的力量，引導人民，特別是青年人遠離教會。這種動亂與分裂的計劃，也在使許多國家走向毀滅。

有些基督徒景仰馬克斯、列寧、毛澤東、胡志明、亞藍代與加斯楚，認為基督信仰與馬克斯主義的聯合，可以改革人類社會。但這只是一種幻覺。許多自稱為社會正義與和平的維護人，卻對中國大陸、越南、寮國、高棉、安哥拉及其他共產國家殘暴的殺戮及種種剝奪人權的作為，閉目不見。他們批評非共產黨國家，對共黨國家的暴行，卻絕口不言，請你們去研究一下共黨的那些宣言和抗議所產生的效果。

歐美許多人士已失去了道德勇氣，對共產主義的宣傳和極權政府漠不關心，一無所為。教宗庇護十一世公佈『論無神共產主義通諭』時，曾提及『報紙刊物的緘默』，指責當時大部分非天主教報紙刊物容忍共產主義的罪行。現在我們的許多天主教傳播工具，屈服於共產主義的影響之下，不提對共黨不利的事情。教宗保祿六世卻明明說過：『不能同時是基督徒和共產黨員。』

教宗庇護十一世對共產主義深刻的分析，揭發了它邪惡和違反人道的本質，今日仍舊是討論共產主義的最寶貴文件之一。可惜，教會中許多人沒有重視這文件，對共產主義的宣傳及滲透，無動於衷。很不幸，很多人也沒有重視法蒂瑪聖母的警告與教宗庇護十一世的訓導。結果使共產主義的滲透與力量大為增加，比以前更為可怕。共產主義已傳遍普世，我們不能再忽視這種情形，必須慎重考慮。

有些西方的基督徒有一種錯覺，認為中國大陸上的共黨政府，創造了一個新人類和新中國。許多人接受了這種錯誤的看法，因為他們將幾億中國人與一小撮共產黨混為一談。這種錯誤只能使無神主義和反信仰的力量更為猖獗，也會延長中國大陸人民所受奴役與迫害。自一九四八年以來，中國人在共黨極權統治下，所受的重大痛苦，在人類歷史上是空前的。在他們的痛苦中，我們可以看到基督的痛苦。他們的殉難，將惠及整個人類。

在大陸，天主教的組織已完全被毀滅，其他基督教會也遭遇到同樣的命運。共黨政權在世界各地給人類造成的災害和痛苦，是不可能用數字統計的。

但我們不可失望，我鼓勵你們繼續振作，也求天主和聖母賜給我們力量及勇氣，竭力揭發共產主義的錯誤，將自由帶給共產黨獨裁控制下的千萬人民。在共產主義消滅之前，我們還有一段艱難時期，我們要鼓勵教友熱切祈禱，推行法蒂瑪聖母的勸告，這是聖母在一九一七年昭示全世界的，就在同一年，正如聖母所預言的，蘇俄政府開始在全世界傳佈共產主義錯誤的邪說。一切宗教的信徒，當同心協力，反對共產主義；必須計劃強有力的行動，到處宣揚它的邪惡本性；而自由國家應該重下決心，明白控告共黨極權侵犯人權的事實。

無神共產主義的毀滅不是一件容易的事，只有大能的上主能使受迫害者獲得自由，這是天主的恩惠。為獲得這項恩惠，我們可以組織精神的十字軍，以祈禱、犧牲和社會行動來達成消滅共產主義的目標。

法蒂瑪勸告的能力，能歸化共黨世界。我們該相信，為避免共產主義控制全世界，為時尚不太晚，我們並且要相信，天主的祝福能使世界上的一切國家，享受真正的自由和社會的進步。

我以下面的祈禱結束這篇致閔增諦樞機基金會的文告：

『天主，我們的父，您是聖人勇毅的泉源，您藉十字架的犧牲給共黨地區的殉道者力量，也給他們永生的光榮，希望他們的祈禱，給我們毅力，使我們在信仰上，至死忠貞。我的天主，希望他們的鮮血，使全世界的教會增長，也使世界的領袖認識您的存在和恩惠！』[30]

第三節　社會、倫理、教會思想

于斌結合天主教信仰及中國儒家思想所形成的信仰體系，不但是可在政治上呼籲愛國及反共，也應落實在生活層面，成為矯正社會風氣，鼓勵文化發展的力量。以下分社會、倫理及教會三方面敘述之：

一、社會思想

在一九六八年，為因應梵蒂岡第二次大公會議後的新形勢，台灣的中國主教團，為神職人員辦

30 于斌，〈不要屈服於共產主義〉，一九七八年三月。原文為"Message from Paul Cardinal Yupin to the Cardinal Mindszenty Foundation Conference, 1978. 3.3-5."中國主教團秘書處翻譯為中文。

了一個「社會工作講習會」，于斌在閉幕時給司鐸講說：

「福音中的『天國臨格』一語，即指示吾人為了宣傳天國，為了拯救人類，傳教人士應與各地社會情形打成一片，換句話說，傳教若與社會脫節，教會必然遭到失敗。所以對於社會問題，教會在創始時就很注意，不幸其後大家對此問題，漸漸忽略，不但理論方面一天比一天低落，而實際方面表現亦少。

……

這次梵蒂岡第二屆大公會議，決定了〈教會在今日的世界〉的憲章之後，乃更強調了社會服務對於傳教的重要性。要知成己成人、推己及人，為社會造福利，為人群謀幸福的忠恕之道，正是吾國儒家修、齊、治、平的政治原理。這種原則性的為人服務。正適合時代的今日中國。尤其今日的自由中國，正從農業社會走向工業社會過渡時代，所以我們傳教不但要注意農民，尤其要為工人著想，為他們解決問題，謀求福利，使他們各得其所。……

此外，我們並當細心的研究對照：過去及現在歐洲社會制度的長處與弊端，看他們如何的改良與革新，再針對我們的社會情形，可作借鏡，以資參考，方不致重蹈覆轍。」[31]

于斌在一九七六年，給輔仁大學哲學研究所演講時，對達爾文（Darwin）的進化論進行批判。他說：

31 于斌，〈于總主教致閉幕詞〉，《恆毅月刊》，第十八卷第一期，頁六。

「達爾文《物種起源》一書是出版在一八五九年，當時在生物學的圈子裏面，並無受到多少重視。主要是因為他所使用的方法，令人懷疑。譬如『自然淘汰』的說法，他並沒有提出直接證據去支持，而只列了一些有利於它的間接證據，再加上 imaginary illustrations 之類的臆斷，便算完事。而且他也提不出一個依序排列的演變實例，以作為從某一『種』進化到另一『種』的證據。所以他的理論，破綻頗多，從科學的觀點說來，能否成立，尚在未知之數。達爾文本人也很明白這一點，因而講話的口氣還算謙虛，多少還體會到『知之為知之，不知為不知』的道理，並且還不斷地在研究和修修改改。但他的理論落到一些自命前進的人士手裏，氣勢就大大不同了。像赫胥黎這個半吊子的生物學家（他一生沒有寫出一本受學術重視的著作），心中滿懷著改革的熱情，揚言要做一條『達爾文的鬥牛狗』（Darwin's bull-dog），便開始大事宣傳進化論，並到處惹是生非，引人注意。他那一篇 Evolution and Ethics 便是在這情形下產生的作品。可是說到改革的熱情，我國的嚴復先生似乎比他更勝一籌。嚴復是清廷派赴英國海軍學校就讀的第一個留學生。他在英國停留兩、三年，回國後致力於教育和翻譯工作，第一本翻譯的就是赫胥黎的《天演論》。但如果我們說這是『翻譯』，實在有點對不起他。因為在這一本書裏面，幾乎有一半是他自己在發抒己見，並且還把赫胥黎的許多『或然』之辭，改為『必然』之語以增氣勢。這一本《天演論》的思想，在二十世紀初的中國知識分子中相當流行。但即使如此，對那些開口『物競』、閉口『天擇』的青年，我也懷疑究竟有多少人真正唸過嚴復的《天演論》。所以，我們可以看出，雖然達爾文的進化論在民初甚為流行，但這一種進化論，從達爾文到赫胥黎，再從赫胥黎到嚴復，又從嚴復到一些宣傳的人的口裏，這層層扭曲，漸漸由『或然』變為『必然』，已經使原來科學上勉強具有的一點小意義，喪失無遺。大多數人之接受進化論，只是出於滿腔改革的熱血，而非由於冷靜的理智分析和科學上的事實根據。」[32]

于斌批評達爾文的原因，應該是由物種競爭進而發展成的種族優劣理論，與天主教博愛互助的思想不合。此外，他也批判了馬爾薩斯（Thomas R. Malthus）的人口論：

「另外一個害人不淺的主張，是由英國經濟學家馬爾薩斯提出的。他認為人口增加的比率遠遠超過糧食的增加，因為前者是按照等比級數在增加，而後者只按等差級數增加。這一種思想，對我們中國的影響也很大。現在台灣就經常聽到一些學者說，辛辛苦苦得來的經濟成果，一下子就被增加的人口吃掉了。因而家庭計劃的組織，便名正言順地喊出『兩個孩子恰恰好』的口號，到處去宣傳節育。我們中國人一向講究多子多孫，而且事實上，人口眾多也正是中國能歷久生存的憑藉之一。目前台灣的人口只不過一千六百萬，實在不為多。且觀今日的時局，人口旺盛的國家，總是比較受人敬重；若大家只圖眼前的安裕，把人口減少了，將來有何生存的憑藉？再說，中國人向來主張天地之德曰生，生生不已謂之大德。上天都有好生之德，人類自己卻來阻止人的出生，豈不荒唐？若糧食不足，便應該從食物去動腦筋才

32 于斌，〈輔仁大學哲學研究所對中國社會的責任——一九七六年三月九日講〉，《哲學論集》，台北：輔仁大學出版社，一九七六年七月，頁六～七。

是。現在許多荒地沒有開墾，許多海洋沒有探測，甚至人造食物也可發展，應該從這些方面去想辦法才是正路。而且，人類本身也可以互相幫忙。若生產過剩的地區，為了自私自利，寧願拿去填海，也不送給災荒的饑民，人類本身若是這樣互不關心，以後出了問題，豈能怨天？現在我們限制人口，也許目前尚不覺其害，但再過幾年，那時外缺兵力，內缺勞力，便後悔莫及了。」[33]

現在看來，台灣社會逐漸走向高齡化社會，青壯人口比例下降，于斌當時的看法，有其參考的價值。

由這些思想出發，于斌在一些較具體的倫理問題上，提出他的看法。

二、倫理思想

（一）家庭

于斌雖為神職人員，但在其廣泛與人交往的經驗中，對於婚姻關係也有很深的理解；在一九五二年，他給在美留學生演講〈天主教的家庭觀〉，他說：

「婚姻之目的，不外乎二：一為首要，一為次要。首要者，在求人類生命之延續，其方法為生育教養。次要者，在求兩性生活之充實，其方法為互助兼愛。良以人類之先決條件，既在

33 同註32，頁八～九。在同篇論文中亦批判孔德，因其在多篇演說中均予批評，且主要是批評其反宗教思想，故此。

乎延綿繁殖，則婚姻之旨在生男育女，當為天經地義；而人類既為社會動物，不能離群獨居，則婚姻之足以調劑兩性，又當為自然之副產。世之言婚姻問題，而僅顧及色情肉慾，罔然置婚姻神聖純潔之生育與愛情兩大使命於題外者，不但為皮相之論，且不啻將人類文化，倒退數千年矣。

……

天主教對婚姻之觀念，與上述一般標準，初無二致。所不同者，天主教之婚姻觀，除一般所具健全的條件外，另有新的啓示，新的條律，新的天寵。所謂新的啓示，在於基督降生之後，使婚姻之自然契約，提高之而成為兩性與主愛相結合之聖事。所謂新的條律，在乎確立婚姻為聖事之後，使婚姻之嚴肅性，鞏固之而融為如膠如漆永不可離之一體。所謂新的天寵，在乎兩性一體相須而成之下，因天主之寵愛，聖神之感召，淨化之，而使天地萬物同力相助，共承永生之恩澤。故天主教之婚姻觀，一言以蔽之，在提高婚姻之價值，使之聖潔化，超性化而已。是以天主教之家庭，應處處以基督為中心，無時無刻不心會聖神於日用之間。為父當如聖若瑟，為母當如瑪利亞，為子當如基督。」34

上述是從婚姻的神聖性出發，談家庭成立及夫妻相處之道。而在實際的婚姻狀況中，難免有夫妻不和的狀態；民法許其離婚，但天主教教規則言不可。針對離婚，于斌表達同情的態度，但「家

34 于斌，〈天主教的家庭觀——一九五二年講〉，《于斌總主教言論集》，頁九三～九四。

庭之離散，子女之失散，尤為無法彌補之罪孽。」[35] 其實不僅是從宗教信仰的角度看離婚問題，于斌從他的人生閱歷來看離婚。他說：

「離婚的人，心理上都有創傷，一輩子都不大容易平復。……假使這個要決裂以後，這個傷痕老不開除的，在人生的痛苦上很大，寧可在大家鬥氣的時候，吃點屈，不要永遠留個傷痕。尤其兒女方面怎樣辦呢？家庭破裂了，他們無所適從，那個可憐相難以想像。……所以中國古人不准離婚，也不一定是限制自由，是為整個社會的前途著想。為自己家庭前途著想，更不能不自我犧牲。所以那個制度當然有點太嚴，而且有點不平等，只有休妻，不能休夫，可是那個不許離婚的道理，倒與宗教吻合的，完全是一個社會文化的理由。我們天主教不許離婚，也不許童養，童養的媳也不許，要他長大了，有判斷力，自己決定自己的婚姻。決定好了以後，不許拆伙，要是有問題，大家消滅於無形，想法忍耐。必要時候，可以請鄰里鄉黨朋友給你折衝一下，但是無論如何不要離婚。說離居可以，要實在彼此太痛苦，你住一個地方，我住一個地方，不過絕不能離婚，這是天主教的主張。」[36]

（二）反墮胎

因為馬爾薩斯人口論及現代社會自由主義盛行，節育的觀念在一九六〇年代，逐漸為台灣社會

35 同註34，頁九五。
36 于斌，〈中國文化與現代化的關係——一九六八年一月九日講〉，演講稿。

大衆所接受。為節育問題，于斌也提出了他的看法：

「人口問題中，有一個節育問題，這也是一個人口政策問題。人口政策，哪個國家都有，不過跟節育問題不一樣，很少國家在那裏提倡節育，可是所有的國家都有人口政策。那麼節育有什麼危險呢？並不是節育不應當，你自然的節育，誰來管你。你兩夫婦說不要孩子多，多了養不了，你兩夫婦自制節育，這叫天然節育。天然節育，當然自己的道德水準要高一點，要控制一點，到那個時候自然兒童也少一點，那是誰也不限制。所以自然節育，沒有問題。可是今天所提倡的節育，是人工節育。人工節育這個問題就大了，很難取得中庸之道。這個事情儘管有人否認，說我們是幸福家庭，是計劃生產，而無形中過猶不及的地方很多，常常演成人工打胎。這個事情在中國傳統不必提，就在現在的法律上說，這是把生命斷送。儘管他是一個小苗，這個小苗將來發展就成人了，這就是生命的開始了，你就能隨隨便便把他消滅毀掉嗎？這已經是殺人了，不能說我要收果實，不讓他出苗，那不可能的，他是從苗來的。這一點非常嚴重，在刑法上，在人道上，都不可能的。同時我們這一提倡，事實上打胎的非常多，這有事實，你怎樣否認也否認不了。我不在宗教的立場，我在民族的立場，覺得非常危險。」[37]

一九七〇年代，歐美國家針對墮胎合法化問題進行了非常廣泛的討論，然後就開始制定法律，

---

37 同註36。

允許有條件的墮胎行為；各國一連串墮胎法律的制定，引起教會的嚴重關切，梵蒂岡教廷遂於一九七四年十一月發佈「墮胎聲明」，闡述天主教教會反墮胎的立場。墮胎合法化既然不幸為于斌所言中，他即藉此機會召開記者會，聲明台灣教會的反墮胎立場。他說：

「法律的釐訂，不在追究過去而在改善現狀。政府的責任，在保障人民的生命財產，尤其是弱小者的權利，如果由於社會風氣敗壞而任其自然，則法律與政府均未盡到責任。如果是過去認為犯罪現在可能已視為當然的行為，就遷就現實變更法律，不僅違犯原則，犧牲倫理道德，而其後果更不堪設想。我們不能因為送紅包風氣盛行或小偷猖狂，就把送紅包與偷竊行為予以合法化。同樣，放寬墮胎禁令，不僅違犯人道，損害孕婦身心健康，而且摧毀家庭幸福，敗壞社會風氣。墮胎合法化鼓勵人性趨向殘忍，使社會充滿暴戾之氣，對社會道德人心影響極大。尤有甚者，一旦法律放寬由人自由決定誰死誰活，將會造成一種情況，使無數生命犧牲在錯誤與偏見中。今天打掉腹中一塊肉，焉知明天不會去幹掉無用的老人和無能的殘廢？果真如此，這和納粹的集中營和共匪的草菅人命會有什麼區別？」[38]

三、本地化教會

將天主教信仰及中國儒家思想融合後後，落實在教會組織上，就必定會形成中國化的教會。梵蒂岡第二次大公會議的召開，再次肯定了教會本地化的方向，因此在大公會議召開期間，于斌建立

38 于斌，〈讀教廷墮胎聲明後〉，出版資料不詳。

本地化教會的藍圖也開始成形。于斌本地化教會的視野是朝向全中國的，因此他建構的理想是未來的大陸教會。針對這個理想，現在有兩篇他的演講可為代表，一是一九六二年六月他在中國天主教文化協進會演講「未來中國大陸教會重建計劃之研究」，另一篇是刊登於一九六三年十一月《恆毅月刊》的〈從大公會議看大陸教會重建的遠景〉。兩篇內容相似處不少，而時間較後者，看起來架構更清楚，現綜合兩篇作一說明：

（一）儀式中國化

這裏的禮儀，主要指的是彌撒禮儀，他說：

「關於禮儀問題，大公會議的主教團已一致表決，將來的禮儀要以合乎各地的藝術為原則。故就吾國而言，一旦教宗令下，將來在彌撒中，神父們所穿的祭衣，所用的祭器及祭台上的各種裝飾，都要中國藝術化。

關於在彌撒中所誦的經文，大多數主教都主張改用各地語文，……

對於彌撒所行的禮儀，我以為東方教會所舉行的更合乎理想，更能引人起敬起畏。因東方教會的禮儀能使主祭的司祭同參加祭祀的教友打成一片，使大眾與基督共同祭獻，與主相契。

關於聖堂及教會儀式本地藝術化的問題，這原是教會自古就有的傳統習慣，我勸大家將來建設教堂時，務要使它合乎新規定，免得將來有不合格式的麻煩。因為新規定將是命令。」[39]

---

39 于斌，〈從大公會議看大陸教會重建的遠景〉，《恆毅月刊》，第十二卷第十一期，頁三。從文中語氣看，對象應為「中國天主教文化協進會」成員。

（二）文化中國化

在前後兩篇中都以祭祖祀孔為例，來說明過去天主教會不夠中國化的情形，然後說明天主教信仰，其實向來是與本地文化結合的。

「天主教從來不使與各民族相違背，而是扶助淨化民族文化的，歐西天主教在這方面是有其成就的。中國過去由於禮儀之爭，禁止祭孔及祭祖，視之為異端，……由於表面禮儀之爭，竟把中國二大文化精神誤會了，一晃就是兩百年了。……天主教當時只在救靈方面有所努力，還談不上對改造文化的影響，一般老百姓去信奉這個教，而智識分子卻抱著『不肖』為的態度，這就說明當年天主教對國家文化的影響還很薄弱，但這種現象已經過去。到目前，天主教的哲學思想及社會思想可以說已有所貢獻，對天主教有所貢獻，對中國社會有所貢獻，……。」[40]

「以前對於祭祖等問題，教會曾一度禁止，因此引起許多人的誤會，以為天主教是文化侵略者。現在因環境的改變，一般人已沒有了迷信的色彩，故禁令已告解除。教會對於追思慎終一道，自古即有，惟儀式與吾國的不同罷了。故今後對於敬祖一事，不但不禁止，還當提倡，因敬祖原是追宗報本的表示。天主教本是提倡並扶持各地的本位文化的，因此這次大公會議的主教們大聲疾呼，要幫助各弱小民族建立本位文化。所以我們於建設中國本位文化一事上要更加努力，這與我們「中國

40 于斌，〈未來中國大陸教會重建計劃之研討——一九六二年六月三十日講〉，《于斌總主教宗教言論集》，頁二一一四。

天主教文化協進會」成立的目的正相符合。因此本會的同仁更相努力，來實現並完成我們的目標。真、善、美、聖是文化的基本因素，這四種因素是不可變的，其他的形式是可因時因地而變的。故這四種因素又可作文化評價的標準。所以本會的同道當根據這四種原則，來促成一種新文化運動，並把它介紹於國人，以完成我們的使命。」[41]

（三）發展教育

在經費有限的情形下，教堂與教室孰先？于斌給的答案是教室優先，他說：

「在中國，最重要的還是教育，因教育是取之於民，用之於民的。將來光復大陸後，第一件工作便是辦教育。在光復之初，滿目瘡痍，不可能大興土木，建造教堂，這時，可以暫借學校的禮堂為教堂，這樣可以藉學校而傳教，又經濟，收效且大，何樂不為？」[42]

那是不是不用建教堂呢？倒也不是，他說：

「如果大事建教堂，就像東京天主教堂很多，而門可羅雀，未免不是一個作法。我們不要給他人以印象：以為天主教只能做靜的工作，而不能做動的工作，所以主教大座堂的觀念已經過去，當年陸伯鴻先生要對我建造大堂，我不同意，現在大體育場也做了聖堂，可以在那裏

---

41 同註39，頁四。
42 同註41。

做大彌撒，我並不是反對在恭敬天主方面建造聖堂，而是認為真正的天主宮殿，是在人心之中，人心才是活的天主之宮殿，想想撒羅滿王在建造大殿後猶說：『天主，這一點也不相稱於你。』談天主尊嚴與完美，怎能用我們極有限的錢去相稱於祂呢！天主以宇宙為宮殿，以教友的心為聖堂，以教友的心靈歸向為喜悅，在我們窮困時，只要修葺我們的心殿，天主不會責備我們沒有建造大教堂。」[43]

(四)教友傳教

于斌一九三〇年代組織的公教進行會，其實就是在做教友傳教的工作。這兩篇所談的也不過是老生常談，再度提醒而已。

「大公會議的主教們認為教友傳教，不應只是被動，並將傳教責任歸於神職界，而當集體行動，組織起來，群策群力的去展開傳教工作。因為聖教會既是神職與教友組合而成的，所以亦要雙方共同負起責來，宣揚聖教。尤其現在歐美各國缺少神職人士，吾國更不用提了，因此更需要教友們幫助傳教。

……

過去我國的教友太消極了，主日上望望彌撒，一年滿了四規，就算盡了教友的本分，其他一切就不必管了。他們以為只要自己救了靈魂，升了天堂，別人升天堂下地獄，那不是我的

43 同註40，頁二一六。

事。因此，教友與神父除了領聖事行聖事外，則素不相往來了；在神父一方面，只要教友不找麻煩，亦樂得多一事不如少一事了。

……

對於教友傳教，各國都有組織和訓練，如：教義的，道德的，技術的等等訓練，故教友對聖事要勤領，對於救靈工作要實踐，對於道德要領導，總之，神長所未能完成的，教友都要完成。

教友傳教對於建設新中國，亦甚為重要，因對於社會風化的改良，慈善事業的興辦，教育工作的推動，不良思想的改正，為建設新中國都很需要，尤其教友須參加政治，組織天主教政黨，這對於國家的興亡影響更大。」[44]

（五）運用大眾傳播工具

在一九六〇年代，主要的傳播媒介是新聞紙、廣播、電視、電影四種。他說：

「我在美國時，一位美國神父寫了本叫做《浮沉》的書。我問他的主要目標是什麼？他對我說：『傳播救世福音，若沒有大眾的傳播工具，便會使宗徒事業沉沒，反之，就會浮漂起來。』」[45]

---

44 同註41。他用「教友組訓」一詞，實際上組訓的目的即在傳教。

45 同註39，頁三。

當然這也不是什麼新主張，在于斌的傳教過程中，每一項傳播工具他都曾經使用。

（六）教會自養

台灣經濟在一九七〇年代已逐步發展至富裕規模，而台灣的教會自建立迄於其時，仍處於受接濟的狀態，在一心一意建立本地化教會的于斌看來，毋寧是一件怪事，於是在教廷的鼓勵下，台灣的中國天主教主教團，將一九七四年定為「教會自養年」，身為中國主教團團長的于斌，於是也鼓勵台灣教會每一分子，努力實現教會自養的目標。他說：

「我們國家的經濟情形，可謂一日千里。國民收入每年都在提高。可是，反觀我們教會，一切都靠國外教會和教友的施捨，完全不能獨立，這不是一件可恥的現象嗎？我們政府在國外宣傳我們的經濟如何成長起飛，而我們教會卻在國外向人伸手討錢，怎能說得過去？所以，為了教會的獨立，為了保持國家和個人的尊嚴，我們必須早日完成教會自養的計劃。……神職人員務要盡好自己的責任，培養教友，訓練教友。我們知道教會是分施救恩的機構，也是一個服務社會和服務人民的團體。換句話說，就是要腳踏實地，去從事榮主救人的工作。全國教友，要堅定信念，教會是我們自己的教會，不只是主教神父和修女們的教會。大家要發揚信德，實踐愛德，各人按照自己的能力，多方面協助教會，在我們自己的國土上，建立天主的神國！」46

46 于斌，〈教會自養人人有責〉，《中國天主教文化雜誌》，第三期，頁四。

（七）與其他宗教合作

早在梵蒂岡第二次大公會議之前，一九四三年時，于斌與佛教的太虛法師，基督教的陳文淵會督、馮玉祥，回教的白崇禧等人，在重慶組織了「中國宗教徒聯誼會」。由於當時各宗教間的界限，于斌不能接受以「宗教大聯盟」、「宗教聯合會」的名義加入，最後于斌提出「宗教徒聯誼會」這個名稱，「因為用這個名稱是教徒個人的聯誼，與教會本身沒有什麼影響，這樣省得各教長來責備我們。」[47]

大公會議的議題之一是提到與其他基督宗教合一的問題；針對此點，于斌的想法是：

「我們現在看大公會議上所列席的代表都是信仰基督的教友，所以這次祇是提到宗教合一的初步，還沒有提到第二步。第二步是要將所有信仰造物主的宗教再來一個大團結。第三步是將所有世界上的善心人士，對於精神生活有興趣的人，都來一個大團結。想一步步的來做，由近到遠，慢慢的想使整個世界的宗教都團結起來，共同為人類的精神生活來努力，這是此次大公會議關於宗教問題的看法和努力的方向。……過去的宗教合一辦法是注重各宗教所信仰的真理，當然真理是一個最高的指導原則。不過，接受真理多少要有一點情感的作用，因此，在情感的聯繫是第一步。所以，在大公會議上這種友善的表現，我們是贊成的。因我們中國宗教徒聯誼會就是這樣，由於我們有宗教的信仰大家有相同之點，而來做一個朋友。像

47 李子寬，〈成立中國宗教徒聯誼會〉，《教友生活週刊》，一九六九年六月五日。于斌，〈今後宗教合一的趨勢〉，《于斌總主教宗教言論集》，頁二五〇～二五一。

共產黨無神論與我們是相差十萬八千里，因我們大家都知道精神生活的重要，我們自己的修行和對於同胞的愛有共同的態度。所以，我們從這個時候開始做朋友。這樣彼此之間就是在教理方面有什麼意見，大家也不是外人，而是兄弟姊妹們來交換一點意見，對不對也沒有什麼關係，等於是一家人來談談家常事，這與宗教比賽不一樣，那是各自都有相當的立場，誰都不能說服誰，祇是辯論到面紅耳赤，不會有什麼好的結果。要使宗教合一，先得要有友善的態度，現在大公會議所表現的就是這種友善的態度，彼此對於對方是互相尊重，刺激的語言不要用。」48

結 語

從他的言論來看，于斌不僅是用別人的思想，作為自己實踐的動力；其實在他的內心，已經有了一個完整的思想架構，這個思想架構大約在他於羅馬傳信大學任教席時形成，以後逐漸的發展、補充。以他司鐸的身分，天主教的信仰當然是他思想中最重要的部分；他的另一個身分是中國人，也受過傳統的國學教育，中國文化的潛移默化，也是他思想中不可或缺的一環。在他生活的時代，先是面臨日本帝國主義的侵略，以他國民的身分，自然必須號召或是改變教徒的思想。然後是共產唯物論者，迫害中國的基督信徒；他也必須在行動上以及思想上，用盡所有方法，和他們對抗。另

48 于斌，〈今後宗教合一的趨勢〉，《于斌總主教宗教言論集》，頁二四八～二四九。

外，現代社會奢靡、物欲的生活，也會使這位心口如一的主教，不得不起而大聲疾呼，對於人的生存權、尊嚴道德等等問題，做最基本的要求。

第十章 終 點

第一節 辭世

一、身體狀況

于斌說自己年輕時不愛運動，所以年老時吃虧很大。[1] 不過從他繁忙的行程看，他也不見得是不愛運動，而是缺乏運動的時機和習慣。因為缺乏運動，再加上有什麼吃什麼，體重就隨之增加，下半身的負擔因而加重，而腿又沒怎麼鍛鍊，因此關節處自然容易產生問題。由於不忌口，血糖逐漸增加，久而久之，糖尿病即容易引發；他體格龐大，心臟因此有沈重的負擔；然後又操勞不已，缺乏休息，各種事情千頭萬緒，因此心臟病就像是一頭潛伏的怪獸，隨時準備發作。

一九六一年五月九日，他在台北榮總檢查身體，當時的體重有將近一百一十公斤，血糖亦有一百六十八；同時以他的年紀，已經開始有老花眼。[2] 於是開始減重的計劃，主要的方式是控制飲食。到八月一日，體重由一百一十公斤，降到一百零六公斤，血糖由一六八降至一六〇，他在第二

1 于斌，〈品德第一〉，《輔大新聞》，一九六四年十一月十五日。
2 于斌一九六一年記事本，五月九日、十日。

天檢查腿骨，並無大礙；他之所以檢查腿骨，是因為從此年開始，有腳痛的毛病。[3]

一九六五年五月十日，當他在芝加哥訪問募款時，「下午六時高燒至一百六十度，已失知覺，幸神父及 Bermy Yeh 均在，……決以警車（按：救護車）7:00p.m.送 St. Luke Hospital。」[4] 這次引起發燒的似乎是腿部的丹毒，五月十二日，「為治腿試用 Cephalin 三次而竟全功，腿赤全除。」[5]

一九六八年三月他心臟病突發，記事本載：

「早餐後忽覺胸腔飛悶，立請丁農先生來診，經檢查後無病並請休息，予恐有心病，特告請洪恩（按：宏恩）派人做心電圖，丁大夫閱後，立告去榮民醫院住院，院方且派救護車來接，先往特病房11號，旋又遷5號。」

這一住就是近兩個月，五月一日「離榮民總院住入……北投土地銀行招待所休養。」[6] 這應是他第一次得心臟病，經過長期休養，幸無大礙。然輔大特召開臨時常務委員會，商討萬一發生意外之緊急處理辦法。八月十六日，他往榮總檢查，體重此時降到九十公斤，血壓正常，血糖也只有九十九。

3 于斌一九六一年記事本，八月一日、二日。此前的腿痛是斷續發生的，但一九六一年則開始較嚴重的持續。
4 于斌一九六五年記事本，五月十日。
5 于斌一九六五年記事本，五月十二日。
6 于斌一九六八年記事本，五月一日。

這年十二月三十日，突然再發高燒至四十二度「語無倫次，由犁弟、鳳妹……送往榮院，由傳染科胡主任主治，丁農大夫亦往指導治療。」[7]

一九六八年至一九七〇年間，于斌的健康狀態不太理想。一九七〇年六月二十三日，蔣宋美齡於畢業典禮時參加中美堂開幕，于斌當時腳痛得厲害「不良於行，坐輪椅參加。……小野演說後即發高燒三十九度而不省人事，送榮民總醫院。」[8] 引發的問題可能是細菌感染。為治療腳的關節，六月二十六日，左腳上石膏，轉送耕莘醫院休養。[9]

類似的毛病在一九七一年至一九七八年仍不斷困擾著于斌的身體；一九七五年他因腳痛，於九月四日再入耕莘醫院檢查。身體狀況如此，他仍任聖年羅馬朝聖團的團長，九月二十六日，記事本載：

「於旅舍摔倒不甚重，惟數年前曾跌傷膝蓋，此次右腿膝蓋覺痛，不良於行，遂去 Regina Mundi 醫院檢驗，包紮後返寓，計劃朝聖事宜。」

一九七六年十月二十七日，又住耕莘醫院治療丹毒。[10] 由於腿疾屢犯，但總能痊癒，大家看來不過是宿疾而已。至於心臟病，由於調養得宜，似乎也不會再犯了。

7 于斌一九六八年記事本，十二月三十日。
8 于斌一九七〇年記事本，六月二十三日。
9 于斌一九七〇年記事本，六月二十六日。
10 于斌一九七六年記事本，六月二十八日、十月二十七日。

二、辭世

教宗推遲的命令終於再度下達，一九七八年七月十五日，七十八歲的于斌依依不捨的向輔大董事會辭去他輔仁大學校長的職務。他對記者說：

「我沒有無官一身輕的感覺，我只是將責任交給我繼任的人，希望他比我做得更好。同時十九年悠悠歲月，輔大一切有目共睹，毋庸我多費言。可是，我必須有一交代『一切榮耀歸於天主，一切成就是輔大同仁全體的功勞。』我仍將為教會努力，我仍祝福輔仁大學繼續成長，天主定會助佑我們！」11

八月二日，交接典禮正式舉行，于斌簡短的致詞：

「因上天的愛護，國家的輔導，教職員工的努力，各班同學的奮勉及國內外團體個人的善意協助，輔大得以再造與發展。自小而大，芥子已成大樹，回憶臺北市內吉林路三十七號小樓之同學只有哲學研究生八位，現在已增至一萬二千位，而各院已有卅二系組，文理法商各系組外，且有電子工程系，畢業生博士、碩士、學士合計現有人數為一萬七千，散居國內外各地服務或進修，為母校增光不少。今天我滿懷謝意與信心，辭去校長職務，不是離校，只是放下行政工作，幸蒙董事會於七月十五日了解並一致通過。同時亦推選臺北區總牧羅光總主

11 〈光榮歸於天主〉，《教友生活週刊》，一九七八年七月二十日。

教繼任，十九年之重責大任，付託有人，快也何如！今早彌撒中已感謝上主，並以至誠祝新校長自強不息，日新又新，弘揚真善美聖的校訓，本民主治校傳統，培養更多救國、建國，促進世界和平的人才，和成己成人，兼善天下之學人，讚美基督！」[12]

于斌隨將校印交給了新任校長羅光，要離開手創的大學，心中難免會有些悵然。八月六日，他致電給中興大學校長羅雲平，稱有意赴中興大學管理的惠蓀林場休養數日。但隔日就傳出了教宗保祿六世去世的消息，[13] 於是他立即改變原先所有行程，八月九日束裝出發經美至羅馬參加保祿六世的葬禮，並選舉新教宗，出發前，臉色蒼白，有疲憊感。

八月十一日上午于斌抵達羅馬，在場的錢志純回憶說：

「不久于樞機到了，臉色蒼白，但精神相當好，他宣稱自己帶來一篇重要的文件，準備要分發給參與選舉教宗的各國樞機。于樞機對於梵二的緘默，沒有申斥共產無神主義耿耿於懷。不久我們送于樞機到聖母聖心會修女的羅馬會院，院長方修女是于樞機同鄉，而且是一位有口皆碑的好院長，她的會院亦是羅馬中國神父之家，樞機住在那裡，有自己的修女照顧，這是最好沒有了。周書楷大使因為參加會議，不克來歡迎樞機，特遣周夫人到樞機寓所慰問，談話間，周大使來電慰問，于樞機告以這次決定前來赴喪，參加教宗選舉，十分匆促，因為

12 〈于前校長致詞〉，《輔友生活》，第十四期，頁五。

13 羅雲平，〈偉大的愛國宗教家〉，《于斌樞機紀念文集》，頁一二五。

他適逢身體不適，自台北直飛美國轉來羅馬，一路上沒有好好休息，因此感到有點累。不過自己會小心。他說：『今年是我的危機年，如果我能平安度過今年，則我尚可再活多年。』」[14]

于斌帶來的這份文件，是他三月份致閔增諦樞機基金會的，于斌已在行前將其翻成多國文字，準備分送各國樞機。

八月十二日，于斌前往參加保祿六世喪禮彌撒，據在場的于明倫回憶：

「次（十二）日，上午九點半，我陪著他前往聖保祿大教堂，車行約三十分鐘才到達。樞機入內瞻仰教宗遺體，並做祈禱，而後又到教廷國務院大樓參加樞機團接見來弔唁教宗的各國特使團。下午又參加追思彌撒，由我與美國籍神父陪同入教堂，因平日樞機行走不便，不能長久站立，所以特別安排一個座位，直到要敬禮聖體的時候才站起來換到另一座位。當天下午，雖不算太熱，然而因為一連兩個鐘頭的彌撒，卻濕透了他身上全部的衣袍，即使是普通一個年輕人，也是要汗流浹背的。可是樞機還說無礙，並吁了一口氣。我親眼注視樞機在彌撒進行中並無昏倒之事發生。

十三日上午十一時前去參加開會，一切順利。下午六點本來有一個彌撒，他說：『咱們下午不去了，我在家給教宗祈禱效果是一樣的，我們在家好養精蓄銳，以便選出一位真正反共、

---

14 錢志純，〈追記教宗保祿六世與于斌樞機的逝世〉，《于斌樞機逝世十週年紀念文集》，頁八二。

賢明而又有領導力的教宗，才是最要緊的。』這一天他不但精神好，胃口也很好，修女給他燒茄子及其他東北家鄉口味的菜，樞機吃得很愉快。」[15]

八月十四日，于斌上、下午皆出席樞機會議，八月十五日聖母升天慶日，他所住聖母聖心會修女記：

「樞機與秘書神父在修女院小聖堂內共祭彌撒中講述聖母升天之道理，早點前四位修女，齊向樞機賀瞻禮，樞機非常高興又講述了聖女雅松大聖女之奇特。」[16]

八月十六日晨，于明倫前往接于斌去參加樞機會議，他回憶說：

「那時美美不在，據說是修女陪她去寄信了，我一進門樞機就站了起來說：『咱們走吧，早點到好私下和那些樞機接觸接觸，交換個意見。』又囑咐我準備一百多個大信封，他要把一篇反共言論信函給樞機們，希望他們也能支持共同選出一個好教宗，不料在出門前，樞機兩手發抖，說有點冷，穿件衣服好了，於是我扶他到洗手間，正好美美回來，發覺少穿了一件貼身白衣服，我們三個人還說笑著，正準備重穿時，美美說，還是先給爺爺梳梳頭吧！這時樞機又發抖，大約有幾秒鐘。機智的美美說：『有問題快找醫生！』樞機還大聲說沒有問

---

15 于明倫，〈念茲在茲不忘救國—于樞機最後的一程〉（同註13），頁一八五～一八六。時有報導稱于斌在參加葬禮時曾一度昏厥。

16 楊廣仁，《中國于斌樞機》，中國天主教文化協進會，一九九八年八月，頁一一二。

題，仍堅持要去開會。這時我立刻找來了一位義大利醫生。半個鐘頭後不發冷了，卻轉而變為發燒，由卅八度、卅九度到四〇度高燒。醫生為他量血壓、心跳，並檢查喉嚨，都還不算太壞。但是後來醫生說為了萬全起見該送醫院便於檢查等，恐怕因發燒而紊亂了血糖，於是我即刻和梵蒂岡打電話叫救護車，梵蒂岡說沒有問題，立即可派救護車來。我和醫生在另一客室等候，不一會美美和修女都衝了進來，說樞機呼吸困難，我和醫生又衝進去，醫生發現他呼吸不對，喉頭有痰，肺有積水，膀胱擴大，現在急需要有氧氣和強心劑，醫生一面打強心劑，一面叫我立刻找到氧氣筒，我急駛車子到附近二公里外的一家醫院找到了氧氣筒，我那時候只想救命要緊也不及找人幫忙，自己抱起了氧氣筒就跑。大約十五分鐘後回來時，已經來不及了。只見樞機只有呼氣不能吸氣，氧氣輸送不進，就這樣醫生也回天乏術，樞機他老人家安詳平和的闔上雙眼與世長辭了。」[17]

時間是午後一點零五分。

三、哀榮

自八月十六日至八月十八日晨，于斌遺體暫時停靈兩日於修女院

「八月十八日晨八時教廷官員主持彌撒後大殮，職及全館同人均在場。旋即移靈聖彼得大教

17 同註15，頁一八七。

堂舉行正式喪禮，由傳信部副部長主祭，出席樞機九十三人，盛況空前，外交國來弔者廿五國，其中廿國與我現無邦交，包括中南美阿根廷、巴國、智利三國及英、法、加、西等國，另有我旅義僑界及各界人士數百人，典禮莊嚴隆重，樞機團長親自主持告別式，後由本館全體同人護送移靈教廷特約公墓暫厝。……」[18]

當日義大利政府亦明訂為教宗保祿六世行追思彌撒，但幾乎所有樞機主教皆來參加于斌的喪禮彌撒。由於新教宗尚未選出，于斌的喪禮形式和教宗是一樣的。修女院一位老修女說：「樞機啊，你真選到了時候了。」

台灣聞耗，朝野震驚，董事長蔣宋美齡即自紐約致電羅光，表示哀悼，其電文稱：

「……驚悉于樞機主教於八月十六日棄塵歸主，在我信仰基督者，乃是擺脫做人重擔憂慮及煩惱，但所矜惜者，乃于樞機主教無論代上帝行事或對我國家均竭誠心志及愛護，裨益良多。但余深信上帝之安排及意志，非我儕血肉凡人所能了解於萬一。……」[19]

八月十七日，台北方面的治喪委員會組成，

「推嚴前總統為主任委員，郭若石、谷正綱、薛岳、陳立夫、王雲五、郭澄、張寶樹、谷鳳

18 〈周書楷致外交部電〉，外交部檔案《于樞機主教逝世》，一九七八年八月十八日。

19 〈董事長蔣夫人哀唁電文〉（同註12），頁三九。

翔、羅光、雷法章、王鐵漢、王愈榮及郭驥，總幹事趙桂森，副總副事龔士榮及金恩甫，其餘凡出席是日治喪委員會者均為委員……在八月廿五日上午八時半於國父紀念館舉行追思彌撒，九時半舉行公祭，候靈柩運到，暫安靈臺北主教座堂，供各界人士致祭，起靈前覆蓋國旗，靈柩暫厝輔大校園。」[20]

由於羅馬方面行政程序的拖延，于斌的靈柩無法於八月二十五日前運返；於是八月二十五日的追思彌撒是在沒有靈柩的情況下進行的：

「由教廷兼駐華大使葛錫迪總主教暨中國主教團副團長郭若石總主教聯合主持，參加者有前任總統嚴家淦、五院院長、各部長、軍政首長、各宗教領袖、各國使節，還有哥斯大黎加副總統阿法若伉儷，及教會神職、教友代表。……等三千餘人。

在聖祭即將完畢時，教廷駐華大使葛錫迪以他大使的名義及奉教廷樞機長的命令，來讚揚于樞機是一個出類拔萃的領袖人才。他不但是宗教的領袖，亦是大學校長，他對於教會、國家、人類、世界貢獻甚大，是世界的偉大人物，許多人在死後才令人永久懷念，但于樞機尚在世時，已留下不可磨滅的功蹟，永垂不朽！而後共祭在主教們祝福中結束。

約十時左右，舉行公祭，總統，副總統先後獻花行祭畢，其後由治喪委員會，前總統嚴家淦率領致祭，而後由主教團、各院部代表、使節團代表、母校校董會，輔大師生，及本會校友

20〈于前校長病逝暨治喪經過〉（同註12），頁三六。

由羅光校長領導公祭，宗教團代表、各文化學術界團體代表、各大學代表、各善會代表、各界各團體代表，人潮如流水一般擁進會堂，行禮如儀，莫不表示悲哀！」[21]

在羅馬方面等待所有法律程序完成後，八月二十五日靈柩移靈回臺，于明倫亦為陪同人員之一。他說：

「運靈那天，二十五日下午一點搭泰國班機，後來因義大利衛生局前來干涉不准予啓運。說是棺木內有液體流出，聞此言，令我非常惱怒，立刻伏在棺木四周以鼻嗅之，並無異味，在場的人員見狀也就仔細檢查，幾經交涉才放行。但又延遲了三個小時起飛，在曼谷中華航空公司代表孫克勤先生、經理王先生、韓副經理、陳先生對我們實在太好了。他們很仔細的料理運靈之事，也真是無微不至。他們小心翼翼的安置靈柩又獻了兩束大花環，行鞠躬禮。再又特別準備靈艙，又重新把靈柩安綁包紮穩固，處理得妥妥當當，還派了兩名安全官守護著，據說他們還奉命不准遲到。趕著開飛機到曼谷，看見他們這種誠摯的情感，令我感動得流淚，每一位工作人員流著汗工作，我都深深的行了三大鞠躬禮，答謝他們的大力幫忙。誰料從曼谷起飛到香港，卻遇到颱風，機身不平衡，顛得厲害，我們大家都驚嚇住了，別的飛機不敢飛，唯有我們冒險飛了回來，這真應該感謝這位駕駛先生，高超的技術與膽識。這雖然可以說是大家受到于樞機精神的感召而自願做的，但我不由得要由衷的感謝華航公司周密

21 同註20。

的措施。如果沒有華航派員這樣再行安封綑綁好，遇上這颱風天，飛機這樣翻斜撞碰，恐怕國內的親朋好友們都看不到于樞機的靈柩了。」[22]

八月二十六日晚十時四十分，于斌靈柩運抵松山機場

「大批不請自來的數千名天主教徒，沈默的肅立著迎接他們所敬愛的教會首長。飛機晚到了三十分鐘，等候的天主教徒卻愈聚愈多。

于樞機的棕色木棺，是由六位南京教區的神父，護衛下機。隨換由中國天主教主教團與于斌樞機治喪委員會，在機場舉行了一項簡單而隆重的迎靈儀式，由嚴前總統主祭，總統府參軍長馮啓聰上將代表蔣總統前往致祭，教廷駐華大使葛錫迪及代辦吉立友也親往迎靈。迎靈禮由天主教總主教郭若石代表全國三十多萬天主教徒主持。在獻詩、聖詠、灑聖水、獻香等儀式後，數千位在場的天主教徒，高唱著聖歌，將于樞機靈柩送上靈車，再安置在民生西路主教座堂。

儀式雖告一段落，眾多的天主教友們仍流連在主教座堂及附近，他們都有意徹夜守靈，只是主教座堂容納不了那麼多人，人雖然多，卻都像被沈默鎖住了。」[23]

八月二十七日一天，每隔一小時舉行一台彌撒，讓教友們及各界來賓參禮致敬。八月二十八日

22 同註17，頁一八九。
23 〈于斌樞機靈柩安置教堂〉，《大華晚報》，一九七八年八月二十七日。

早上八點半舉行葬禮彌撒。

> 「首先由于斌在台家屬二十多人，舉行家祭，隨後進行殯葬彌撒，由中國天主教主教團副團長郭若石主持，台南教區主教成世光證道，教廷駐華大使葛錫迪及代辦吉立友，和數千名教友均參加于樞機的最後彌撒。
>
> 于斌樞機的棕色棺木停放在教堂正中，棺木上放著主教冠冕、耶穌受難十字架及一本聖經，棺蓋上並嵌有一塊鐫有祈禱文的金屬牌，靈台上排著鮮花、素果、白燭，與教堂四周放置的花圈，使這位宗教大師的喪禮，顯得莊嚴而肅穆。
>
> 彌撒結束後，由嚴前總統率領的治喪委員會，在于斌靈前獻花致祭，並由何應欽、張寶樹、黃少谷、張其昀四位覆旗官為靈柩覆蓋國旗，以表彰于斌生前為國效力的功績。
>
> 上午十時十分，于斌樞機的靈柩在告別式後，由數十位神父護送下，將靈柩扶上靈車，駛往新莊輔仁大學安厝，近萬名民眾擠在主教座堂門前，目送靈車離去。」24
>
> 「綴滿黃白菊花之鮮花靈車在廿輛警察摩托車、開道車前導下，隨後為樂隊、喪旗車、輓額車、遺像車、神長主教禮服排隊隨行，……由民生路步行至承德路後，執紼人改登交通車經民權西路、臺北橋、三重市、新莊鎮，沿路各十字路口一律綠燈放行，故靈車及送葬車浩浩蕩蕩數十輛車隊，一路毫無停頓的暢行，不足卅分鐘即抵達輔仁大學，……。
>
> 靈車抵達母校校門，輔大師生及校友在校長羅光總主教領導之下，含哀迎靈，整個校園縈繞

24 〈于斌樞機靈柩安厝輔大校園〉，《中央日報》，一九七八年八月二十九日。

悲哀的氣氛，校園內校旗下半旗，路旁每隔數步即有大花圈一個，……修女、神父、主教等列隊在靈車前緩緩而行，輔祭隨行，送殯之校友隨靈車之後秩序井然，歷時一刻鐘已到墓園，分列於靈柩安厝兩旁。安厝禮，先由嚴前總統致祭，政府代表及輔大董事會、輔仁大學與輔大校友由羅校長領導公祭，祭畢，並由羅校長致詞，家屬致謝，最後由參加的校友高唱天主經、聖母經含淚告別。」[25]

為紀念于斌生前為國家無私的奉獻，十月十九日總統蔣經國先生特頒褒揚令，其文如下：

「總統令

國民大會代表，光復大陸設計研究委員會副主任委員，中華文化復興運動推行委員會副會長于斌，早歲加入天主教會，累晉至樞機主教，博學弘道，為國宣勤，於國民外交，復興文化，作育人才，均多貢獻，本年八月參加教宗保祿六世喪禮，並將選舉新教宗，猝病歿於羅馬，聞耗殊深震悼，其生平道堪為範，忠則有謨，抗戰已著勳勞，反共復多陳力。應予明令褒揚，以表遺徽，而資矜式。

總統　蔣經國

行政院院長　孫運璿

中華民國六十七年十月十九日」

25 同註20，頁三八。

第二節　典型常在

一、真、善、美、聖

「真、善、美、聖」是于斌所訂輔仁大學的校訓，亦即他對輔仁學生的期許；此必于斌心中已以此為標準，不但用以提醒他所愛護的學生，亦常以之自勉。故我們可以此四字，作為檢視于斌一生的尺度。

就「真」而言，求學階段的于斌，勉力於各種知識的追求；以士林哲學為基礎，融合中國傳統思想，建立起他融會貫通的思想體系；面對不同時期、教會內外許多似是而非謬論的挑戰，他都能不媚世俗，堅定的予以同應。他在抗日時期主張愛國，以後主張反共，維護生命，其言行一以貫之，絕不妥協。就追求真埋而言，于斌當之無愧。

就「善」而言，他律己嚴整，待人寬厚。與其交者絕無稱其待人不善者。他愛國的思想，主要來自他對中國苦難的同情，所有同胞，不論信仰為何，皆為其拯救的對象。他反共不僅是因共產主義的無神論，更因大陸同胞在中共統治下的悲苦生活。他視留學生如兒女，承擔他們的痛苦，分享他們的喜樂；他分施錢財，大公無私，謹守神貧，謙虛自持；他給所有罪人悔改機會，縱然為其揹負罵名亦無所懼。以善念義行論，于斌只有太過，絕無不足。

以「美」而論，于斌為人所重，部分原因在其儀表、談吐；所謂誠於中而形於外，內在的豐富內涵，經過適當的表達，表現於外者即為美。凡聽其演講者，無不印象深刻，經久不忘，雖其自謙不通美學，但其演說則為美學一部分之極致表現。美學為情感之表達，于斌受外交官訓練，雖不輕易於外人前顯露情感，但其詩文、私人信件中則充滿情感表現。綜其一生，于斌個人就是「美」的表現。

以「聖」而論，于斌視之為其人生最高標準。繁忙的工作是為了至上神，與各國政要結交也是為了至上神，他做一切是因為「基督的愛迫煎著我」，遇艱難險阻時，他將困難奉獻給神，遭毀謗誤解時他也奉獻給神，他的生活與神完全契合，真善美的實現，也只有往聖的方向才有可能。他給吳漪曼說的話，其實也是對他自己說的，他說：

「我們要為　天主而愛人，在人上愛天主，在物上愛天主，　天主在那裡，我們的愛就到那裡，　天主無所不在，我們就無所不愛。」26

二、做大事、入世俗

羅光為中國天主教文化協進會寫了一篇紀念于斌的文章，他在給龔士榮的信中說：

「此文不是敷衍潦草之作，是經過細心考慮以後，才執筆為文，是為顯示于公做人做事的風度和原則，可以做我們的模範和指標。」27

羅光在文中有言：

26 于斌致吳漪曼函，一九五三年八月九日。

27 羅光致龔士榮函，二〇〇〇年八月二十九日。

「他多次對我說兩句話：『為天主要作大事。』『吃飯也是傳教。』『為天主要作大事』，他說天主是偉大的，為光榮天主要用大事光榮祂，他自己便在社會和國家的大事上，著力光榮天主，組織全國公教進行會，視察全國天主教學校，參加國家憲法會議，任國民大會主席團主席，組織國際宗教聯誼會，奔走為救國抗日活動，出使各國宣傳。政府遷台，在國民大會選總統。蔣中正總統逝世，出任治喪大員，在教會主持主教團，設立輔仁大學。

『吃飯也是傳教』，他說天主教要走入社會，使各階層知道有天主教。許多社會組織，都聘他作理事，在國民大會和各種組織開會時，他常掛胸佩十字架，處處使人知道于斌是天主教主教，朋友邀請赴宴，他常答應，也佩十字架坐席，席間談笑大家都有禮貌性的節制，以免語言粗俗或淫污，冒犯天主教主教，所以開會和赴宴，也是間接的傳教。

我沒有能力效法他這兩種傳教法，但在可能做的範圍內，也小小地試一試，略有成就，不少人羨慕，更多人誹議，但是我仍然相信這還是新福傳的途徑。」28

做世俗之事，難免為人所誤解。針對此點，龔士榮評論說：

「他修道，沒有使他採取出世的態度，嚴格地與政治絕緣，這也是他最受人非議的。但他對政治之所以沒有消極固閉，轉而積極合作，決不是為政治而政治；他既沒有接受政府的一官

---

28 羅光，〈我的老師，于斌樞機〉，《中國天主教文化協進會年刊》，二〇〇一年二月，頁六。

半職，在勝利後，更拒絕了組織天主教政黨。中國傳統的智識分子，都是為了實現修齊治平的文化理想而接近了政治，于樞機更是為了傳道行教。

他修道，不但培育了忠恕的美德，更養成了容忍的宏量。他待人的寬厚是眾所週知的，甚至有人說他無知人之明；其實，他是抱著基督不來審判，只有援救的精神，與人為善的。他真正的問題是在愛國家和愛教會的行動之間，好像是不能兩全時，而他堅持不可偏廢；因此，他不為人諒解，他也不得不忍人之所不能忍，不得不忍受各種誤會、污衊、控告和打擊。但他從沒有喪志消極，他永遠保持著那顆忠誠熱愛的心，等待著天主的時間和安排。

但這真正成了他辛酸無比的苦杯，而這非但不能為外人道，也不能隨便在臉上表露的，因為這隻苦杯是來自他所愛的國家和教會。他只有把這杯苦酒，獨自拿起，暗自喝下。

愛國家愛教會是需要有證據的。這不但要看他在世俗上有多少表現或成就，更當看為了這份愛，他甘願忍受多少痛苦，和這痛苦有多少深度。于樞機則是毫無怨言的忍受了一切。因為聖奧古斯定說：『愛則不苦，苦亦所愛。』

假如由忍耐識得智慧，由忍辱識得道恩，由堅此百忍方見聖賢工夫的話，于樞機一生，為了他的國家、為了他的教會，豈止百忍而已！

但也就因為有了這份愛心，在人們不易使今天的世界肯聽中國的聲音，不易使現代中國肯聽教會的聲音的時代，于樞機卻穿透了這雙重隔音的厚牆，讓世界聽到一位中國人的聲音，讓中國朝野聽到一位天主教主教的聲音，而且有了迴響。

不是麼？他不僅使外國人尊敬了他的祖國，也使教外人尊敬了他的教會；也使世界人民在他身上認清了中國人的品格和靈魂，也使中國社會由於他更了解了天主教會的面目和精神。在中國數百年的傳教史上，只有幾個人享有了捍衛教會的特殊使命；于樞機在這使命前沒有退卻，他愉快地接受了。他不相信這責任應推卸給外國人，推卸給後一代，推卸給別人；他只知道天主的事業是要經由他的手而完成，他獻出了雙手，日復一日地，直到獻出了他的生命。」[29]

三、自白

來自他人的評價無論如何總是有些距離，于斌他是如何看待自己呢？對別人的批評，他從不願辯解；但一九五九年，教廷傳信部代部長雅靜安拿出一大堆告狀信，命令于斌解釋；為了服從命令，于斌寫下他的辯解詞，此也可視為他的自我評價。他說：

「我實在無意主動地來作申辯，但願天主使控告我的人，有一天明瞭我的所作所為，都是合法而有裨益的。樞機你既然有命，我只得報告一些，但僅讓你一個人知道。

自被任命為首都主教之後，我就以服務整個中國教會為己任，也是為仰合先教宗庇護十一世的訓令，他命我間接服務中國教會。

為達到這一目的，我著手和中國政府及領導人物接觸；二十年前教會少為中國政府和人民所認識，且多遭受輕視，並誤為與列強勾結。剛恒毅總主教努力澄清這一點，我和剛總主教合

29 龔士榮，〈于斌樞機永遠活著〉（同註15），頁二〇四。

作，設法使國人認清天主教不但和列強侵略無關，不但不是洋教，一如一九二八年教宗的八一通電所聲明的。

這些年來，我的工作可歸納為三類：救災、護教、反共。

一、救災

中日戰爭期間（一九三七—一九四五），為了表明天主教教友是愛國的，我深感有責任救國；我做的工作：

1. 喚起國際良心（這都獲得了教宗的許可）

2. 救濟災民

3. 勞軍

4. 救護傷殘

5. 收容孤兒

二、護教

半個世紀以來，國民政府沒有難為教會，但地方政府常有侵犯教會權益的情況，我獲得消息，立即挺身前去：

1. 抗戰期間，許多德義教士得集中於教堂。

2. 若干教士，因我才免被槍決，如老河口事件等。

3. 戰後，若干教士將受到不利的審判，如吉林的宗座代牧等，因我的努力，使他榮退，教產得免沒收。

4.許多教會學校得以立案開辦，並請我為董事長。

5.制憲國民大會時，我運用各方關係，通過了宗教信仰自由的條文。並以行憲紀念日的名義，使聖誕節全國放假。

6.國民政府遷台後，使政府歡迎黎培理公使來台，謝壽康大使留任駐教廷，神父們能去軍中作演講。

三、反共

中共靠宣傳他的無神唯物主義，滲透了知識分子，達成他們的目標。針對此點，我

1.創辦公教日報及電台，成立益世報網。

2.在紐約設立中美聯誼會聯絡中美學人，成立留美學生服務處，予以正確輔導。

3.組織自由太平洋協會，聯合各該地區的人士反共。

我不再繼續，免得我自誇。面對控告我做政治活動，我保持緘默。我願抄錄一段我的主保聖保祿的話：『我慚愧的說：在這方面好像我們太軟弱了。其實，有人在什麼事上敢誇耀，我狂妄地說我也敢……他們是基督的僕役，我瘋狂地說，我更是：論勞碌，我更多……我成了狂妄的人，那是你們逼我的。本來我該受你們的褒揚，因為我縱然不算什麼，卻一點也不在那些超級宗徒以下。』如果中國的傳教士誇耀自己是基督的使徒，我更有理由是基督的使徒，僅僅是我最後一次訪問台灣期間，作了一百六十次以上的演講，許多地方非一般神父所能去的，向所有的人我宣講福音的精神。你樞機本人也去過台灣，看到政府首長如何優待天主教會。我可以說，對這一切，我的貢獻不少。（實在我不該說的）

如果我要搞政治，我早已成為副總統，但我拒絕了。我之所以接受國民大會代表，並為主席團的一份子，是因為這不是立法機構，且六年只開一次會，為選舉正副總統。由衷感謝樞機的愛護，叫我陳述我的工作。樞機可代我作答辯。如有不當之處，請樞機糾正，我將立刻從命改正。」[30]

其實人間的毀譽、褒貶，對于斌都不重要，因為他知道，最終要面對的是天主。中央研究院院士史學家方豪，在八月二十五日追思彌撒中的證道詞，可以做為于斌一生的總結：

「于樞機一生，獻身於教會，獻身於國家，獻身於人類，豐功偉業，不能盡述。綜合言之，他完成了『五大合一』，即中西合一、心物合一、言行合一、政教合一、天人合一。」[31]

于斌一生，誠如國民大會秘書長何宜武的輓聯所說：

「入世救人，為宗教與國家謀福祉；
蒙主寵召，其精神及志業永照塵寰。」

30 龔士榮，〈于故樞機逝世二十週年追思彌撒講道辭〉，《龔士榮神父訪問記錄》，台北：輔仁大學出版，二〇〇一年，頁三〇～三二。

31 同註20，頁三七。

附錄

于斌樞機野聲總主教年表

一九〇一年　辛丑　清光緒二十七年　一歲

四月十三日：誕生於黑龍江省蘭西縣。

一九〇四年　甲辰　清光緒三十年　四歲

胞妹金珠夭折。

一九〇六年　丙午　清光緒三十二年　六歲

父水源公逝世。

一九〇七年　丁未　清光緒三十三年　七歲

母蕭氏逝世，由祖父母扶養。

一九〇九年　己酉　清宣統元年　九歲

就讀私塾。取名「斌」。

一九一二年　壬子　民國元年　十二歲
家遷海倫縣海北鎮，塾師譽之為「人中之龍」。是年祖母由氏信奉天主教。

一九一四年　甲寅　民國三年　十四歲
法籍陸恆厘神父為公付洗入天主教，洗名保祿。並由陸神父保送入海倫縣高等小學讀書。

一九一六年　丙辰　民國五年　十六歲
以第一名考入齊齊哈爾省立第一師範學校。

一九一九年　己未　民國八年　十九歲
省垣各校響應五四運動，被推選為學生總代表，領導反日大遊行，致被迫輟學。

一九二〇年　庚申　民國九年　二十歲
定志獻身教會，取自號「野聲」，決心效法施洗若翰，作曠野之聲，喚醒世人，接受福音。入吉林神羅學院專攻拉丁文，旋被保送就讀上海震旦大學預科修習法文，一年結業。

一九二一年　辛酉　民國十年　二十一歲
返回吉林神羅學院讀哲學。

一九二三年　癸亥　民國十二年　二十三歲
再被保送留學羅馬傳信大學。

一九二五年　乙丑　民國十四年　二十五歲
獲聖多瑪斯學院哲學博士學位。

一九二六年　丙寅　民國十五年　二十六歲
三月二十日：受剪髮禮。
被推為傳信大學「中國同學會」會長。

一九二八年　戊辰　民國十七年　二十八歲
十二月二十二日：領受司鐸品位晉升為神父。

一九二九年　己巳　民國十八年　二十九歲
獲神學博士學位，並任傳大中文教授。是年教廷派遣特使團訪問非洲阿比西尼亞，為團員之一，獲阿比西尼亞國王頒贈五星勳章。

一九三一年　辛未　民國二十年　三十一歲

兼任傳信大學圖書館館員，負責中文書目檔案部。

是年，九一八事變爆發，與義大利國會議員組織「中義友善會」，並被推為副會長；義王伊曼紐（King Victor Emmanuel）三世特頒勳章。

一九三三年　癸酉　民國二十二年　三十三歲

獲政治學博士學位。

十一月十日：由羅馬返國。就任全國公教進行會總監督兼教廷駐華代表公署秘書。中華公教教育聯合會委員及全國公教學校總視察。組織男女青年會，創辦刊物。

一九三四年　甲戌　民國二十三年　三十四歲

受聘為北平輔仁大學董事及倫理學教授。

一九三五年　乙亥　民國二十四年　三十五歲

九月八日：在上海舉行之中國公教進行會第一次全國代表大會，被推為秘書長。國民政府行政院長蔣會致詞。

一九三六年　丙子　民國二十五年　三十六歲

在北平辦公進會訓練班。

七月七日：教廷任命為首都南京教區代牧主教，並於九月二十日祝聖。

十月三日：赴南京就任。創辦《文藻月刊》，並成立南京天主教青年會。

一九三七年　丁丑　民國二十六年　三十七歲

七月七日：蘆溝橋事變爆發，號召全國教友擁護抗戰國策，進行醫護、救助等工作。

十月：應蔣中正委員長之邀，赴歐美各國爭取對我抗戰之同情與援助。

一九三八年　戊寅　民國二十七年　三十八歲

組織東北難民救濟委員會，膺選為國民參政會參政員。

元月：中旬訪加拿大。四月赴美。

八月：返國，在漢口受雷鳴遠神父之託，全權處理益世報業務。

向各國首席主教寄發 "The Voice of Church in China" 一文。

十二月八日：《益世報》在昆明復刊。

十二日：應聘為行政院「振濟委員會」委員，代表該會赴美謝賑，並繼續籌賑工作。

一九三九年　己卯　民國二十八年　三十九歲

力促美加兩國修改排華移民法。

八月：在紐約創辦《英文中國月報》。

一九四〇年　庚辰　民國二十九年　四十歲

三月九日：雷鳴遠神父被共軍拘捕，聞訊，力促政府營救。雷神父於四月十六日獲釋，然已疲憊不支。六月病逝重慶，為其主持治喪事宜。

二十四日：復活節，《益世報》遷重慶復刊。

一九四一年　辛巳　民國三十年　四十一歲

以全國各界勞軍團團長名義，率團赴長沙等地慰勞軍民。出版《教友生活》。創立「人生哲學研究會」。籌設「難童職業學校」，及工藝廠。

十二月二十四日：成立中國天主教文化協進會。

一九四二年　壬午　民國三十一年　四十二歲

七月：促成我國與教廷建立外交關係。

一九四三年　癸未　民國三十二年　四十三歲

在重慶約集佛、回、基督與天主教領袖成立「中國宗教徒聯誼會」。

在美國華盛頓創辦中國文化學院，從事文化工作。

促成美國政府通過新移民法。
十一月：應羅斯福總統之邀訪白宮。

一九四四年 甲申 民國三十三年 四十四歲
十月：二十一日主持「人生哲學研究會」成立大會，並被推選為理事長。
教廷任命兼四川嘉定教區署理主教。

一九四五年 乙酉 民國三十四年 四十五歲
致力於設立《益世報》網：天津、北京、南京、上海、西安、重慶各地。
四月二十三日：《益世報》西北版在西安出刊。
九月三十日：《益世報》北平版出刊。
十二月一日：《益世報》天津版復刊。

一九四六年 丙戌 民國三十五年 四十六歲
二月：設益世報總公司於南京，創辦《益世周刊》。
四月十一日：教廷宣佈建立中國天主教聖統制；受任為南京教區總主教。
五月八日：創設全國第一座民營益世廣播電台。
六月十五日：《益世報》上海版出刊。

十一月十二日：《益世晚報》在南京發行。

十五日：當選制憲國民大會代表並被推舉為主席。

一九四七年　丁亥　民國三十六年　四十七歲

四月八日：於南京創辦「鳴遠新聞專科學校」。

八月：出任天主教天津工商學院董事長。前往瀋陽訪問，應聘為私立中正大學董事長。

九月十八日：抗戰遺族學校在蘇州開學，任董事長。

一九四八年　戊子　民國三十七年　四十八歲

二月十五日：在上海召開全國天主教教育會議，被推為會議主席。

十一月十二日：天津工商學院改制為津沽大學，應聘續任董事長。

十二月初：應邀訪問台灣三日。

一九四九年　己丑　民國三十八年　四十九歲

元月二十五日：訪美國杜魯門總統。

爭取歐美學校獎學金，保送青年出國留學。

十月十日：以「中國天主教文化訪問團」團長名義，訪問南美二十一個天主教國家，獲致拉丁美洲集團在聯合國對我國的全面支持。

一九五一年　辛卯　民國四十年　五十一歲

三月二十五日：在基隆恢復益世廣播電台開播。

一九五二年　壬辰　民國四十一年　五十二歲

五月二十七日：乘參加西班牙巴塞羅納舉行第三十五屆國際聖體大會之機，與西班牙外交部長馬丁亞達和（Martin Artajo）洽商中西復交問題；大會後，晉見佛朗哥元首。七月十七日復交成功，互換大使。

一九五三年　癸巳　民國四十二年　五十三歲

促西班牙政府設「中國學院」，收容中國流亡青年。

一九五四年　甲午　民國四十三年　五十四歲

四月二十五日：飛漢城，訪問李承晚大統領，與聯軍總司令泰勒將軍（General Taylor）乘直升機視察前線。

一九五五年　乙未　民國四十四年　五十五歲

二月二十一日：教育部聘請為在美教育文化事業委員會委員。

三月十四日：飛越南，促成中越建交。

五月：在紐約成立「自由太平洋協會」。

十一月三十一日：由西德科隆福林斯樞機陪同訪晤艾德諾總理。

一九五六年　丙申　民國四十五年　五十六歲

二月：在西貢成立「自由太平洋協會越南辦事處」，創辦《新越晚報》、「自由太平洋通訊社」。辦「自由太平洋書院」（後改為耀漢中學），後又在提岸創辦「自由太平洋高級中學」（後改為鳴遠中學）及夜間部。

一九五七年　丁酉　民國四十六年　五十七歲

六月：在越南西貢成立「自由太平洋協會越南分會」，發行「自由太平洋月刊」。

九月：創辦「自由太平洋英文書院」。

一九五八年　戊戌　民國四十七年　五十八歲

十月二十三日：在傳信大學聖堂主持教廷首任駐華代表剛恆毅樞機追悼彌撒。

十一月四日：參加新教宗若望二十三世加冕大典。

一九五九年　己亥　民國四十八年　五十九歲

二月二十六日：在台北主持「自由太平洋協會中國分會」成立大會。

五月十一日：赴韓，接受李承晚總統贈勳。

十一月三日：教廷發表任命為在台復校之輔仁大學校長。

一九六〇年　庚子　民國四十九年　六十歲

四月五日：輔仁大學新董事會成立。二十五日，教育部核准董事會立案，並指定為復校籌備人。

五月三日：飛澳洲參加天主教難民救濟會議。二十七日，再訪西德總理艾德諾促進中德關係。

十二月：發起推行儲蓄互助運動。

八日：在台北市成立輔仁大學復校籌備處。

一九六一年　辛丑　民國五十年　六十一歲

四月十三日：飛越南，訪問吳廷琰總統。

九月：呈准教育部設立輔仁大學文學院哲學研究所。並於二十日在台北市吉林路正式開學。

一九六二年　壬寅　民國五十一年　六十二歲

十月十日：美國芝加哥市政府舉行「輔仁週」。旋赴羅馬參加第二屆梵蒂岡大公會議開幕式，並在會中代表中國主教團發言。

十二月：出任光復大陸設計研討會副主任委員。

一九六三年　癸卯　民國五十二年　六十三歲

十月二十一日：輔仁大學大學部在新莊新校區正式開學。

一九六四年　甲辰　民國五十三年　六十四歲

六月八日：飛西德波昂訪問呂佈克（Heinrich Lubke）總統。

九月三日：中國儲蓄互助會成立大會，被推為理事長。

十月九日：自羅馬飛紐約，接受紐約市長贈送金牌。十日，主持中美文化協會慶祝國慶餐會。並接受美國「宗教大聯合運動」總會會長首次頒贈華人之萬國宗教聯盟勳章，以表揚其促進宗教團結。

十一月十八日：訪西班牙，晉見佛朗哥元首。

一九六五年　乙巳　民國五十四年　六十五歲

六月五日：「西班牙及美洲文化研究會」在輔仁大學正式成立，任名譽會長。

十月九日：在紐約接受「美國解救被奴役國家」組織頒贈之「被奴役國家自由獎章」。

一九六六年　丙午　民國五十五年　六十六歲

九月二十日：各宗教及各界十一個社會團體於台北市自由之家為公舉行晉牧三十週年慶。嚴家淦副總統及五院院長、各部會首長俱親臨祝賀。教宗保祿六世特發親簽賀函。

一九六七年　丁未　民國五十六年　六十七歲

六月十三日：被推選為「全美中國文化協會」理事長。

二十九日：假台北市中山堂舉行輔仁大學復校後大學本科第一屆畢業典禮。

一九六八年　戊申　民國五十七年　六十八歲

九月十一日：康寧護理職業學校在台北內湖正式上課。

一九六九年　己酉　民國五十八年　六十九歲

三月二十八日：教宗保祿六世策封為樞機主教，名列全球三十三位新樞機中第一位。

四月二十八日：在傳信大學禮堂舉行策封大典，由聖赦部部長代表宣讀教宗策封詔書，並代表全體新樞機致答謝詞。

三十日：在聖伯多祿大殿行加冠禮，代表全球新樞機向教宗致謝詞。

五月一日：參加教宗在聖伯多祿大殿與全體新樞機舉行之共祭。

二十日：由參議員麥考邁克陪同，訪美總統尼克森於白宮。
二十六日：訪問加拿大杜魯道（Trudeau）總理及日本政要。
六月七日：返國受到各界歡迎。
八月二十三日：參加漢城南山公園金九銅像揭幕禮。二十七日晚，朴正熙大統領贈韓國最高「建國功勞大勛章」。

一九七〇年　庚戌　民國五十九年　七十歲

四月十二日：接受羅馬耶穌勞工堂為領銜座堂。
因輔大組織特殊，難於協調，乃於八月十日請辭輔仁大學校長職，教廷委為輔仁大學總監督（Grand Chancellor），旋由董事會慰留。輔大體制依法改組乃留任。
十一月二十日：飛菲律賓，參加教宗保祿六世二十三日至二十九日，在馬尼拉召開之「亞洲主教會議」。

一九七一年　辛亥　民國六十年　七十一歲

農曆元旦，發起全國性敬天祭祖大典，假師範大學附屬中學大禮堂舉行，計有千餘人參加。
四月十三日：中國主教團舉行年會。被推選為團長。
十二月十日：成立中國互助運動協會，出任第一屆理事長。

一九七三年　癸丑　民國六十二年　七十三歲

十二月：出版《中國天主教文化》月刊。

一九七四年　甲寅　民國六十三年　七十四歲

三月二十日：飛羅馬參加教廷中樞會議。

四月二十三日：主持亞洲主教團在台北召開之第一屆全體會議。會中，嚴家淦副總統宣讀蔣中正總統賀詞。

一九七五年　乙卯　民國六十四年　七十五歲

四月五日：總統蔣公崩逝，奉派為治喪大員並為覆蓋國旗四員之一。

五月二十日：中國主教團改選，連選為團長。

一九七六年　丙辰　民國六十五年　七十六歲

六月二日：以天主教中國主教團團長名義與台灣聖公會主教龐德明簽署互認聖洗有效協議書。

冬：在紐約與 Bulgric 東正教主教 Simeon 晤談。

一九七八年　戊午　民國六十七年　七十八歲

三月：為紀念閔增蒂基金會成立廿週年，特撰寫〈勿屈服於共產主義〉一文。該文旋被譯成多國文字廣為傳佈。

七月十五日：辭輔仁大學校長職，教廷仍以總監督名義相委。

八月二日：輔仁大學新舊校長交接典禮，由郭若石總主教監交。

六日：教宗保祿六世駕崩，九日首途經美飛羅馬參加故教宗奉安彌撒大典及新教宗選舉會議。

十六日：上午，突感心臟不適，經急救無效，旋在聖母聖心修女院與世長辭，享壽七十八歲。

十八日：教廷為公在梵蒂岡聖伯多祿大殿舉行追思彌撒，參加樞機多達九十三位。

二十三日：中國主教團在國父紀念館舉行追思大典，政府首長均前往參禮，總統蔣經國、副總統謝東閔親臨獻花並行禮致哀。

二十六日：靈柩自羅馬運抵台北松山軍用機場，嚴前總統家淦特赴機場主持迎靈式，旋移靈至民生路主教座堂。

二十八日：在主教座堂舉行隆重殯葬彌撒，全體聖職人員各堂教友、朝野各界暨國際人士均前來弔祭，並由何應欽、黃少谷、張其昀、張寶樹等四位政要行覆蓋國旗禮後，即移靈安厝輔仁大學校園。

名列一九七九～八〇國際名人錄。

譯名對照表

Accogli, Luigi 艾可儀
Adenaur, Konard 艾德諾
Agagianian 雅靜安
Arens, Richard 蔣百鍊
Artajo, Martin 馬丁亞達和
Asian Speakers Bureau 亞洲問題演講團
Association "Ses Amis du Peuple Chinois" 中國之友協會
Biondi 畢昂迪
Boland, Adrew 鮑朗
Caprio, Joseph 高理耀
Catholic Action 公教進行會
China Monthly 《英文中國月報》
Considine, John 若望・龔西第
Costantini, Celso 剛恆毅
Cote, Philippus 郈軼歐
Cushing 庫興
Darwin 達爾文
Dulles, John Foster 杜勒斯
Dumas, L. 茅神父
Duperay 杜佩雷
Emmanuel 伊曼紐
Eyes East 《東方眼》
Faculty of Theology, Fu-Jen Catholic University 輔仁神學院
Fahy, Eugene E. 費濟時
Ford, Francis Xav. 福爾德
Franco 佛朗哥
Frings 福林斯
Funds General de la Mission 傳教區基金會

Gaspais, Augustus Ern.　高德惠
Giligan　葛禮耕
Grand Chancellor　總監督
Gorman, Patrick E.　高爾曼
Hailasse　海拉西
Haouisee, Augustus　惠濟良
Institute of Chinese Culture　中國文化學院
Jaegher, Raymond J. de　雷震遠
Jantzen, Alois Gabriel　尚惟善
Kaiser　凱氏
Kersten　葛世敦
Kissinger　季辛吉
Knowland, William　諾蘭
Larrart, Joannes　藍士謙
Larregain, Joannes　甘
Lebbe, Fredericb Vincent　雷鳴遠
Lubke, Heinrich　呂佈克
Magnus Cancellarius　最高監督
Magsaysay　麥克塞塞
Malthus, Thomas R.　馬爾薩斯
Marchetti　馬結蒂
Maximum Illud　夫至大通諭
McCormarck J.W.　麥考邁克
Meeus　梅雨絲
Melckebeke, Carl Maria van　王守禮
Melendro, Friedericus　梅耿克
Milwakee　密爾瓦基
Montaigne, Paulus Leo Corneille　滿德貽
National War Fund and War Emergency and Relief Committee　國家戰爭基金暨戰時救濟委員會
Nixon, Richard M.　尼克森
O'Toole, George B.　奧圖爾
Paceli　巴切里
Palmers　斐效遠
Pietra Ligura　貝塔里古勒村

Regney, Harold　芮格尼
Ribeiri, Anthony　黎培理
Ricci, Matteo　利瑪竇
Roubin, Henri　陸恆厘
Ruggieri, Michele　羅明堅
Rochouse, Jacob Victor　駱書雅
Rossum, Van　汪老松
Salamanca　撒拉曼加
Schmidt　史明德
Sino-American Amity　中美聯誼會
Society of Divine Word　聖言會
Society of the Auxiliaries of the Missions 輔助傳教會
Sosuza in Palestina　索蘇莎
Spellman, Francis　史培爾曼
Schuette, John　舒德
Tafari, Ros　賴斯・達法里
Taylor　泰勒
The Cardinal Mindszenty Foundation　閔增諦樞機基金會
Tisserant　狄塞蘭
Trudeau　杜魯道
Twin Circle　《雙圈》
Verdier, Joseph　萬爾典
Verineux, Andre　費聲遠
War Relief Service-National Catholic Welfare Conference　美國天主教救濟會
Zanin, Mario　蔡寧

于斌樞機傳

編著◆陳方中
審閱◆輔仁大學《于斌樞機傳》編輯委員會
發行人◆施嘉明
總編輯◆方鵬程
責任編輯◆梁永麗
美術設計◆吳郁婷

出版發行：臺灣商務印書館股份有限公司
台北市重慶南路一段三十七號
電話：(02)2371-3712
讀者服務專線：0800056196
郵撥：0000165-1
網路書店：www.cptw.com.tw
E-mail：ecptw@cptw.com.tw
部落格：http://blog.yam.com/ecptw
臉書：http://facebook.com/ecptw

局版北市業字第 993 號
初版一刷：2001 年 4 月
初版三刷：2012 年 3 月
定價：新台幣 420 元

ISBN 978-957-05-1699-9

于斌樞機傳 ／ 陳方中編著. -- 初版. -- 臺北
市：臺灣商務, 2001 [民 90]
面： 公分

ISBN 957-05-1699-2 (平裝)

1. 于斌－傳記 2. 天主教－中國－傳記

249.886 90002874

讀者回函卡

感謝您對本館的支持，為加強對您的服務，請填妥此卡，免付郵資寄回，可隨時收到本館最新出版訊息，及享受各種優惠。

姓名：________________________ 性別：□男 □女

出生日期：____年____月____日

職業：□學生 □公務（含軍警） □家管 □服務 □金融 □製造
□資訊 □大眾傳播 □自由業 □農漁牧 □退休 □其他

學歷：□高中以下（含高中） □大專 □研究所（含以上）

地址：□□□________________________

____

電話：（H）____________（O）____________

購買書名：________________________

您從何處得知本書？

□書店 □報紙廣告 □報紙專欄 □雜誌廣告 □DM廣告
□傳單 □親友介紹 □電視廣播 □其他

您對本書的意見？（A/滿意 B/尚可 C/需改進）

內容____ 編輯____ 校對____ 翻譯____
封面設計____ 價格____ 其他____________

您的建議：________________________

____

____

臺灣商務印書館

台北市重慶南路一段三十七號 電話：（02）23713712轉分機50～57
讀者服務專線：0800056196 傳真：（02）23710274．23701091
郵撥：0000165-1號 E-mail：cptw @cptw.com.tw
網址：www.cptw.com.tw